义乌丛书

义乌区域文化丛编

义乌丛书编纂委员会 编

稠城华章

王庆明　王曙光　编著

上海人民出版社

义乌丛书编辑部

主　　　　编　吴潮海

副　主　编　施章岳

主　编　助　理　傅　健

编　　　　辑　赵晓青　孟祖平　孙清土　金福根

　　　　　　　　李丽莉　楼向华　郑桂娟　吴雅珍

　　　　　　　　胡　莺　陈子华　张巍巍

工　作　人　员　虞金法

本书执行编辑　赵晓青

总　序

自秦王政始置乌伤县，义乌迄今已有两千两百多年历史。古老的义乌大地，山川秀美、物华天宝，文教昌盛、地灵人杰。勤劳智慧的义乌人世世代代在此耕耘劳作，繁衍生息，改造山河，创造了灿烂的历史文化。

由于独特的地理环境及历史原因，在义乌大地上产生了独特的地方文化。她既是江南文化的组成部分，又具有自身鲜明的特征。

"勤耕好学，刚正勇为，诚信包容"是义乌精神；"崇文，尚武，善贾"是义乌民俗；义乌的民风则是"博纳兼容，义利并重"。义乌精神及民风、民俗遂成为源远流长的中华民族文化之泓泓一脉，成了中国历史上不可或缺的一页。千百年来，义乌始终在传承着文明，演绎着辉煌，从而使义乌这座小城艳光四射，魅力无限。

自古以来，特别是唐代之后，义乌学风渐盛，至有"小邹鲁"之称。自宋以来，县学、社学、书院及私塾等讲学机构多有设立，而"莅兹土者，莫不以学校为先务"。故土生其间，勤奋好学，蔚成风气，学有成就，烨烨多名人。并且，辐射出巨大的文化能量，不仅本地名儒代有，在浩浩学海与宦海中大展宏图，而且还活动过、寄寓过数不胜数的全国各地的文化名人，从文人学者到书家画师，从能工巧匠到杏林名家，其生动活泼的文化创造与传播，绵延不绝的文化承续与传递，从来没有湮灭或消沉过。在博大精深的中华文化领域里独树一杆颇具特色的义乌文化之帜，在优雅千载的儒风中诞生了许多屹立于中华民族之林的英杰。也正是文化底蕴的深厚与文化内涵的博大，造就了令人神往的义乌，使其作为中华文化渊薮的鲜明形象而历久弥新。

历史，拒绝遗忘，总要把自己行进的每一步，烙在山川大地上。

时间逝而不返，它带走了壮景，淘尽了英雄，留下了无数文化胜迹和如峰的圣典。只有在经过无数教训和挫折之后的今天，人们才逐渐认识到作为一个复杂系统的组成部分，城市的各要素所具有的种种不可替代的价值和功能，它们饱含着从过去传递下来的信息，而《义乌丛书》正是记录这些信息的真实载体。

历史是无法割断的,许多古老的文化至今仍然在现实生活中发挥着重要作用。当我们向现代化的目标迈进时,怎样继承古老文化的精华,剔除其封建糟粕,在传统文化的基础上建立社会主义新的文化格局,是一个摆在我们面前与物质生产同等重要的任务。

一位哲学家曾经说过,哲学就是怀着乡愁的冲动去寻找失落的家园。今天,我们正处于一个重要的历史性转折时期,越来越多的有识之士也开始意识到,对民族民间文化源头的追寻迫在眉睫,鉴于此,我们编纂出版《义乌丛书》,既有历史意义,也有现实意义。概而言之,有三大作用:

文化典籍的传承保护 中华民族有着光辉灿烂的传统文化,文化典籍中的善本古籍,是前人为我们留下的宝贵精神财富和历史见证,极富文献价值和文物价值。义乌也同样,历代文士迭出,著述充栋。这些历经沧桑而幸存下来的"国之重宝",或则出于保护的需要,基本封于深阁大库,利用率甚低;或则由于年代久远,几经战乱,面临圮毁,因此,亟待抢救。如今,《义乌丛书》编纂工作的启动,为古籍的保护与使用找到结合点,通过影印整理,皇皇巨著掸除世纪风尘,使其化身千百,为学界所应用,为大众所共享;同时,原本也可以得到保护。真可谓是两全之策,是为民族文化续命,是为地方文化续脉。

传统文化的现代创新 在义乌历史上,有许多人文典故值得挖掘,有许多可歌可泣的先进事迹值得记载。拨浪鼓文化需要传承,孝义文化值得发扬,义乌兵文化应予光大。但由于历史上的义乌是个农业县,文化底蕴虽然深厚,载入史册的却寥若晨星。而深厚的历史文化传统能孕育和产生强大的文化力,能为塑造良好的城市形象提供重要基础,这种文化力所形成的精神力量深深熔铸在城市的生命力、创造力和凝聚力中,是推动城市经济和社会进步的内在动力。因而,《义乌丛书》编纂者坚持传统文化与现代文化相衔接,精品文化与大众文化相兼顾,创作出义乌历史上从未有过的文化系列丛书,既是精神文明建设的需要,也是物质文明建设的需要。

发展经验的文化阐释 义乌经济的发展,并非无源之水,无本之木。"参天之木,必有其根;环山之水,定有其源。"义乌发展的文化之源,义乌商业的源流之根,义乌文化圈的形成特质包括宋代事功学说对义乌"义利并重,无信不立"文化精神的影响,明代"义乌兵"对义乌"勇于开拓,敢冒风险"文化精神的影响,清代"敲糖帮"对义乌"善于经营,富于机变"文化精神的影响等。因而,如何用文化来解读义乌,也成了《义乌丛书》的重要组成部分。

广义的文化几乎无所不包,狭义的文化基本限于观念形态领域。从以上包含的内容可看出,《义乌丛书》对"文化"的界定,似乎介于广、狭之间,凡学术思想、哲学原理、科技教育、文学艺术等多个类别与层次,均在修编范围之内。

几千年岁月蕴蓄了丰赡富饶的文化积淀。面对多姿多彩、浩瀚博大的义乌文化形态,我们感受到了其内在文化精神的律动。

保存历史的记忆,保护历史的延续性,保留人类文明发展的脉络,是人类现代文明发展的需要。如今,守望岁月的长河,我们不能不呼吁,不要让义乌失去记忆。

这也正是我们编纂出版《义乌丛书》的主旨与意义所在。

《义乌丛书》卷帙浩繁,她集史料性、知识性、文学性、可读性、收藏性于一体,以翔实的史料、丰富的题材、新颖的编排,全景式地再现了江南"小邹鲁"的清新佳景和礼仪之邦精深的内涵。走进她,就是走进时间的深处,走进澎湃着历史的向往和时代的潮音的宝地,去领略一个时代的结束,去见证另一个时代的开始。宏大精深的传统文化曾经是,也将永远是义乌区域文化赓续绵延的基石,也是义乌继续前进乃至走在全省、全国前列的力量。在建设国际商贸名城的进程中,抢救开发历史文化遗产,掌握借鉴先哲遗留的丰硕成果,是全市文化学术界的共同期盼。因而,编纂这套丛书既是时代的召唤,也是时势的需要。

谨为序。

中共义乌市委书记　　盛秋平

义乌市人民政府市长　　林　毅

目 录

古今
稠城

在浙江中部的这方宝地上，历经数千年所形成的稠城文化，既得山水之幽，又涵人文之胜，在中华文化宝库中，始终闪耀着独特的光芒。

历史绵长　底蕴深厚

城市是一座天然的博物馆，承载着历史，记录着人生，渗透着风情，印证着文明与进步的足迹。穿过秦风汉雨，稠城有着太多的历史积淀与沧桑巨变。

就其源头而言，稠城的文脉可追溯至上古。从稠城的金庵山、原义乌化肥厂所在地等多处挖掘出的石刀、石锄、石镞、石斧等文物，说明约公元前7000年至公元前6000年的新石器时期，稠城这片大地上人类活动已较活跃，当时这里的先民已能磨制石器，使用石刀、石镞、石斧等原始工具狩猎、制造生活用具，而且已经可以用石锄种植作物，从事原始的农业。

在稠城域内出土的这些石器，是八九千年前人们最初唤醒和叩开这片义乌江畔沉睡之地的一把神奇的锁钥。这些不同寻常的石器，正是稠城的先祖们劳动与智慧的结晶。

如果能由这些石器想见此地越人先民活动的频繁，那么此后历朝历代的典故传说与人文兴衰，则隐隐约约道出了这片土地的不凡。

到了春秋战国时期，稠城富有特质的文化已十分明显。新千年之交，在义乌旧城改造取土过程中，人们发现朝阳门南侧的金山岭小山坡下有一口枯井，井架条木业已碳化，据专家鉴定，应为春秋时期古井。在此井内专业人员还发现了一只细方格印纹红陶罐，经测定，应为战国时代文物，同时在这附近还发现了12口汉代古井。这些古井，井与井之间间隔约8米，分两排较为规整的排列，井壁用古绳纹汉砖砌筑。由此可见，这里是先民的家园，文明的摇篮。

◆ 德胜岩出名不在于它的山峦稠叠，而在于它是稠州
的开端，更是稠城的精神象征。　摄影/吴贵明

◆ 属于义乌的记忆灿若星辰。 嘉庆《义乌县志》图录

自秦建县，稠城的文运一直昌隆。据义乌旧志记载，从商至周，义乌皆属於越（也作于越）。史学界认为，於越为百越民族中最发达的一支。至秦王政二十五年（前222）定荆、江南地，平百越，于越国地置会稽郡，乌伤为会稽郡所辖15个县之一。自此开始，无论是县治，还是市治所在地，均为稠城，这里成了政治、经济、文化的中心。唐武德四年（621），就乌伤县置稠（绸）州，与婺州并列，稠州以稠岩得名。"稠岩，即德胜岩，为县北约10公里处——主峰顶部巨岩所称。"稠城名称即从稠州设治而来。

古治营建　与时俱进

古代县太爷处理政务的场所——县署，文献中就其修建的历史记载始于北宋。大观四年（1110），知县徐秉哲建，宣和四年（1122），知县求（府志为"裘"）移治重建，南渡后曾6次葺新。据康熙《义乌县志》载道："县（县衙）址在城中正北。"

"县自始建来，未有雉堞之迹，旧志称，北依山麓，西带绣湖，前左因地形为濠，民庐之滨濠而居者十有三。今四围以民舍为郭，南有沟水，分自绣湖。有传城址周三里一十五步，然不纪兴筑为何代。"（康熙《义乌县志》卷一"城池"）

县城虽无城垣，却在衙署东南西北营建城门，肇奠城区格局。"旧设四门，东曰东门，南曰绣川，西曰金华，北曰会稽。北宋大观三年（1109），知县徐秉哲重建。"

南宋开庆元年（1259），知县赵必升重修城门时添加瞭望亭，并将东、南、西、北四门，分别改名为"迎春""翠嶂""渌波""迎韶"，不久即废。

县治的街巷营建，既讲究对称，又适应起伏地形，以衙署为中心，形成北、东、西三条主街：县前街（东至金山岭脚，西至平桥，旧称"泗州境"），上市街（北起平桥，南至西门街，旧称"川桥境"），下市街（北起衙署前，南至西河巷口，旧称"文明境"），长度仅约600米。

从1795年至1945年，长达150年时间，稠城北门街、朱店街、新马路先后兴建，几经兵燹，主街道数度变换，从3条变成6条。

◆ 朝阳门，一段沉淀的记忆。

摄影/金福根　1988年摄于县前街

1949年后，城区道路建设有所加快，但也只是60年代将北门街至火车站的人力车道改为车站路，70年代将县前街、新马路予以延伸，并建成健康路。直至20世纪80年代，大规模的现代化建设才真正展开，城市建设目标从"小城镇""小城市""中等城市"发展为"国际化商贸城市""世界'小商品之都'"，建成区面积从1982年的2.8平方公里发展到现在的103平方公里。

地方自治　循规有序

在中国封建社会，县是基本的行政单位，朝廷命官只到县级。县以下虽然没有基层政权机构，但长期以来，义乌乡村社会基本是稳定而有序的，无政府状态的混乱局面很少出现，这有赖于地方自治组织，再加之对地方自治组织有着极大的影响力的宗族组织。

在我国封建社会两千多年的发展过程中，地方自治组织的变化可分为两个阶段，即秦汉到隋唐时期的"乡里制"体系和北宋到清朝实行的"保甲制"。乡里制历经一千多年，在唐末藩镇割据混乱和农民大起义中瓦解，取而代之是源于北宋的保甲制。这些乡村组织，主要任务是征收赋税和落实徭役，教化民众和维护地方治安，负责办理官府规定的各种具体事务，而无明确的权利。义乌唐代有30个乡，到宋代则缩减为26个。熙宁四年（1071）推行"保甲法"，原26个乡改为26个都保。元承宋制。明朝，都保改称都，而城区有所区别，称"在城四隅"，"在"即直属之意。据《义乌县志》载："原来县城4隅各管7个都，嘉靖二十二年（1543）一度增为6个隅（原东、南、西、北四隅外增五隅、六隅），隅不复管都。万历后县城仍分4隅，下分6坊（坊相当于图）。""清代，属县城及城外崇德乡二都，三都，缙云乡六都、七都。"（《义乌市志》"街道篇"2574页）民国元年（1912），县城废隅、坊，改设河东里、河西里，以河为界。民国十七年（1928），全省推行"村里闾邻制地方自治"，则改称为河东镇、河西镇，隶属城区区公所。民国十九年（1930），分设东部、南部、西部、北部4个乡；民国二十三年（1934），推行保甲制，废东部、南部、西部、北部四乡，建稠城镇。翌年，福田乡并入。民国三十五年（1946），稠城成为县直属镇，境域分属稠城镇、紫金乡、仲和乡、寺前乡。

1949年以后，稠城建制历经多次变动。1950年开始民主建政，义乌县成立稠城镇人民政府，隶属于城阳区公所，辖区除稠城镇，还有福田、宗宅、洪牌、前店、寺前、下骆宅、清塘7个小乡。1961年改为稠城镇人民公社，1963年恢复为稠城镇人民委员会，1968年成立稠城镇革命委员会和稠城公社革命委员会，1981年恢复为稠城镇人民政府，1984年，城阳区公所、稠城镇人民政府合并，实行"两块牌子，一套班子"。一年后，稠城又实行分设。1992年实行撤区、扩镇、并乡，稠城镇下辖91个行政村，27个居民区。2001年义乌市实行区划大调整，稠城镇改为街道办事处，作为市政府派出机构。2014年，号称"浙中第一街道"的稠城街道被一分为二，调整后稠城街道下辖13个社区。

人文渊薮　文脉恒昌

义乌一直以教育昌明和文化发达而著称。尤其是稠城，更是义乌历代文化辉煌的重心地带。

宋代以降，稠城人文史开始闪耀出理性之光。旧志与各种文史资料表明，义乌儒学的发展自南宋时开始兴盛，这与当时的社会背景与学术发展有着密切的关系。稠城籍的代表人物，一是吕祖谦与唐仲友的学术传人毛炳，二是徐侨门人朱元龙。徐侨是南宋时期义乌朱子理学传承中一位最为重要的人物。无论是理学传人毛炳，还是徐侨门人朱元龙，在当时都是声名显赫，在理学的传承中起到了至关重要的作用。

元明清时期的稠城文化更是熠彩卓然。这一时期，不仅是中国传统社会的最后发展阶段，而且也是中国传统社会最为繁盛的阶段，顺应时势，稠城文化自身特色得以进一步凸显，文化内涵更趋丰富。元代以降，义乌学术得以传衍与更新，而核心地在稠城，"大有成为理学重镇之势"（《义乌发展之文化探源》140页，社会科学文献出版社2007年版）。其原因是：义乌学术不仅能得理学之正传，而且能融会他学，深得吕祖谦博采众长之婺学旨趣。论其典型人物，当推黄溍为翘楚。

在稠城文化繁盛的诸多因素之中，理学的传承，对义乌社会文化的发展起到了支撑性的核心作用。

稠城理学的发展轨迹及其所折射的各个闪光点，无不展现了先人的聪明才智和其积淀的丰厚内涵，显示了浓郁的地方特色和人文特征。当然其原因是多方面的。一是北风南渐。南宋都城的南迁，带来了繁荣、先进的中原帝都文化，许多士族官僚随御驾南迁，最后卜居义乌，尤其是稠城，从而带来了中原地区先进文化，使得这里文风蔚起，俊采星驰。二是政治上相对稳定，为两宋经济繁荣、文教兴盛提供了极佳的社会环境。三是多元文化的熏陶和勤奋拼搏的精神。各种文化基因互相融合，取长补短，从而促进稠城文化发展与成熟，产生了巨大的生命力与影响力。

人才济济　灿若群星

稠城文化孕育的最大成果莫过于人文兴盛。自中原汉人南移带来华夏文化与当地吴越文化交融汇合后，这里的人口、人种、人文成分丰富而斑驳起来，从而促成这里钟灵毓秀，人文荟萃；同时也孕育了多少才俊，陶铸了几多雄才，使得这里名家辈出，灿若繁星。这些历代英杰，或以征服自然称誉，或以文韬武略名世，或以文采风流骄人，或以道德人格垂范，展示了稠城璀璨的人文景观。

东汉后期的陈王国相骆俊，文武双全，既精通经史子集，又通晓军事韬略，在丞相任内励精图治，深得民众爱戴。建安二年（197），因拒绝借粮给僭号军阀袁术而惨遭谋害。

曾跟随诸葛亮舌战群儒的骆统（193—228），系骆俊之子。他从小聪明过人，加之自身努力，因而博学多才，深得孙权赏识，不仅多次擢拔，且将堂兄之女许配于他，曾先后出任乌程相、郡功曹、骑都尉、中郎将、升偏将军、濡须督等职位，并得以封新阳亭侯，为孙吴著名将领之一。

宋人楼图南（1108—1198），稠城东门口人，为宋室南渡后义乌举进士第一人，

◆ 老记忆，那份关于历史的浓郁情结。
摄影/金福根　1999年摄于稠城

先后任韶州主薄、吉州郡守、寿皇知州等职，任职期间，深得百姓拥戴，后以忠名与宗泽、徐侨、王祎等同入祀忠祠。其弟斗南，中进士，官授台州司理。辞不赴任，退而归家侍奉父母，后以孝名入祀孝祠。

　　一身正气的黄中辅（1110—1187）为金山岭顶人，赤胆忠诚，崇尚气节，针对卖国求荣的秦桧，毅然在京师临安太平楼题句："快磨三尺，欲斩佞臣头。"感于他的气节，后人建了专祠纪念他，到清雍正年间，又在黄大宗祠左侧再建"二贤祠"，合祀黄中辅和黄溍两位先贤。

元代"儒林四杰"之一的黄溍以及他的门生王祎，都是名重一时。黄溍，一代名儒，卓然大家，人称"文献公"，文思敏捷，才华横溢，史识深厚，一生著作颇丰，诗、词、文、赋及书法、绘画无所不精，而且为人正直，为官清廉。王祎，为元末明初著名的文史学家，《元史》总裁，朱元璋看到《平江西颂》后对王祎说："吾固知浙东二儒，卿与宋濂耳，学问之博，卿不如濂；才思之雄，濂不如卿。"后为国家一统大业，慷慨不屈，殉国云南。

此外，还有不惧权贵，敢于上书历数奸相史弥远之罪的毛炳；因平乱寇以身殉国的童必大；历任国史院编修、实录院检讨等职的朱元龙；被明崇祯帝称为"天下三清官"之首的金世俊；学识渊博，著述宏富，堪称一代鸿儒的陈熙晋；军工专家，全国工程师学会会长陈榥；经济学家，人口理论家吴斐丹；……深厚的吴越文化，滋养了一代代士子文人，他们在中华民族的文明长卷里，写下了无数光辉灿烂的篇章。

钟灵毓秀　多彩风韵

据《稠城镇志》载，稠城地貌"西北东三面稍高，向南微倾，多低丘，平均高度约海拔65米，间有河谷平原。旧县志有'古稠之山崎于西北'记载，镇区为后宅黄蘗山（黄柏山）余脉起伏南来所结之地"。

翠滴红凝，美哉稠城！发祥于稠山之下，旁立于义乌江滨。锦绣山川，云蒸霞蔚；绣湖夜月，影湛波平。

绣湖，又名绣川、绣川湖，"群峰环列，云霞掩映，灿然若绣，湖因以名"。据旧志载，明初，湖"广袤九百三十步，所溉以亩计者至于一千五百而盈"。东南至湖清门，东北至石桥头，均为绣湖水面，约两百年前绣湖面积是如今湖面的45倍。难怪有人说，当初之绣湖完全可与当今的西湖相媲美，不光面积广，而且湖光山色，分外妖娆。据雍正《义乌县志》记载："宋元间，好事者构亭榭、植花木，为游赏之地，凡二十四处，岁久荒废。"到了明代，知县刘同、县丞刘杰，会同士大夫一起命名为八景：驿楼晚照、烟寺晓钟、花岛红云、柳洲画舫、湖亭渔市、画桥系马、松梢落

◆ 绣湖，嵌在稠州古城的一块翡翠。
摄影/李永　2015年摄于绣湖公园

月、荷荡惊鸿。

　　绣湖以其悠久的历史、璀璨的文化，被历朝历代的文人雅士视为心中的圣地、精神的家园。描写、歌咏绣湖的诗词曲赋俯拾皆是。南宋爱国诗人陆游在入闽赴任途中，过义乌绣湖，曾兴致作诗《题绣川驿》。元朝末年戏剧家高则诚在绣湖边创作完成了千古不朽的《琵琶记》。元末明初义乌知名学者和诗人金涓的《绣湖八月》是其中著名诗作之一：

绣湖八月景堪题，士女扁舟尾尾齐。
白水青山图画里，淡烟疏雨夕阳西。
芙蓉濯濯斜临岸，杨柳依依密护堤。
满眼波涛终古事，华川望断意都迷。

至于绣湖边的义乌标志性建筑——大安寺塔，见证了古老义乌的历史文明，更为人们所顶礼膜拜。据传，在旧社会，每逢除夕夜，僧众聚集一堂，诵经念佛，老百姓也在这一天来到大安寺塔烧香，点大蜡烛，绕着大安寺塔默默祈祷来年平安吉祥。2016年12月中旬，历史悠久的大安寺塔与绣湖一并入选义乌首批地名文化遗产保护名录，成为延续历史文脉的"金名片"。

20世纪90年代后，江滨绿廊的建设，及旧城改造暨绣湖广场建设工程、绣湖公园工程开工建设，给稠城更是增添了一道亮丽的风景线。城区变美了，而且美得那样充满生机——绿色披挂、绿意飘逸、绿趣盎然。

百业鼎新，一团热火；万商云集，盛世阜财。得益于改革开放的先发优势，义乌小商品市场落户稠城，市场经济迅速崛起。党的十一届三中全会后，成为义乌城市核心区和商贸功能区的稠城，依托市场发展加工业、服务业是这里经济的亮点和特色，教育文化事业的发展更是欣欣向荣。自2001年撤镇设立街道办事处后，十七年来上下同心，倾毕生之睿智，竭合众之全力，开创未来先机，再创辉煌新篇，呈现一派勃勃生机的新局面。

（吴潮海）

见证市场

　　追溯和回望义乌市场三十余年的风雨沧桑，宛如一条蜿蜒的河，一首流淌的歌。

　　春潮破冰，平地春雷。稠城作为义乌小商品市场的所在地，其砥砺求索的经历，见证了义乌市场的鸿篇传奇。文中那"鸡毛换糖""手摇拨浪鼓"的深深记忆，用数百年的时光熔铸，让商贸成为了这座城市的基因。它从一个侧面勾勒了义乌开放包容、多元繁华的市场，展现着新世界小商品之都的风貌。

拨浪鼓声义乌音

2016年12月5日，全国先进个体工商户表彰大会暨纪念中国个体劳动者协会成立三十周年座谈会在北京召开，来自义乌稠城街道的何海美被授予"全国先进个体工商户"荣誉称号。

是日，国务院总理李克强走进会场，同与会代表一一握手。当时站在第二排的何海美难掩激动之情，说："总理好，我是浙江义乌的，两年前给你送过一只拨浪鼓……"刚说完，总理又第二次握住了何海美的手，并关注义乌市场转型，特地询问了"义乌购"电商平台发展情况。

现年58岁的元老级经商户何海美，是义乌第一批个体户。作为参与义乌市场三十多年发展的亲历者和见证人，她无法忘记两年前给总理送拨浪鼓的情景。

那是2014年11月20日，国务院总理李克强视察义乌国际商贸城。"总理好！总理辛苦了！"不少商户都争相上前问候。这时，何海美瞅准机会，将拨浪鼓递给了总理。这只改革开放前就在义乌"咚咚"作响的拨浪鼓，尽管已有些破旧，但在何海美看来，却是义乌商户们"最好的礼物"。

李克强的左手，恰好能握住这只小小的拨浪鼓，他问何海美："这是老的吗？""老的，老的。"何海美连忙答道。

◆ 货郎担的背影，拨浪鼓的悠长回响。
摄影/金福根　1978年摄于江湾崇山村

拨浪鼓，见证了义乌商户创业初期的艰难，它告诉人们这个世界小商品之都是怎么来的。作为义乌市场经营第一个"吃螃蟹者"，何海美说："这只有着五十年历史的拨浪鼓，是义乌商城集团面向社会征集而来的，属于一个80多岁的鸡毛换糖人。"1951年出生的何海美曾和他们做过生意。20世纪80年代左右，她每隔几天总要到拨浪鼓发源地廿三里"赶集"。

那时，她做私营画片生意，胸前挂着一个小军包，在里面放些画片、照片，再把贴有样片的纸，贴在供销社的墙上，这些影剧小照被卖了出去。

何海美向李克强说起了当年"鸡毛换糖"的辛劳，很多老义乌人终年挑着货郎担在外面讨生活，有时逢年过节都不歇息。通过鸡毛换糖，义乌的小商品流通到福建、江西等地，由此逐步形成了商业传统。

当日上午，在何海美送出拨浪鼓的时候，义乌市个体劳协副会长叶福有也在何海美身边，他将一只新拨浪鼓送给了总理。新拨浪鼓比老拨浪鼓多了一只"耳朵"。两个鼓耳分别代表实体市场和电子商户，寓意实体经济和电子商务结合在一起，引领义乌新发展。

蓦然回首，看见由市"非遗"项目义乌木雕技艺代表性传承人万少君制作的这只新拨浪鼓，何海美感慨万分，不由得回忆起自己在市场创业的苦乐人生，以及义乌人创业初期鸡毛换糖，摇着拨浪鼓走天下的历史。

何海美出生在一个世代农家，初中毕业后，凭着刚学会的裁缝手艺独自一人闯到县城，在西门租了一小间房子开起了裁缝店。不久，她便嫁给了县食品厂工人金承茂。

当时，一家三口就靠丈夫每月二三十元工资度日。为了生计，丈夫托人说情，总算开了个家属临时工的"后门"，她隔三差五地到厂里干些包糖果的活计，每天十多个小时下来，能挣5角钱的工资。

1978年12月，十一届三中全会召开，党中央做出了改革开放的重大决策。当时的县委、县政府尊重人民的意愿，发展壮大市场已形成共识，何海美与众多的义乌经营户终遇大好时机。聆听着那熟悉的拨浪鼓声，她大胆做起卖画片生意，后来干脆在县

◆ 拨浪鼓女神像，时光熔铸。
摄影/金福根 1978年摄于城中路义乌小商品市场

前街的5间火烧屋基上摆起了地摊，然后又干起做太阳帽的行当，这无异于头一个"吃螃蟹"。

随着政策的调整，县前街和北门街个体经营户都聚集到湖清门设摊经营。不久，摊位一直延伸至新马路，市场涨潮般地挤了，满了，堵了……为使混乱的局面变得有序，在工商部门的指导下，何海美和冯爱倩、黄昌根等几位老市场经营户自发成立管理机构，把入场的经营户划分为7个组，指定有能力、有实力的个体户为组长，负责维持市场秩序和收缴有关规费。

历经砥砺求索，市场经济春意枝头初绽。1984年12月6日，湖清门小商品市场搬迁至新马路"安居乐业"。何海美他们正式成立了市场服务公司，给广大客商和经营户提供餐饮等服务，并在工商行政管理部门的指导下，建立起稠城镇个体劳动者协会，负责摊位安排等具体事宜，协助政府部门管理好市场。

其实，早在1981年，何海美就担任了稠城镇个体劳动者协会会长。后来，随着个体劳协队伍的扩大，该协会更名为义乌市个体劳动者协会。何海美白天忙着与客商谈生意，业余时间又兼顾着服务市场的工作，一天到晚忙得像一个陀螺般"旋转"。她将自己喻为"融入五彩缤纷世界的人"，因为这个市场就是一个说不完道不尽的五彩缤纷之世界。

进入新马路小商品市场后，何海美改做起服装生意，这期间发生的几则故事耐人寻味。有一天，一位香港朋友回义乌探亲，穿了一条十分时髦的"百褶裙"，何海美看到顿时惊呆了："这种裙子只有香港才能买到啊。"于是，一个"前摊（店）后厂"的设想在她的脑海中逐渐形成。但这"百褶裙"需用进口的定型机定型，而大陆一时还没有这种定型机出售。有道是"功夫不负有心人"，通过多方打听，何海美终于得到苏州绣品厂有进口定型机闲置的信息，便立马赶到苏州，经再三谈判，以10万元价格买下来。这是她"前摊（店）后厂"设想迈出的第一步。

机器运到义乌，厂方也派来了几名技术人员。一连数天，机器装好了，却难以动弹，无法交账的技术人员不告而别。这犹如一记闷棍，几乎宣告"前摊（店）后厂"设想的破产。好在何海美的丈夫聪明能干，自个儿对着机器一个部件一个部件的琢磨，历经数十个白天黑夜的钻研试验，奇迹出现了，这台长期瘫痪的定型机竟转动了起来，而且生产出了合格的产品。一个月后，厂方抱着试试看的心态派员来义乌了解情况，何海美还是如数交付了余款。事实证明，"前摊（店）后厂"做法，降低了制造成本，营业额直线上升，产品也供不应求。扩大生产规模已成必然趋势。于是，何海美又把机器增加到3台，形成了印花、定型一条龙的生产线。

办小型企业的成功，使何海美获利颇丰。在一次小组长会议上，她把这个设想亮了出来，获得了大家的一致赞同。"前摊（店）后厂"的运作模式逐渐普及开来。随着市场的扩展，摊位高度紧张的问题仍为燃眉之急。由于当时进场经营的多为服装行业，加上市场几度扩展仍旧跟不上经营户增加的需要，"建造一个专门的服装市场"的想法在何海美的脑海中跳了出来。

一次，她找到了当时的市长姜补根，向他反映了自己的想法。姜市长感到十分惊讶，说："建一个市场起码也得有5000个摊位，你能肯定有5000家个体户入场经营吗？"何海美回答："肯定能将摊位摆满。"因她是经营服装的，对服装的行情较为了解。当时全国各地的服装都已涌向义乌市场，5000个摊位还不一定能满足需求。

最终，市委、市政府通过细致调研，决定扩建篁园路小商品市场。1992年5月，篁园路小商品市场一期建成开业，设摊7100个，各类商品实行划行规市，市场进一步繁荣……

增加围巾生产经营业务、在北苑工业区兴办"义乌罕美服饰有限公司"……何海美的步子越迈越大，岁月传奇写就鸿篇。公司规模大时有100多名职工，年上缴税收100多万元，商品大量销往中东、东南亚等地区。

作为义乌市场发展的"先飞燕"，何海美自然获得了不少荣誉。自1984年起历任义乌市（县）政协第五至十一届常委，金华市政协第二届委员，浙江省政协第六、七届委员。作为浙江省劳动模范，全国个体户第二次代表大会代表，受到了时任国务院总理李鹏的接见。还获得1994年"全国大市场百佳个体户"，1995年"浙江省优秀个体劳动者"，以及2016年"全国先进个体工商户"等荣誉称号。

（王曙光　贾祥龙）

主席盛赞"花"餐厅

2014年6月5日上午，远在北京人民大会堂的中阿合作论坛第六届部长级会议开幕式后，义乌稠州北路一家名为"花"的阿拉伯餐厅立刻吸引了世人的目光。约旦人穆罕奈德在丝绸之路的这一端——义乌，收获了事业成功、家庭幸福，他的故事成为见证中阿友谊、新丝绸之路复兴的平民样本。

穆罕奈德（Mohanad Shalabi）那年36岁，来自约旦，近一米八的个头，帅气逼人。他会说一口流利的中文，在稠州北路经营这家餐厅已超过十年。他有一位美丽的中国妻子和两个可爱的孩子。

2014年6月5日，这个日子和往常没有什么不同，他的手机突然响个不停，所有打来电话的朋友都重复着一句话："穆罕奈德，祝贺你！习主席在演讲时提到了你，提到了'花'餐厅！"

穆罕奈德有些吃惊，听着朋友们在电话里的笃定说法，他将信将疑地打开电脑，开始搜寻习主席在中阿合作论坛第六届部长级会议开幕式上的演讲视频。

穆罕奈德反反复复看了好几遍，妻子刘芳一个劲地笑着，穆罕奈德的双手激动地有些发抖："是真的！"他紧紧拉着刘芳的手，心底的喜悦喷薄而出。

◆ 习习春风，让"花"儿美丽绽放。　　摄影/吕斌

次日下午，来"花"餐厅吃饭的约旦客商伊萨姆（Issam）一进门就搂住了穆罕奈德的臂膀。"好小子！"伊萨姆热忱地说。

在接受记者采访的间隙，穆罕奈德打开手机看微信。他的朋友圈最新一条写着："很荣幸习主席讲到我家。"随后还附上了习主席发表讲话的视频链接。

"We are so proud of you！（我们为你感到骄傲！）"

看着阿拉伯朋友们在微信朋友圈里为自己转发，穆罕奈德手指翻飞地一一回复："Thank you！谢谢！"

餐厅又进来四位吃饭的客人，他面带笑容地说了一番阿拉伯语。随后，客人们举起杯子，笑着与穆罕奈德碰杯。"他们来自叙利亚，是我的老主顾，也是我的朋友。刚才，我正与他们分享我的喜悦！"穆罕奈德对记者说。习主席发表讲话后，来"花"餐厅要求采访的记者一拨又一拨，慕名来吃饭的客人也开始增多。"实际上，我和妻子只是在义乌稠城开餐厅的一对小夫妻而已。"

2000年，穆罕奈德初到中国。之前，他曾在荷兰打了两年工，随后又去了泰国。来中国后，穆罕奈德与叔叔一起在广州开了一家阿拉伯餐厅。其间，他遇到了来自安徽的穆斯林女孩刘芳。两人一见倾心，一年后便结为夫妻。

2002年，广州的餐厅生意越来越好，穆罕奈德和叔叔又在义乌开了一家分店，成为义乌最早的阿拉伯餐厅之一。2004年，穆罕奈德与刘芳正式接手了义乌的这家餐厅。

随着在义乌开展贸易的阿拉伯人越来越多，餐厅的生意日渐红火。

在义乌十二年，穆罕奈德不是没有遇到过困难。"2008年的时候，正赶上了全球金融危机，我们的餐厅经营也遇到了困境。"穆罕奈德说，他们夫妻俩不得不拿出多年积蓄填补亏损，事业一度停滞。随后，他们将原先的餐厅更名为"花"餐厅，重新进行了装潢、设计了菜单。他还为餐厅设计了一朵极具阿拉伯风格的白色花朵，它镶嵌在门厅上方，成为"花"餐厅招揽客人的招牌。

生意开始逐渐好转，可穆罕奈德和刘芳始终不曾松懈，之后又开了一家贸易公司，专门做外贸。十二年的时间里，穆罕奈德仅在2016年回约旦度假，20多天后又回到餐厅继续经营。"我的父母、兄弟都在约旦，我没时间回去，他们都很理解我，他们会过来看我。"穆罕奈德说，他的两个哥哥和两个弟弟都来义乌为他的餐厅帮过忙，父母也常来义乌和他们一家小住。

现在，穆罕奈德早已将义乌当作自己的第二故乡，自己的两个孩子也在义乌上学。他坦言，他现在在义乌朋友很多，既有义乌人，也有阿拉伯人，大家都互相帮忙，生活十分开心。"义乌创业氛围浓厚，对外国人创业也有很多政策上的照顾，在这里生活和在我的祖国约旦没有什么两样。"

穆罕奈德说，这是他在义乌"从无到有"的创业故事，他还有很多很多阿拉伯兄弟，在义乌有着相似的创业轨迹，大家都在这片创业热土上，挣出了生活，成就了梦想。"这就是中国梦和阿拉伯梦的完美诠释。"在一旁一直静静聆听的伊萨姆笑着补充。

据了解，"花"餐厅成为中国国家主席习近平描述中阿关系的生动例子，一年时间来，已有近千家媒体前来采访报道。

穆罕奈德（Mohanad Shalabi）说，在这一年他拿了很多奖，但对他而言，所有奖项中分量最重的，就是2015年6月4日被授予的义乌市第一届"商城友谊奖"。

此外，这些年，作为最早到义乌扎根创业的约旦人，穆罕奈德盛名在外，也逐渐成为了中东外商和义乌市场互联互通的"使者"。获"商城友谊奖"后，他受聘于义乌市涉外纠纷人民调解委员会，成了一名外籍人民调解员，经常为在义外籍客商调解遇到的涉外纠纷，为保护各方的合法权益出力。

（张晨露）

◆ 步步走来不觉奇，蓦然回首意味深。

摄影/金福根　1998年摄于陈俊生（时任国务院秘书长）视察梦娜袜业之现场

拨云见日兴商路

　　常怀感恩思想，不仅是个人，作为一个团队乃至义乌全市人民，也应如此。尤其是当完成了一场波澜壮阔的历史变革，当年的马路市场演绎和续写了传奇，成为"全球最大小商品批发市场"之时，我们不能忘记为市场发育与发展做过贡献的那些人、那些事，特别是在发展重要关头、在遭受社会非议时给我们撑过腰、仗义执言过的人们。

"作为中国商业标志城市，义乌崛起，抒写了一个激荡人心的'春天的故事'；义乌变迁，浓缩了一个波澜壮阔的改革时代；义乌神话，折射出了中国奇迹。"这是在"浙江魅力之城"颁奖仪式上，对荣膺榜首的义乌市的颁奖词。

然而，你可曾知道，义乌市场由小到大，义乌经济由弱到强，前进的道路并非一马平川，事物的发展也非一帆风顺，而是布满了荆棘，历尽了坎坷。随着市场规模的扩大，用地规模和资金越来越大，涉及的政府职能部门不断增加，许多问题必须在更高的行政层面才能解决。湖清门市场建设由稠城镇和城阳区工商所组成的稠城镇市场整顿委员会便可解决；新马路市场由稠城镇、镇工商所和县工商局协调下也能完成；而从城中路市场开始，用地规模、资金规模大大增加，绝非一些职能部门或基层党委、政府所能解决。譬如要解决资金，就需通过信贷，那么金融部门就要进行投资收益评估。大规模投资的短期收益很小，而政策风险、市场风险很大，然而对义乌经济社会发展的作用也很大，因此，自然需要更高层级的政府出面协调和组织。

中共十二大报告中提出"要鼓励劳动者个体经济在国家规定的范围内和工商行政管理下适当发展，作为公有制经济的必要、有益的补充"。同一年，国务院批转《关于逐步开放小商品价格实行市场调节的报告的通知》，对159种小商品的价格予以放开。然而，在当时小商品市场的开放毕竟没有先例，因为没有政策依据，大家都采取"摸着石头过河"的办法。正因如此，包括一些权威部门的领导都不敢表态，为了避免参观市场难表态的尴尬，有的从省城到温州、丽水、衢州等地，不得不绕道而行。原因很简单，在政策不明朗的时候，任何创新都有可能带来政治风险。

然而，有一天，一位重要人物毅然跨进义乌市场大门，这是1986年7月23日，这个重要人物就是国务院秘书长陈俊生。在此之前，在义乌历史上还很少有这样高级别的领导人莅临。

这天晚上，又是一个月黑风高之夜。"国务院秘书长陈俊生冒着惹是非、遭非议的风险，与几位县委、县政府领导打着手电筒察看市场建筑工地……"（《义乌市志》"市场卷"556页）

据时任县长的姜补根回忆，这次陈俊生不是专程来义乌，是为扶贫工作前往云南途中辗转而来，当天晚上还要到杭州。这时，离城中路市场开业（1986年9月26日）还有两个多月，工地上相当凌乱，但陈秘书长依然饶有兴致地东看看、西瞧瞧，并不时提出一些问题与地方领导交流，当了解到市场的源流、市场对区域经济发展的作用时，加之现在又看到了如此气势颇大的场面，他当场鼓励义乌各级领导要大胆干，认真抓好小商品市场建设，使之发挥更大的经济和社会效益。临走时，他还表态，届时一定派代表参加市场开业典礼。之后，国务院果然派经济开发办高鸿宾处长前来参加庆典大会。

记忆有时是高度浓缩的。平凡的，也许长久，淡然的，也许亲近；坎坷的，更显珍贵。在困顿、迷惑、彷徨之时，国家领导人能站出来给义乌说句话，就有了底气、有了信心。可以说，在义乌发展的每一个关键时段，总有党和政府的支持与鼓励。这也是义乌市场持续繁荣、不断壮大的关键所在。

（吴潮海）

百花齐放专业街

义乌市场的崛起与发展，专业街的"孵化器"作用功不可没。这些专业街大都坐落于稠城、江东、稠江等城区主要街道，不少分布在篁园市场、针织市场周边，最多时曾分布有五十余条。徜徉专业街，只见商品琳琅满目，交易活跃，客商人头攒动，其新型的经营业态和格局，让人叹为观止。

义乌专业街多是自发形成，义乌特有的"四层半"建筑结构造就了专业街的出现：底层为商铺，上层为住宅的街区建筑。经过多年发展，从代理产品销售变成后来的"前店后厂"，逐渐形成具备一定规模、贸易繁荣的专业街市场，活力极强。

义乌专业街的起因是，随着义乌小商品市场知名度的提高，一些想进场经营的人因没摊位、有摊位的生产经营大户又因嫌摊位小而难以施展拳脚，于是他们转向市场周围门店，自发形成专业街。

义乌最早的专业街——稠城前大路松紧带拉链一条街，形成于1986年城中路小商品市场建成开业，经营主体急剧增长，市场知名度迅速提高时期。当时部分温州松紧带、拉链厂家和经销商，通过义乌市场代卖摊主等渠道了解到义乌市场行情火爆，陆续慕名前来义乌。由于场小商多、摊位禁止租让，他们选择紧靠市场的前大路坐店经营。1987年同类商品自行组合，成为义乌专业街。

稠城保联东街，作为义乌当时红极一时的文胸内衣专业街，曾与中国小商品城一样名扬全国。该街起初是塑料制品街，经营一年后，以其三分之二店面与当时三分之一布料批发经营户的店面形成赶超局面。从1993年起，布料经营户在保联东街迅速增多，逐步将塑料制品经营户挤到旁边的桂林街。

当时，丹溪路有个用简易棚架搭建而成的纺织市场，此街两旁店面基本上是布料批发部。因小商品市场的龙头带动作用，尤其是服装市场生意红火，需要大量的布匹，加之布料经营户有增无减，逐步从丹溪路向保联西街蔓延，一直延伸至保联东街。

1993年下半年，塑料制品陆续退出保联东街。该街大小150余间店面全部被100余家布料经营户取代，连同保联东街一起，形成名副其实的布料专业一条街。

历史的发展，总是这样瞬息万变。

两年后，中国小商品城宾王市场建成开业，根据市场布局和划行归市的要求，丹溪路纺织品市场和城中路服装市场整体迁入宾王市场。邻近的保联东街布料经营失去依托，经营户纷纷离开，另谋出路。最后，保联东街房东集体协商，公推5名代表，组成专业街筹备小组。通过招商宣传，与稠州路首饰经营户取得联系，几经协调，谈妥合理的租金价位。1995年年底前，约有100家饰品经营户与房东签订合同后陆续搬进。

保联东街的饰品经营户多为小户，多数经营大户包括来自广东、台湾等地的厂商认为稠州路交通便利，与篁园市场工艺饰品交易区连成一片。1998年保联东街经营户有的搬回稠州路，大部分则落户于五台街，保联东街办专业街再次受挫。

1998年8月，保联东街专业街筹备小组调整工作思路，筹谋引进合适行业，把经营大户吸引到保联东街。房东集体协商，由王征牵头组成3人专业街筹备小组，想方设法引进合适的行业，他们吸取原先工艺饰品专业街的教训，认识到工艺饰品专业街

◆ 庞大的专业街集群。
摄影/金福根　1998年摄于春江路

的失败，主要原因是没把真正的大户引进来。1998年，文胸内衣发展势头好，主要集中在五台街、市场路两地，共有经营户240余户，因店铺分散，缺乏集聚效应。筹备小组决定把文胸内衣经营户引进保联东街集中经营。

此举得到下车门居委会主要干部的支持，结局几乎完美：保联东街地段较好的房东降低租价，吸引文胸内衣行业的大小经营户整体搬入经营，1999年元旦，120余家文胸内衣经营户开门迎客。尔后，附近的桂林街也效仿保联东街，联合起来集体招商，于是保联东街的房东们就把整条桂林街发展为文胸内衣专业街。由于当时的城中路小商品市场旧址已改造成新针织市场，市场规模庞大，有摊店2150余个，经营袜子、针织内裤。针织市场的经营品种与文胸内衣为相近行业，经营品种与文胸内衣同属一个系列，这使保联东街和桂林街文胸内衣专业街气势更大。

后又有很多经营者向这里涌来，桂林街店面吃紧。这时，庐山街房东也推举代表成立筹备小组，经营户马上又挤满庐山街，进不了的则赶紧抢占漓江街店面，一年之后自然形成文胸内衣专业街，保联东街等文胸内衣专业街此时已形成绝对优势，到1999年年底时生意开始进入旺盛期。

新的历史，注定是一个新传奇的开始。

2000年年底，中国小商品城部分经营大户也陆续迁入，扩大了规模。由五路十街十一弄一新村组成的篁园片区内共有14条专业街，汇集10多类商品，拥有经营户2369家，其中企业191家。

2002年、2004年义乌国际商贸城一、二期开业，其间，都将专业街经营户列为进入市场分配商位的对象，这使得城区创办专业街热得以持续升温。至2005年，城区有38条专业街（块），经营户5032户，承租店面房6394间，形成针棉织品、日用百货、线带、皮具、玩具、文胸内衣、文体用品、化妆品等28个大类，商品年成交额占义乌市场成交额15%左右，成为庞大的专业街集群。

随着中国小商品城行业布局的不断调整及其他市场的兴衰，义乌专业街也不断发生着变化，有的归并入市场，有的变更街巷，有的在新兴市场周边街巷兴起。

专业街是义乌小商品市场发展的密切伴随者，专业街店铺式的经营格局为主体市场建设开拓了新思路，使义乌市场开始从摊位式逐渐向店面式转变，培育壮大了一批行业，起到了"孵化器"的作用。

市场主管部门调查研究认为：专业街之所以不断发展壮大，其主要原因有四。一是专业街可以弥补市场商位不足，缓解商位供求矛盾。特别是在专业街发展的前阶段，商位供应不足更是专业街迅速发展的直接因素。二是专业街商位面积比市场商位面积大。从第四代市场建成起，市场内许多经营户开始感到1平方米的商位已无法满足经营需要，要求扩大商位面积，于是一些经营户开始向专业街流动。三是专业街商务成本比市场商务成本低。四是专业街经营环境比市场宽松。

随着义乌市场的发展和城市的扩建，义乌国际商贸城陆续建成一期、二期、三期、四期、五期。目前，义乌城区有珠宝饰品、福田工艺品、长春汽车用品配件、长春围巾、梅湖库存、下王门业、下王酒店用品、赵宅相框文化用品、江北下朱工量刃具、黄杨梅灯具建材专业街、石桥头室内装饰专业街、鹏城旧货等十多个较为规范成型的专业街，涉及汽车用品、灯具、文化用品、日常生活用品等十多个行业，专业街遍布于义乌城区主要街道，为义乌市场的长远发展与繁荣当好"配角"。

（胡友大）

异国风味传新曲

　　从美丽的新疆喀什到秀丽的苏州，再到繁荣的商贸城市义乌，买买提和阿布力米提维吾尔族兄弟俩一步一个脚印，创造着他们的成功奇迹。如今，兄弟俩已在商贸区的异国风情街等地占据一席之地，买买提餐厅扬名国内外。

　　一个人要成功，天时、地利、人和三个条件缺一不可。在阿布力米提看来，哥哥买买提是他的贵人，义乌是他们的福地，义乌对外贸易的发展是成功的契机，当地政府的扶持和帮助是助力。

　　买买提和阿布力米提来自新疆喀什，兄弟俩的家族是当地的望族，家族成员多达三百余人，现在他们中有很多人都在全国各地经营自己的事业。爷爷年轻时常到杭州、苏州等地贩卖丝绸。1993年，父亲带着价值200万的货物到巴基斯坦做生意，因为被生意伙伴欺骗一夕之间破产。这笔钱里，有50万是从亲戚朋友处借的。从那年开始，哥哥买买提就辍学回家开始学做生意帮家里还债，那年他14岁，小学刚刚毕业。

◆ 异国风情街，霓虹映亮星辰。
　　摄影/李永　2008年摄于商贸街

　　"那时候，因为地理位置的关系，喀什的边界还比较开放，对外贸易很频繁。由于语言交流比较畅通，因此我们做生意很有优势。几年后，边境管制越来越严格，哥哥就开始跟着伯伯叔叔南下。"阿布力米提回忆道。

　　他们南下的第一站是在苏州。2000年，初中毕业的阿布力米提跟着哥哥，一起来到苏州给开托运部的一位堂叔帮忙。当时，家族成员基本是开托运部为生，借助地理优势，买买提兄弟把全国各地的货物通过喀什输往俄罗斯、阿富汗等国家。

　　在苏州待久了，认识不少老乡，大家凑在一起总抱怨没地方吃饭。当时江浙地区的清真餐厅非常少。哥哥决定将几年的积蓄投入开清真餐厅，便和表姐夫合股，在苏州开了第一家清真餐厅。果然，第一年投入就有回报。亲戚们一个接一个在全国各地开起了餐厅。

　　在苏州时就听很多老乡说义乌市场发展很快，有老乡建议他们到义乌开家餐厅。2003年，因为苏州的餐厅已经上了正轨，随着义乌市场的发展，对外贸易日渐频繁，买买提决定到义乌开托运部。兄弟俩一合计，就骑了摩托车来到义乌。

　　到了义乌，买买提发现义乌的穆斯林人数不少，特别是中东阿拉伯国家的老外更是远多于其他城市，兄弟俩相信在义乌开餐厅会有市场。但是2003年，沪江路的房屋租金已很高，兄弟俩看中的一栋一至四楼的房子，总面积约200个平方米，一年的租金是12万，差不多是苏州餐厅一年光景的利润。不过最终是哥哥拍板租下了这个房子，并以买买提作为餐厅名字。结果，第一年餐厅就盈利约50万。

　　餐厅生意日渐红火，第二年买买提兄弟将隔壁一栋二至六层楼的房子租下，扩大了营业面积。不久，商贸区的分店也顺利开张。"2003年前后，义东路一带是中东客商的主要聚集地，因此也叫香港城。后来商贸区逐渐兴旺，老外的夜生活逐渐转移到那边，因此我们也跟着在商贸区开了店。2006年，小商品市场搬迁到稠城镇福田地块，于是我们就在对面的长春社区租房开店。"弟弟阿布力米提说，当初选店面的时候只把握了一个原则，就是店要跟着老外走。

　　开商贸区店时兄弟俩遇到了一些麻烦。由于客户群体特殊，很多老外喜欢在室外就餐，因此，他们营业时常常要在门口的空地上摆放桌椅。一来二去，城管就得上前阻止，常常双方就发生口角，之后，政府出面协调，结果将这条街开辟为异国风情街。此后，这条街的名气越来越大，外国餐厅也越开越多，如今，它俨然成了义乌的一张地理名片，更成了老外心中最具家乡情调的"乐土"。

阿布力米提认为，义乌市政府对于少数民族群体的经商政策还是相当开放的。随着在义少数民族群体的逐渐增多，市政府的扶持政策也越来越多，减免了许多费用，特别是税费方面。还有，是允许按照民族、宗教习俗举办他们的节庆活动，尊重其宗教礼仪。

不过，阿布力米提兄弟俩的长春社区店，一开始开得并不顺利。市场刚搬迁，人气不算旺，加上餐厅装修风格很异域，很多人即便路过也不会进来看一看，要么觉得价格贵，要么觉得口味不适应。第一年，餐厅亏损三十万元，但兄弟俩并没有放弃，因为相信有市场。

"和很多餐厅一样，一开始我们也在市场上发放宣传单、外卖单，但效果不大。这时候，堂兄穆萨入股了我们餐厅，帮了我们不少忙。同时我们也学市场上的生意人，将目光瞄准了网络。"阿布力米提说，2005年起，餐厅就已开始做穆斯林网站，也会在一些其他的穆斯林网站发帖介绍餐厅，同时和马来西亚、澳大利亚、西班牙等一些国家的旅行社合作，零成本做餐厅的推广，顾客来吃饭，一桌菜基本不赚钱，慢慢有了一些名气，成为一些穆斯林国家旅行社的指定餐厅。

餐厅附近有个潮汕商会，商会里的人常常会来吃饭，混熟了就建议餐厅加点粤菜。因为西北菜重荤腥，但南方人多喜欢清淡的素菜，粤式菜肴则可以补充西北菜所缺乏的清淡。后来这个建议被阿布力米提兄弟俩所采纳，通过招聘厨师和培训大厨，陆续在餐厅里推出包括粤菜、西北菜、杭帮菜在内的多种菜系，仅沙拉一道菜就有新疆式、西式、阿拉伯式、巴基斯坦式、土耳其式等多个选择。

这几年，买买提餐厅在义乌穆斯林中的名气越来越大，甚至很多穆斯林回国之后也向亲朋好友介绍这家餐厅。通过马来西亚、阿富汗、哈萨克斯坦等一些国家旅行社的介绍，越来越多的穆斯林通过旅行社或者网站预订买买提餐厅席位。像义乌的义博会、森博会，就有很多国内外的穆斯林慕名而来。义博会期间，餐厅平均一天要接到

70多个订餐电话，一大批新疆、青海等地的参展商在这里预订了位置。

虽然名字是新疆饭店，但来饭店吃饭的顾客却遍布全球。像伊朗、阿塞拜疆、土耳其、乌兹别克斯坦、哈萨克斯坦这些国家的客人相对会多一些。除了穆斯林，许多非穆斯林的欧美国家外商和国内客商，也会来买买提餐厅享受异国风味。餐厅的角落里放了一个很精致的落地式金色地球仪，很多顾客来了之后，都会在上面指出自己的国家，然后再找到中国，比划一下距离，看看自己的家乡离这里有多远。

在义乌创业这些年，买买提已经拥有了上千万的身价，但他并不满足。2010年，他回到了喀什，开始了自己又一次的创业。他把餐厅交给了弟弟阿布力米提和穆萨打理。现在在买买提餐厅有50多个员工，都是从老家来的维吾尔族同胞。一家小小的餐厅养活了50多个小家庭。对于他们来说，义乌是他们创业的"福地"，也是永远的第二故乡。

（傅根洪　吕晶晶）

"泥哨"吹响致富路

三十年前，义乌还是浙江中部一个贫困的农业小县，人多地少，资源贫乏。而我家是原来稠城公社解放大队的农民，父母和兄长们每天日出而起，日落而息，一家人生活也过得紧巴巴的。

20世纪70年代初，我家一位20岁出头的邻居，不甘贫穷，经常偷偷地和几个小伙子一起去赶市场，寻商机。有一次，他从市场里带回来几样很小的玩具，一样是"小青蛙"，一样是"小鸟"，涂了各种颜色的油漆，很是好看。他说，这些东西都是泥做的，叫"泥哨"，有两个洞，可以吹。他对着一个洞吹了吹，吹得很响，也很好听。他说我们两家一起做，再拿到街上去卖，成本很低，赚头肯定不错。从那时候起，"泥哨"吹响了我们的经商路，也吹出了无尽的酸甜苦辣。

做"泥哨"先要做模子，它是用石膏做的。然后就是去找适合做"泥哨"的泥。在原来老义乌中学操场司令台后面、一条河的旁边，是一片田地，那里的泥土很细，略带黄色，质量很不错。我父亲就去挖来，用畚箕挑回家。父亲和哥哥们就用木锤使劲地锤泥，再用手揉，就像和面一样把泥加工得很有韧性，就可以做"泥哨"了。比如做一个青蛙"泥哨"，摘一块泥巴，搓一下，往石膏模子里用力一塞，刮平；用一根细棒捅一个斜洞，把"青蛙"取出来；往它屁股的位子再捅一个洞，两个洞相通，就可以吹了；把"泥哨"接缝地方刮平，抹上一点油，晒干；涂上油漆，画上图案，一个"泥哨"就做好了。从那时起，我父母兄嫂，白天生产队里干农活，早晚做"泥哨"。我和妹妹也能帮上忙，有时会忙到凌晨两三点钟。

我家和义乌县政府只有一墙之隔，距我家约50米、原来县前街孟大川弄堂右边、老五金公司左边有一块空地。当时，义乌一些不甘于寂寞的人，偷偷地把家里加工出来的小商品，如鸡毛帚、头扣、"泥哨"等手工制品装在小篮子里，提到这里去卖。当时，我们家的"泥哨"都是批发的，一个能卖一二分钱，最便宜的时候也能卖到八厘。这对于当时一个正劳力一天只有八九分工分的农民来说，可是一笔可观的收入。

那个年代，我们饱尝了许多经商家庭类似的不幸遭遇。我们既不能公开做"泥哨"，也不能公开拿到街上去卖。做，要受到生产大队管，指责你不务正业；卖，要受到"戴红袖套的人"管，给你扣上"投机倒把"的帽子。

不久，就有人举报我家"搞资本主义"了。有一天，生产大队来了好多人，闯进我家"割资本主义尾巴"来了。他们翻箱倒柜，把所有的"泥哨"和工具统统拿走了。一年里，这样的事不知要发生多少次。

提篮小卖都是我母亲的事。在街上卖"泥哨"可不是一件轻松的活，既要会做生意，又要防止"戴红袖套的人"来管。这些人有时会突然出现在你的面前，把"泥哨"倒入河里。对付这些人，我母亲和许多小商贩一样，运用了游击战术，你来我藏，你走我做；你来我躲，你走我卖。我们还改进了技术，把土坯的"泥哨"用火烧烤，这样的"泥哨"不容易破，质量好，还好卖；即使被倒入河中，我们可以把它捞上来，晒干了再卖。

除了做"泥哨"之外，我们还洗印当初很流行的明星照片，如越剧《红楼梦》《碧玉簪》里的剧照；我们还做过小孩戴的铁皮手表，加工过女人用的头扣等。就这样，我家原本干瘪的口袋慢慢地鼓了起来。

◆ 熙攘情景不再，传奇写满鸿篇。
摄影/金福根　1983年摄于湖清门小百货市场

改革开放后，商品经济在我国一些地方逐步解冻，手工制品、农产品摆上了集市。然而长途贩卖、摆地摊做小生意仍被当作"投机倒把"行为加以打击。当时，一些义乌人开始不满足仅仅靠一些手工制品，或走街穿巷"鸡毛换糖"发家致富，做起了贩卖日用小商品的生意。

20世纪70年代末，我们在卖"泥哨"的过程中，得知广东澄海生产塑料玩具这个信息。忙完了农活后，父亲和哥哥就悄悄地直奔澄海进了一批塑料玩具回义乌，很好销。从此，我家的经营模式开始转变，从小打小闹到大量的进货，再批发出售，真正开始了"投机倒把"的生涯。

1982年，在义乌小商品市场发展史上，是一个里程碑。当年8月，义乌县委、县政府在经过调查研究和反复讨论后，毅然作出一个大胆决策：开放市场。湖清门小百货市场诞生了。

我们终于结束了提心吊胆、提篮小卖的艰苦岁月。在湖清门，我们拥有了三个摊位，已分家的大哥、二哥各一个。我家的那个摊位在当时义乌五金厂南边的一座小石桥旁，摊位后面是那条穿过县城的小河流。

湖清门小百货市场是一个再也简陋不过的市场，所谓的摊位就是用两块水泥多孔板搭成的。我们在多孔板上铺上两块门板，在摊位的四只角上绑上四根毛竹，毛竹的顶端用塑料的篷布拉牢，用来遮阳挡雨。可以想象，赤日炎炎的夏天，雨雪纷飞的冬日，摆摊人有多辛苦。

确实，能够在大街上堂而皇之地摆摊，这种喜悦冲淡了所有的艰辛。在我家摊位的门板上，摆满了从澄海进来的玩具和自家做的"泥哨"、自家洗印的明星相片等小商品，每天虽然忙碌，笑意却写在大家的脸上。

1983年8月，我高考落榜。暑假期间，生产队里的农活还比较忙，摊位上的生意又比较好，父亲就叫我跟着大哥去澄海进货。意想不到的是，第二天，我们在漳州通往澄海的公路旁等候便车，被几个人围住，说他们是漳州某工商所的，不分青红皂白，以"走私"的理由，将我们直接带回工商所里。

所幸我们带了生产大队的证明，以及我的高考成绩单，百般解释后，他们才没有把走私罪强加在我们的头上。最后，他们说生产大队的证明没用，必须开当地工商部门的证明来处理。就这样，我们只能无可奈何地坐火车回家。

还好，我们在湖清门小百货市场都有摊位，很快就开出了证明。我们又马不停蹄地赶到漳州。结果，我们被处以30%的罚款。

酸楚岁月，刻骨铭心，我放弃了经商，毅然走上了复读高考的路。

为了生计，为了脱贫，为了奔小康，我的父母、我的兄妹们继续走在经商的道路上。得益于义乌县委、县政府"兴商建县"的发展战略，我家经商的脚步越走越远。

三十多年，弹指一挥间。从湖清门小商品市场到义乌国际商贸城，从"鸡毛换糖"到"世界超市"的美丽蜕变中，都可以找到我家的深深印迹。现在，我们虽然不再经营"泥哨"这类小商品，但它那动人悦耳的声音，永远在我们的耳边萦绕。

（金烨）

摆摊感悟繁荣市

　　时过1992年，邓小平的南方谈话如春风化雨，义乌市场日益繁荣，经营环境渐渐改善。许多上班族纷纷下海，胆大的干脆停薪留职或辞职，到市场上去经商闯荡；谨慎的也动脑筋摆个地摊什么的，补贴家用。鉴于当时的家庭经济窘境，我们夫妻俩商讨良久，终于作出了一个大胆的决定：利用业余时间去摆地摊。

　　那时候篁园市场正在兴建当中，夜市地摊就设在市政府门前的南门街。两排法国梧桐长得十分茂盛，梧桐树下即为工商所划定的夜市范围。一下班，我们随便吃点晚饭，便忙乎起来，将白天抽空进来的各种小百货装上小三轮车，不熟练地踩着三轮车，到夜市摆摊。

　　可能是我们缺乏经验，进来的小百货不适销对路，一段时间下来，鲜有客人问津。看到边上有的摊位不断地有人讨价还价，生意兴隆，真是热在眼里，急在心上，直感叹自己不是做生意的料。就这样熬了近一个月，以惨淡经营收场。后来我们听人说，在朝阳门摆书摊的生意不错，因为批证相对难些，需要文化经营许可证。在市机关工作，办证难度不大，况且自己又是个文化人，对什么书籍畅销比较了解，于是我们转变思路去朝阳门夜市摆书摊去了。

　　我们的书摊就设在朝阳门与城中路的交叉口，对面是一个大酒店，朝阳门街上开着义乌首家快餐店，人来人往十分热闹。为了预防

◆ 朝阳门景观倏忽而过，回望时为之感慨。
　　摄影/金福根　1999年摄于城中路·朝阳门

雨淋，我们请人特制了两只铁皮箱，里面可装文化市场进货的书。我们的程序是，在三轮车上先摆上两只铁皮箱，然后放上照明用的电瓶、灯泡电线，然后上面覆盖钢丝床，踩着三轮车一路晃荡晃荡到朝阳门夜市。撑开的钢丝床上摆满了花花绿绿的各种书籍，当时流行港台明星画报，金庸、梁羽生、古龙等人写的武打小说，当然也有算命、测字等小书。街上来来往往的客人有的匆匆而过，有的翻翻而走，也有的看到中意的一买就走，因为书有标价，免了许多讨价还价的口舌。

印象最深的是，有个来自东北的小伙子，经常光顾我的书摊，并且喜欢聊天。原来他也是从一家大型国企辞职南下来创业的，晚上无事看书消遣时光。有个过去的老熟人，生意做得风生水起，酷爱看金庸武打书，一买就是好几套，看书速度奇快，并且总要把看过的书拿回来，我们要退钱给他，但他执意不肯，说："你们上班的业余时间摆地摊赚钱特别辛苦，这书我看了放家里也没用……"这令我们十分感动。当然也有些人患红眼病，要到单位去反映，单位领导也找过我谈话，要我注意机关干部形象。说实在的，如果不是出于巨大的经济压力，谁愿意风里来雨里去的辛苦，此时此刻只能一个人慢慢地咀嚼。

在这段时间里，辛苦的不仅有我们夫妻俩，还有我的父母。母亲帮我们带孩子，有时候孩子想我们了，母亲就带她到书摊前，看着女儿那热切地想妻子抱一下的眼神，我的心不禁有点酸楚。在大雪飘飞的日子里，我们也舍不得放弃摆摊，脸被冻得通红，皮肤变得异常粗糙。为了省钱，妻子舍不得买一件好衣裳。就这样，我们夫妻俩在朝阳门夜市摆书摊一载有余，一算下来赚了一万多元钱，心里别提有多高兴。经过努力，我们终于还清了所有债务。后来单位工作忙了，生活压力小了，我们把摊位送给了一位乡下亲戚。

一年多的业余摆摊经历，时间不算太长，但我留意到义乌市场渐渐地在壮大、在发展。诚信经营者多了，专业街、专业市场里的人气旺了。同时感受到经商者的创业艰难，体会到待人宽容的重要性。义乌市场的逐步发展壮大，就是在不断的宽容、理解、支持下前行的。

（陈炫华）

艰辛创业行大道

义乌市场从一个青涩少年到如今的黄金年华，我是陪着它一路走过来的。自己的一段经商经历，见证了义乌市场发展历程中非常重要的一段时光。

20世纪80年代后期，我在老家浦江山区一所乡初中做代课教师，有一天几个朋友小聚时，商量一起去义乌发展，说义乌市场一个摊位的年租金只要180元，结果，四五个朋友只有一人凑得起200元钱，只好作罢。这使我和刚起步不久的义乌市场失之交臂。

缘分似乎是上天注定的。10年后的1998年，我成为县城一家副食超市的总管，其中一项就是负责监督到义乌市场进货。第一次走进宾王副食品市场，立刻被它的气派震住了，几千家做副食批发的经销商，各种琳琅满目的商品。我相信每一个走进市场的人，都会眼花缭乱，叹为观止。说句不怕难为情的话，在纵横交错的通道里时常找不到出口和来时的路。

记得那时的市场，有独立一间店面的，也有生意做得较大两三间相连的店面的，有些商贩相对货物品种齐全，也有很多起步不久，租一个一平方米多的摊位经商的，四周堆满货物，连通道也不例外。

◆ 宾王市场开业盛宴。　　摄影/金福根　1999年摄于宾王路

　　到了2000年，我决定自己创业。为了怕被人说我从别人的副食超市学到本领，翅膀硬了就单飞，我决心实现自己从小的理想，开一家书店。考虑到光书业恐怕难以维持生计，就决定在书店里兼营文具办公财务用品。

　　文具图书是我原先就职的超市不曾涉足的，一切意味着从头开始。记得当初作此抉择时，义乌副食品市场几个老板朋友都劝我开副食品超市，并说创业资金帮不上，三万五万的货随时去市场拉。我婉谢了他们的好意，还是决意走自己的路。身边只

有两千元钱，找朋友们凑了一点，义无反顾地来到位于篁园路的小商品市场和春江路的办公文具一条街，开始创业。

记得最初走进春江路时，拎着一辆出门装行李的那种几根钢管焊接的行李车，走东家串西家，进货也不多，也吃到了一些老板的白眼和不屑。不过，所幸合作的老板大多是好人和热心人，劝我不要急，慢慢会做大的。有的还用自己的创业经历来鼓励我，他们说在义乌做到有店面也是不容易的。

　　诚如市场里几位热心老板的预言，加上自己的诚信经营，热情服务，我的生意很快上了轨道，一天天好起来。义乌市场里我也跑得更勤了，从一个月到半个月，后来基本上是一周一次去进货。

　　在篁园市场和春江路进货不久，越来越繁荣的市场进一步细化，开枝散叶，办公文具用品市场迁移到义驾山一带。一时，义驾山周边几条街都成了办公文具的海洋，我随着市场挪窝到义驾山市场进货。

　　开了几年店后，为了进货、送货方便，我买了一辆五菱面包车，自己直接开车去进货。很快，我发觉我的变化远远赶不上市场发展的变化，原来办公文具用品市场又要搬家了，这次是搬到设计最科学、设施最先进、设备最完善的国际商贸城。记得原先在篁园市场的外墙有几个非常大的字"中国小商品市场"，记忆犹新，现在变成了"国际商贸城"，无疑是昭示这些看似微不足道的小商品要从义乌市场"启航"，漂洋过海去闯荡国际市场，走向世界了。

　　义乌国际商贸城不愧为现代商业态势的一种范本，市场不仅内部设施时尚超前，更让人叹为观止的是，除了副食品以外，所有的轻工产品都可以从这里一站式采购，所有店铺都是超市一样敞开式布货，对批发、零售是一样简便实用，每一个来到市场的客商、游客，都觉得方便、贴心。货物之多，简直无法用数字说得清。

　　人说三十而立，义乌市场从无到有，从马路市场到国际商贸城，不仅如此，义乌市场的成功模式在全国各地安营扎寨，落地生根，许多城市的义乌市场成了和义乌本土市场莲藕一家，呈现蓬勃发展趋势，越来越繁荣兴旺。

　　每个月总有几天，继续走在宽敞明亮的国际商贸城，不由得感慨万分，想不到义乌市场走过了三十年，我有幸陪着它一起走过了后面的一半时间。

　　我庆幸，我感恩，它丰富了我的人生阅历，我也将继续享受市场发展的活力和朝气

（徐水法）

第二故乡乐淘金

十多年前，我远离家乡重庆，来到义乌"淘金"。

说"淘金"，是我这颗不安分的心，跃跃欲试，奢望成就自己的创业梦想。正像我在诗歌《奔放夏日》所写："总是以炽热的情怀，显露出男人般粗狂的胸怀，不断挥洒着心中的热火……"而真正踏上了义乌这片热土，看到那大街小巷川流不息的人群与来往车辆，那些匆忙穿梭在篁园市场、宾王市场、国际商贸城中的老外，却感到十分惊讶和震撼，似难以用诗的语言来描述。

作为一个外来建设者，在商城义乌生活久了，日渐被这里浓厚的经商氛围所吸引。于是，我在2006年4月的义乌出版物中心新成立之际，做出了大胆的决定：拿出多年的打工积蓄，创办一家专门经营出版时日已久的期刊批发的书刊公司。因为与众不同的经营理念，义乌、金华电视台还就此事作了报道。那时，为了拓展业务，在炎热的夏夜，我独自奔波在各镇街工业区夜市书摊上推销书刊。当那些正规出版社出版的物美价廉的文学、工具书籍，被人们争先恐后地购买时，我抹一把脸上流淌的热汗，揉一揉酸痛的腿，觉得一路的辛劳，都一扫而光。

经商的道路艰辛，无形中带给了我人生的蜕变和成长的阵痛，让我敢于不断挑战和完善自我。2007年3月，为了开发新的外贸领域，我又毫不犹豫地做出了新的决定：与一位来自杭州的前同事，合资注册了一家饰品公司，开始了陌生的生意之旅。由于种种努力，我们开发和设计的宗教十字架、念珠类独特饰品，已远销国内外，受到客商的青睐，客户群逐年在上升。

当初我选择在义乌开始创业，曾以为自己是外地人，在陌生的行业、在销售产品和洽谈业务等问题上，担心会受到本地人或同行们的"欺生"或"排斥"。可后来看，这种"杞人忧天"的想法实属多余。因为真诚善良的义乌人，对于外来创业者，是非常关心和支持的。尤其是各级政府对于外来建设者所给予的各种关爱，让人心存感激。

2008年，受经济危机的影响，我少有定单交易，办公室房租又将到期，我和合作伙伴焦虑万分。正当两人准备放弃创业时，善良的房东得知后，主动给我们延长了交租金日期，并提出一年房租费可以分两次交纳。房东的热心和无私帮助，让我们渡过了难关，给予了我战胜困难的信心和勇气。

如今，当我和好友清晨在风景如画的义乌江边慢跑，呼吸着清新的空气，看着其他说着不同语言的异乡人在晨练中，脸上露出开心的微笑，心里不由地发出感叹："义乌，我没有理由不喜欢你。"同时，我还深信，义乌的小商品，大市场，将会给广大经营户和采购商们，带来一个更加风风火火的艳阳天！

（郑建伟）

◆ 脉动有力的市场，让无数人追逐梦想。　　摄影/吕斌

人物风华

　　一秋读史心难问，一局收秤胜属谁！回眸历史，稠城人杰地灵，文化传统绵延不绝，历史名人群星璀璨。骆俊、骆统、黄中辅、黄溍、王祎、陈橥、金松寿……他们都以道德文章、民族精神闻名于世，以正直与风骨名扬中外，值得我们去挥毫泼墨、浓彩重墨、大书特书。

孝廉爱民堪骆俊

义乌原名乌伤。乌伤县，因孝子颜乌而命名，因骆俊、骆统父子而扬名。

骆俊（？—197），字孝远，会稽郡乌伤县（今义乌市）人。东汉后期的陈王国相。他励精图治，奖励生产，济养百姓，深受百姓爱戴，因拒绝借粮，而被袁术杀害。

东汉末年与三国时期，骆姓在乌伤县是望族。在群雄争霸的动荡岁月里，年轻时的骆俊在会稽郡当小吏。当时的太守见他精通经史，又懂军事韬略，因此特别器重，认为骆俊的人品才干应当更好地为朝廷效力，于是向皇上举荐他为"孝廉"。

骆俊心怀家国天下，奉召到了当时的京都洛阳，在汉灵帝身边担任尚书郎一职。骆俊的做事为人，颇得皇族中有识之士的认同。东汉末年，骆俊很快就官拜陈国（设治陈县，今河南淮阳）国相。

陈国地处当今河南淮阳、太康、西华、鹿邑一带，当时属豫州。陈王刘宠从小习武，尤善射箭。中平元年（184），黄巾军起义，所向披靡，郡县官吏丢下城邑各自逃跑。各地农民群起响应。而刘宠由于藏有大批弓箭，加之有众勇士把守，陈国较为安定。骆俊上任国相期间，军事上辅助陈王加强武力把守首府陈县，抓好社会治安。

汉灵帝去世后，董卓挟小皇帝，独揽朝政，以至于天下义兵群起。刘宠聚重兵把守国邑陈县外围属地阳夏（今太康），使各路兵马不敢趁机偷袭，以保百姓免受战乱之苦。

骆俊的执政方针中，民生上其主要职责是安民、养民、治民。他励精图治，奖励生产和生育，在大力发展粮食生产的同时，大力发展人口。辖区内产妇一旦分娩，人均送上肉粮，使之更好地养育强壮的孩子。而且每每使人送出慰问大礼时，总是不忘阐明这是陈王的恩惠于民。这使当地百姓由衷地臣服陈王刘宠，爱戴相国骆俊。一时间，民间生了婴儿，不论是男是女，都以"骆"姓取名，充分体现了陈国民众对骆俊的爱戴。对于骆俊的贤能，陈王也充分给予信任和赏识，称他是贤相，是陈国的主心骨。

在骆俊的治理之下，陈国境内暂未受到战争的摧残。社会安定团结，百姓衣食连年富足，心底对骆相越发拥戴热爱。而陈国境外连年征战，天灾人祸接连不断，战乱如洪水猛兽，导致民不聊生，真是"战，百姓苦；亡，百姓苦"。这使得数以万计的灾民扶老携幼，也如洪水般涌进陈国境内。

此时，骆俊宅心仁厚，真心爱民。在征得陈王同意后，他广开公家粮仓，将粮食拿出来分发救济灾民。骆俊还把自己得到的朝廷俸禄从本已紧缩的居家开支中抠出来，慷慨地缝置了大批衣服被褥，施舍给受冻的灾民御寒过冬，使得水深火热中的灾民在陈国境内得以休养生息。骆俊的这种大爱，在灾民中传扬甚广，以致投奔陈国的灾民数不胜数。

而这时，袁术在寿春（今安徽寿县）擅号称帝，大肆搜刮民间财物，建造宫殿，广纳嫔妃，且屯兵打仗，致使广大民众苦不堪言，成批饿死。骆俊知道后，加紧抢修防御工事，严加防范。

袁术眼馋陈国粮食丰足已久，派人到陈国借粮。骆俊疾恨军阀割据作乱，危害百姓，不愿助纣为虐，断然拒绝借粮。袁术恼羞成怒，便派人伪装在陈国就食的外地灾民，假称向骆俊敬酒致谢。骆俊盛情难却，一饮此酒，毒发后被刺身亡。未曾想，骆氏前贤、一代贤相英年早逝。国相被害，袁术随即连夜偷袭陈县，杀害陈王，屠掠百姓，城池一片血海。

民众哀悼乌伤骆俊，乌伤县名，再次扬誉天下。

此时，骆俊其子骆统，年才八岁，随生母到豫章。建安四年（199），得孙策帮助，骆统回到远在江南的会稽郡乌伤老家。不久，一家人从伏龙山迁至乌伤县治东北的骆家塘。

后来，在乌伤孝义文化的熏陶下，骆统传承和发扬父辈的精神并发奋图强，一举成为三国时期的东吴名将，力保江东百姓于三国乱世之中繁衍生息，终究不辱没其父骆俊安民孝廉之声誉。

（骆春英　王曙光）

文武俱贤推骆统

骆统，字公绪，是三国时期义乌最知名的文化名人。

陆机《辨亡论》记载：孙吴能"兴天下争衡"者，贵在"骆统疆谏以补过，谋无遗算，举不失策"。骆统的刚正、谋略、胜算和节操都可说是"惊天地、泣鬼神、撼山河"的。骆统的一生，是忧国忧民的一生，具有义乌人"勤耕好学、刚正勇为"这种最典型的道德风范。

汉献帝初平四年（193），骆统出生于一名戍边将领骆俊的旅帐之中。骆统出生时，骆俊正好在陈地（河南开封一带）守边屯田。

骆统的成长，与良好的家庭教育和严酷的社会环境熏陶密切相关。他的父亲骆俊能文善武，治军严厉，因此屯兵的陈地盗贼不敢胡来，兵痞不敢侵犯。骆俊家教也很严格，从骆统"咿呀"学语时就教他习文练武，一边传授做人立业的道德。

建安元年（196），当时最大的灾难之一在于兵无粮草，民不聊生。作为随父在战旅中生活的骆统，自然也品尝到这种生活的苦难。

次年，袁术当时在江淮，苦于部队为粮草所困，就派人向陈相骆俊借粮。骆俊考虑到袁术不立政德、居心叵测，拒绝答应，遭其暗杀。

建安五年（200），东吴大将华歆相中骆统母亲，欲娶其为续弦，孙策成全了他们的好事。从此，骆统的母亲改嫁给华歆，骆统也由此经历了家庭变故的心灵重创与童年坎坷失落的种种磨难……

经过四年的战争离乱与家庭生活的变故，骆统从开始懂事起便聪颖过人，很有个性。8岁时他就决意自立，子承父业，力争有所作为，不愿随继父过日，和他姐姐辞别母亲和继父，在同宗亲人的帮助下，回到故土义乌。

自从豫章（湖南）一别，骆统整整十二年过着艰苦朴素的生活。他边学习，边劳动，和乡村贫困的孩子们友好相处，还节衣缩食赈济贫困百姓，坚持学文习武。

骆统的所为，感动了他的姐姐。骆统姐姐就把自己的日常衣服、日用食粮省出让骆统接济贫困百姓，同时，又把骆统的这些情况转告母亲。骆统母亲也为儿子有这种可贵品质大加赞许，并鼓励他继续为民分忧，发愤努力立志成才。

公元212年，骆统20岁。孙权用"分土治国，褒赏贤能"的策略，在四方招贤纳士，实施地方管理，巩固东吴的政治和经济地位。骆统原来在地方上就素有爱国爱民的好名声，由于母亲和继父的举荐，被孙权录用，做了乌程相。乌程，就是现在的浙江湖州一带，地域辽阔，百姓超过万户，辖县10个，号称吴兴郡，是个大郡。

乌程地势水流方便，既是兵家必争之地，又是文化经济交汇的交通枢纽。由于战事频繁，贼寇较多，社会治安十分严峻。当时年仅20岁的骆统，被安排在这样重要的郡县为官，足见孙权对他的器重和信任；同时，也足以表明骆统的才能过人。

骆统在乌程为官期间，体恤民情，廉俭自律，始终保持青少年时就养成的爱民美德。他提倡农耕与渔牧并重，主张以民为本，把"政使惠风，举贤重良"当成教化的大事来抓。还以德亲百姓，以仁治天下，以勤政取信于百姓。

当时，民间有则传闻很感人。传说当地百姓很感激骆统治政有方，大家感叹他来乌程之后，"晚上再也不闻狗咬了，盗贼也不敢来骚扰了"。为此，在过年时，老百姓凑了一百文铜钱前来送礼，骆统为了不负百姓心意，收了"一文铜钱"以示亲民之心。正因为如此，当地的老百姓都交口称赞他是"一文郡主"，心怀仁慈，恩德泽被一方

孙权非常欣赏骆统对事业的忠诚，把骆统提升为身边的功曹，即郡佐史，成为当时孙权最信任的谋士（有类于现在的贴身文秘）。后来，孙权又把他提升为行骑都尉，还把自己伯父孙辅之女许配给骆统为妻。

骆统追随孙权从政时期，先后上奏书30余份，忠直敢言，言必赤诚，言必无私，言必倾盆，言必感人至深，实为千古刚正风范，后人楷模。对此，孙权称赞骆统"耿直有父风"。

骆统著名的《论时政疏》就劝孙权"留神思省，补复荒虚，深图远计，育残余之民，阜人财之用"，阐述了他可贵的"以民为本""以人为本"的政德观。

建安二十四年（219），陆逊驻军陆口，谋士之一就是27岁的骆统。是时，关羽视陆逊只有19岁，是小儿辈，不足为虑，放松了对陆口交通要冲的警惕。骆统利用关羽的轻敌，一面让陆逊修书关羽，盛誉神威，并厚礼相送，祈求缔结友好。而暗中却遣吕蒙为前哨，偷袭公安城，迫使驻城太守糜芳受降。另一方面，陆逊又和骆统乘机直扑宜都，同样使蜀军宜昌太守樊友措手不及，扔了城池而跑。陆逊、骆统趁此机会连连出奇兵，先败蜀将詹晏后取姊归城；接着又夺取了枝江、夷道、夷陵等城池，先后歼敌3万余，开创吴军前所未有的辉煌。

鉴此，孙权为嘉奖陆逊、骆统征战有功，拜陆逊为右护军、镇西将军，升骆统为偏将军，令其两人屯兵夷陵，镇守峡口（西陵峡口，今湖北宜昌县西北）以防蜀兵东进，使之成了当时孙吴最重要的军事重地之一。

公元228年6月，孙权在文武百官的上书下，在武昌登基，发告天文称帝，改黄武八年为黄龙元年。吴王称帝后，博学多才、功劳冠群的骆统，并未受到封赏。他也自知过节，在于"清浊太明，善恶太分"，心里虽郁郁不快，但自信问心无愧。不久，他终因经年苦战，文武分心而积劳成疾，客死他乡。当年，骆统仅有36岁。

骆统死后，其子骆秀归根故里义乌定居。公元337年，吴国大臣谢渊曾上书陆逊，呼吁当年骆统的同僚好友为其子正名，并说："公绪为国多有奉献，儿孙却要受苦受难。听说骆统的儿子志行高尚，是非分明，像他父亲一样刚正亢直，算得上是一门英烈后嗣，地方人杰。"

骆统毕生以"志、行、德、操、守"五字张目，忠耿醒世，言行必果，敢作敢为，敢为人先，名载青史。

（葛海有）

直言抗疏楼图南

楼图南（1108—1198），字鹏举，稠城东门人。为宋室南渡以后义乌举进士的第一人。选韶州主簿，官至吉州郡守，寿皇知州。

楼图南素性机警聪敏，喜好读书，稍长即旁通诸子百家，尤喜钻研朝廷法令法规。他少怀大志，于游学京师入太学时，与钱塘（今杭州）张九成志同道合，相交甚厚，常一起议论国家大事。时值金兵入侵，二帝被掳，宋室南迁，中原百姓面对流离失所、家破人亡的战乱形势，他义愤填膺。

宋绍兴二年（1132），朝廷的开科取仕是在兵荒马乱中进行的。当时离"靖康之难"还不到六年，金兵还在不断南犯，南宋政权处在风雨飘摇之中。这次取仕，由宋高宗亲自主考，以"中兴之本"为题。楼图南和张九成都竭力主张抗金救国，收复中原，建议高宗要发奋图强，励精图治，把握时机，实现中兴。张九成在殿试对策中，倡言务应"以刚大为心，无以忧惊自沮"。这些观点都博得高宗赞许。考试结果，张九成和楼图南均进士及第。

当时的宰相赵鼎，闻知楼图南之才华，想召他进见。而楼图南则认为，赵鼎虽然荐用岳飞为将，但真正的主张只是想保全南宋的半壁江山，反对张浚大举北进而收复中原，这和自己的抱负相距甚远，因而迟疑拖延，不愿与之往来，结果自然得不到重用。经过很长一段时间，方获得韶州主簿的职位。

韶州地处福建和广东的交界地区，山深林密，蒹葭丛生，是盗贼聚集出没之处，经常发生劫掠事件，素难治理。楼图南赴任后，受命提兵镇抚。由于他采取严厉惩办为首者、不予追究胁从者、严厉打击与分化瓦解相结合的策略，很快平息了匪患，保障了地方的安宁。

不久，前线传来了伪齐刘豫与金兀术合力南侵的消息。楼图南主动请缨，要求带兵消灭贼寇，收复失地，洗雪国耻。由于朝廷被主和派掌权，楼图南这种忠心报国的主张和请求，不但没有被采纳批准，反而被扣上"越职言事"的罪名，被罢免了韶州主簿的官职。

数年后，朝廷才授楼图南一个临安府簿属的小官。时奸臣秦桧弄权，积极推行向金乞和的投降路线，楼图南的好友、礼部侍郎张九成因竭力反对秦桧主张和议而被罢官并驱逐出京。楼图南极度愤慨，毅然为张题诗，以壮其行。诗曰："直道无辞万里行，肯因荣辱污平生。丈夫意气倾肝胆，拂袖同为泉石盟。"秦桧闻之，极为不满。楼图南气愤地说："虎怒横冈，吾得跧复庐幸矣。"遂要求辞官归田。

绍兴二十五年（1155）秦桧病死，楼图南被朝廷重新启用，进阶朝议大夫，授官吉州知州。他任职期间，恪尽职守，体察民情，处处为民请命，尽量方便于民。比如当时田赋采取夏秋两税法，实行中预催予借严重，各种附加税和费用名目繁多，农民苦不堪言。楼图南体恤百姓，不行陋习苛敛，百姓非常感激，吉州呈现出一片政通人和的新气象。

此外，当时朝廷因财政匮乏，欲把地方上的财税收入都上缴户部。楼图南坚决反对这种错误主张。他说："这种做法，乍看起来，户部的财政得以充实，但各司、府、县的库存却都空了。万一有事，大家就都束手无策，到那时由谁来承担这个责任呢？"由于他的据理力争，这件事后来也就没有办。任期满后，因父亲年迈，他再三上疏，乞求归田，最终得到批准。楼图南在吉州任职期间，因政绩卓著，深受吏民爱戴，大家自动捐资建祠，纪念他对吉州的恩泽。

孝宗乾道五年（1169），楼图南曾再度为官，清廉刚正，授寿皇知洲之职，敕封祥符县开国男。任职期间，食邑1300户，实封300户。

楼图南学识渊博，好钻研，退休山林后，雅好吟咏，其治学之严谨，堪称楷模，并著有《宦海集》《小轩闲稿》若干卷藏于家。庆元四年（1198），楼图南辞世在家，享年91岁。

楼图南有兄弟6人，其弟世南，登绍兴三十年（1160）进士；弟斗南，字文举，天资浑厚，办事极有礼仪，绍兴十二年（1142）恩科特奏名进士，官授台州司理。后辞不赴任，退而归家，孝奉父母，以孝名入祀孝祠。楼图南则以忠名，与宗泽、徐侨、王祎等同入祀忠祠。一家三兄弟同为进士，为世所罕见。

（楼森）

高卧贤杰黄中辅

　　黄中辅（1110—1187），稠城金山岭顶人，字槐卿，号细高居士，黄潭六世祖。他一生勤勉读书，淡泊名利，虽无一官半职，但赤诚爱国，忠奸分明，崇尚气节，不为苟同，又以文学行义知名，隐居不仕。为了纪念这位高卧贤杰，后人在老家旧址给他建了一座专祠。后专祠毁失，人们又在雍正年间于朝阳门外驿墈下的"浙东望族祠"（今称黄大宗祠）一侧，特地建了"二贤祠"（后又被日军焚毁），以合祀他和黄潭两位先贤。

　　黄中辅出生于宋大观四年（1110），父亲叫黄琳，其母宗氏系宗泽之妹。他幼承家学，尚气节，有胆识；更像舅父宗泽，忠肝义胆，血诚爱国。宋徽宗宣和七年（1125），金国发动对北宋的掠夺战争，朝廷急招宗泽到抗金前线磁州任知州，以招募义军，抗击金兵。这期间，大奸臣秦桧篡权柄国，诛杀异己，诬害忠良，在和议既成之后，驱使文人墨客吟诗作赋，歌颂所谓的"太平中兴"之美。独黄中辅毫不畏惧，愤然题诗，充分体现了其忧国之心和悲愤之情。

　　宗泽受任东京留守后，任用爱将岳飞为将，多次打败金兵。正当全国上下同仇敌忾、北伐抗金、收复失地之际，投降派却百般阻扰，拒让宋高宗回汴京主持抗金。宗泽见奸佞当道，复国无望，忧愤成疾去世。黄中辅得知舅父抱恨去世，表哥宗颖也赋闲在外，自己又报国无门，壮志难酬，悲愤地写下了一首词《念奴娇》：

炎精中否？叹人材委靡，都无英物。胡马长驱三犯阙，谁作长城坚壁？万国奔腾，两宫幽陷，此恨何时雪？草庐三顾，岂无高卧贤杰？

天意眷我中兴，吾皇神武，踵曾孙周发。河海封疆俱效顺，狂虏何劳灰灭。翠羽南巡，叩阍无路，徒有冲冠发。孤忠耿耿，剑芒冷浸秋月。

全词慷慨苍凉，气势磅礴，表达了对卖国投降的奸臣们的极端仇恨，大有"投笔从戎去，马革裹尸还"的气概。

黄中辅传承宗泽精神，刚正耿直，正气凛然。建炎四年（1130），被金兵掳去的秦桧回到临安，肆意劝

◆ 黄中辅画像

宋高宗与金邦议和。岳飞明确上表反对，并合力击败金兵，后被十二道金牌急招，以莫须有的罪名遭到杀害。此时，已而立之年的黄中辅，眼看奸佞猖獗，忠良受害，生灵涂炭，再也抑制不住内心的怒火，奔赴杭州，登上太平楼，奋然怒题《满庭芳》词于楼内壁上：

沥血为词，披肝作纸，片言谁让千秋？快磨三尺，欲斩佞臣头！自恨草茅无路，望九重如隔瀛洲。兴长叹，无言耿耿，空抱济时忧。

休、休、休，真可惜，才如李广，却不封侯！奈伯郎斗酒，翻得凉州 尽道边庭卧鼓，谁知老了貔貅。凭谁问，边筹未建，建恁太平楼！

此词沥血披肝，雄词激烈，表达了人们对卖国投降的奸臣们的极端仇恨，爱国士民对此无不称快，一时风靡京师。秦桧、张俊等闻讯后急忙关闭城门，搜捕黄中辅。而这时黄中辅已更换装束，雇船回返老家义乌。为了不使地方官为难，他带了妻子儿

女一起躲藏到了乡下，闭门谢客，斋佛诵经，以"细高居士"为号。

绍兴二十五年（1155），秦桧死，朝廷平反冤狱，年已不惑的黄中辅回到县城。时过六年，新任知县晏节闻之黄中辅，亲自登门造访，城乡坤士也纷纷恳求黄中辅出来培养后辈，他出而掌教义乌县学。

在县学，黄中辅一连教了二十年书，培养出大批人才。70岁那年，他辞去教谕一职，自己又去山野田园，深居简出，以吟咏为乐。知县将黄中辅的文才、道行和事迹上报，当朝廷商议给黄中辅担任什么职务时，已是宋淳熙十四年（1187），令未下，而黄中辅已于当年5月7日溘然逝世，享年78岁。

黄中辅的壮志高风，世人深为仰慕。他有气节、有学问，著有《类稿》10卷。其后人亦均有成就。其中，黄中辅孙黄伯信与宗泽家族结成姻缘，生有三子。长子黄梦炎，稠城人，是元朝义乌大文豪黄溍的曾祖，系义乌黄氏的第一个进士，开创了该家族科举入仕、书香传家的耕读家风，曾著有《诗文杂稿》10卷。

（王曙光）

◆ 二贤遗风存古祠，诗书礼乐代代传。　　摄影/李永

谋冠儒林惟毛炳

毛炳（约1170—1245），字伯光，桐城人。南宋宝庆二年进士。其饱读诗书，崇尚理学，却以一介书生，凭战功擢升，官至宝谟阁学士。毛炳为官公正自矢，刚正不阿，顶天立地，不附权势，屡蹶屡振，终不见用。一生苦心遭斥，遂绝意仕途，抱疾辞归，卒于途中。

宋室南迁后，屡兴兵北伐，欲收复失地，但多损兵折将，无果而终。毛炳儿时正是南宋数次北伐均告失败的时期。耳闻目睹金兵入侵，兵连祸结，生灵涂炭，百姓流离失所，这些都给他打下深深的烙印，遂生"学成文武艺，货与帝王家"之念，要凭自己的真才实学为国驱驰。

进入义乌文庙的县学后，毛炳发奋苦读，学业有成。中秀才后，上进心更强，拜在东莱先生门下，专心求学。东莱先生吕祖谦，是金华学派（也称婺学）的创始人，为官时力主抗金，改革弊政；为学中主张明理躬行，治经史以致用。毛炳在吕氏门下，如饥似渴，学不知倦。更在吕祖谦的言传身教、严格熏陶下，经、史、子、集，无不涉猎，且烂熟于胸，铭记在心。

宝庆二年（1226），毛炳考中进士，踏上仕途，钦命授安康县（今陕西南部）推官，考察一年。时蒙古族兴，铁骑强悍，常骚扰边境，既威胁金国，也影响南宋安危。毛炳任职安康推官，恪尽职守，一方面防备金兵入侵，另一方面防止游骑掠夺，披肝沥胆，履职尽心，颇有成就。考察期满，调瑞州（辖今江西高安、宜丰、上高等县）判官。

瑞州地处宋金接壤地区。时金兵势大，数次战胜南宋，气焰嚣张。而宋至理宗，疆宇日蹙，排兵布阵，捉襟见肘。考其当时事势，非有雄才睿略之主，岂能振兴其坠绪哉！但宋理宗怠于政事，权移奸臣，以至国力衰败，难以与金国抗衡。当此时势，毛炳并非自感独木难支，而是运筹帷幄，兢兢业业，力抗强敌。

绍定元年（1228）秋，金中京（今河南一带）留守兼行枢密院事萨哈连，派出大股金兵攻隰围城。权相史弥远令张其昌督兵抵抗。张战败退入瑞州城，金兵进迫瑞州，瑞州几成危城。毛炳不惧金兵势大，周密策划，调动瑞州府人马，在险隘处布下奇兵，再设计诱敌于崇山峻岭，奇兵突出，一举歼灭金兵，大获全胜。捷报送至朝廷，理宗大悦，下旨擢升毛炳为兵部郎中。

绍定三年（1230）十二月，李全作乱，趁势欲夺扬州，理宗急忙下诏。李全攻打扬州东门，被赵葵击退。李全自恃兵多，扎营围困，不肯退去。其时毛炳主事兵部，当即调兵遣将，急命赵范驰援。赵范与赵葵联络后，命李虎埋伏，赵范引兵诱李全进入埋伏圈。李全不知是计，追赵范不舍。正得意间，伏兵四起，李全首尾不能相顾，十伤八九，只能夺路而逃，陷入新塘淤泥之中被刺死。李全之乱平息，论功行赏，毛炳升为天章阁待制。

毛炳生性耿直，办事公正，自律甚严，不与权臣为伍，故屡遭打击。但他不以为意，愈挫愈勇，忠君爱国，坚定不移。时宋理宗推崇义理之学，下诏称周、程、张、吕、朱的学说最称皇帝的心意。毛炳因拜在吕祖谦门下攻读，曾得吕的亲自教诲，深得嫡传，学有所成，又有翰林院学士真德秀、魏了翁举荐，因此，得到理宗的器重，官至宝谟阁学士。

毛炳传承了吕祖谦力主抗金、改革弊政的主张，得罪了既得利益的权臣，为他们所忌恨。但毛炳不以为然，仍不肯依附权势。时奸相史弥远擅权，蒙蔽抑塞，拨弄是非。即便是事关国运的边关奏章，也敢扣压不发不报。毛炳不畏权势，直言上疏，历数史弥远之过，言其罪不可恕，理宗置之不理。他便三番五次上书。但理宗觉得，自己能顺利坐上龙庭，是史弥远拥立的，就认准史弥远为亲信，虽权倾一时也不为忤，故对毛炳的屡次建言，屏斥不纳。毛炳观此情形，觉得报国无门，遂心灰意冷，忧郁成疾，故萌生了激流勇退的念头，上疏求归故里，理宗碍于毛炳刚直，准其致仕归家。

淳佑五年（1245年），病中的毛炳携家人乘船离京都临安（今杭州）归里，溯钱塘江而上。进入富阳江时风雨大作，船不能行，只好让船泊于富阳县鹳山岸边，以避风云。鹳山是东汉严光隐居读书之地，现还存有严子陵钓台遗迹。是夜，病卧舱中的毛炳思绪翻滚，想自己一生为国效力，拒强敌、灭乱贼，忠心不二，不遗余力；恨权奸之乱，明义理之学，不能披荆斩棘，不思归途；惜上不思进，忠言逆耳，不能力挽狂澜，建功立业，反倒遭斥，心常戚戚。思来想后，他悲从中来，喟然一声长叹，气绝身亡。待风雨停歇，其子毛哲等人扶柩归义乌，择县邑南的龙潭山向阳处，为毛炳的归宿地。

（王茂兴）

御敌建功童必大

承平瞧仕亦何难，遇变谁当虎豹关；

血战孤城身死义，忠魂凛凛在人间。

这是750多年前同门进士许复道为抗蒙殉国的童必大所作。

童必大（1183—1259），字本原，号梁仁，稠城西门人，稠西童氏五世祖。邑儒杨忱中弟子，授竹山县令，劝农兴学，有惠政。擢升安定知府（府治泾川），后统兵抗蒙阵亡。

童必大幼时家贫失学。西门陈姓宗祠有塾师见其聪明伶俐，遂免费收为弟子。他边做杂活，边学文化。除熟读《诗经》外，还接受宗泽、岳飞抗金事迹的熏陶，从小立下救亡图存之大志。

庆元六年（1200），童必大进入义乌县学为邑庠生。后与喻国衡、许复道、朱元龙等同入乡贤、进士杨忱中门下，研习《十三经注疏》，"英颖奇瑰，质美而嗜学，博究群书"。

嘉定十年（1217），童必大得中吴潜榜进士，授职竹山（今湖北西北部）县令。

宋自靖康之难，金兵入侵，康王赵构南渡以来，百姓流离失所，啼饥号寒，生活悲惨。竹山县穷乡僻壤，曾几度遭金兵劫掠。童必大到任所见满目疮痍，百姓叫苦连

天。童必大遂告示城乡：凡垦荒一亩，县衙供给种子一斗；垦荒十亩，供种子一石外，另有奖励。他同时劝民栽桑养蚕，改良土壤。竹山县在奖励农桑政策下，开垦荒地数万亩。民众早出晚归，精耕细作，收成颇丰。自此百姓衣可御寒、食能饱腹，安居乐业。

竹山县为渚河源头，县内河长近百里。秋冬时节河水干涸，而开春又淫雨绵绵、泛滥成灾。身为县令，童必大入乡随俗，庙会时与各都图坊隅保正磋商治理渚河方案。在他的筹划下，分段建造滚水坝、蓄水闸等水利工程，渚河长年蓄水灌溉农田，粮食连年获得丰收，未动用一粒库粮。

童必大还利用文庙创办县学，招收贫家子弟入学。在文庙前的"万世师表"牌坊右侧，经他倡议兴建了一座七层楼阁式的文峰塔，每层塔楼之内分类收藏经书典籍。文峰塔建成之时，童必大亲撰《竹山文峰塔记》，说明此塔乃为文而建。与佛家的宝塔不同，佛家宝塔内藏佛经，而文峰塔内藏《四书》《五经》。祭塔之日，观者如潮，城乡之间，众口皆碑，皆称童必大为竹山的真正父母官　童必大治理竹山，"忠信廉明若古循吏，惠周于民，政绩炳朗，为诸邑最"。

◆ 名贤立德建功，精神长存人间。

因任竹山县令政绩卓著，童必大擢升为六品信州（今江西上饶市）节推。后因父丧丁忧回乡尽孝，又补擢礼部员外郎。不久又因母丧回义乌，隐居课读十余年。

淳佑十二年（1252），因同榜状元、右相吴潜力荐，宋理宗起用忠勇老臣，童必大虽年已近七旬，仍因推复起任安定知府。

安定府府治泾州（今甘肃泾川县境）。童必大到任之初，即为了解民情，轻装简从，迎着高原寒风，踏着丝路飞雪，风尘仆仆巡视管辖之地，倾听民声，熟悉各少数民族之风俗习惯，掌握各民族间睦邻友好及矛盾纠葛诸情。兴学校、课农桑，百度维新，四方向隅，稳定了社会秩序。百姓称他为"牧伯之贤、生灵之福"。

蒙古灭金后，即把南宋作为并吞目标。1258年，蒙军逼近安定府境。童必大立即下令戒严，自己跃上马鞍，亲率百姓和府兵迎击。蒙军胆怯溃退，宋兵凯旋而归。

次年，狡猾的蒙军增兵后又大举入侵，围攻安定府城。童必大一面派人要求各属县火速增援，一面亲率府兵出城迎战。部将劝其在后督阵，童必大曰："余，社稷寄也。生死有命，忠孝岂能两全！吾将卫斯土先驱以殉。"说罢，拍马挺枪冲出府城。府兵随后拥上与蒙军格斗拼杀。

童必大老当益壮，马上奋敌六人。正杀得你死我活难解难分之际，不料战马被砍伤后腿，长嘶一声，后蹄腾空跃起，童必大摔下马背，被蒙兵乘势一刀，砍走头颅。部将和府兵奋力冲杀，抢回童必大的尸身。时为开庆元年（1259）九月二十九日。

士民悲号，如丧考妣。安定府披孝举哀，用香樟木为童必大雕刻了一颗人头，与尸体一同入殓。随后护送灵柩回原籍义乌。朝廷闻报，追赠童必大为中议大夫，又钦赐金头，谕葬义乌五里头童山之原，时为1260年8月。

童必大娶暨阳寿氏，生二子童廷聪（明经、授怀远令）、童廷聘（阴授通直郎），有孙五，曾孙八。其曾孙女嫁稠城黄铸，生子黄溍，乃元代大儒也。

明万历丁未年（1607）童必大入祀乡贤。清康熙二年（1663）复入祀县乡贤祠。雍正五年（1727），入祀县忠孝义祠。西门街上耸立"崇祀名贤"骑街木牌楼，文官下轿，武官下马。

（王曙光）

德功并颂朱元龙

朱元龙（1193—1252），字景云，又字冠之，号厉志。南宋婺州稠城西门人。历任温州平阳、池州青阳县尉、宗正寺丞、权左司郎官、国史院编修、实录院检讨等职。其一生刚直不阿，为官清廉公正，不畏权贵，深得世人赞誉。

南宋晚期，民族矛盾、政治矛盾突出，社会动荡不安。朱元龙自父辈起，举家迁至义乌。其父朱适之特别重视对子女的文化教育，朱元龙年轻时除诵读《四书》《五经》等科举必考的功课外，还曾拜徐侨为师，而后又跟从四明的袁燮（字正献）学习。徐侨是义乌本地人，系有才有识之清官，并不满现状，正直敢言。在任宋理宗侍讲学士时就曾冒着生命危险，借题发挥劝谏皇帝。袁燮，象山陆氏的门人，亦有德有才。所以朱元龙吸取了两家学派的长处，融会贯通，从中学到了为人处世的道理。

宋宁宗嘉定十六年（1223），朱元龙30岁时，登进士第。之后，他曾任温州平阳，池州青阳（今安徽青阳）两县县尉，后又调信州（今江西上饶）分管选拔读书人工作的校文，在饶州（今江西波阳）任司理参军。

端平三年（1236），朱元龙调处州缙云当县令。这一时期，是他功绩卓著的时期，因此不久被提升为干办公事，在诸司粮料院任职。后又被授予宗正寺主簿，升宗正丞并任代理左司郎官，国史院编修，实录院检讨。

朱元龙为官时间仅有十年，但他为民作主，实事求是，爱惜人才，不畏权贵，充分表现了义乌人刚正勇为的精神，留下了诸多佳话。

朱元龙办案一向实事求是，决不冤枉好人。在他任饶州司理参军时，有一个姓程的人，因为坚持某种政见，关在牢里十年还未判决，按照当时的刑律，当死。朱元龙深入民间，查得程氏的真实案情，确属无辜，经过努力，将其释放。在任司理参军的几年中，他所平反的冤假错案比他办的平常案子还要多。为此，朝廷特派官员袁由全力举荐他到朝廷任职，丞相乔行简也想把朱元龙拉到自己身边，都被朱元龙毅然推辞。

朱元龙办事遵循自然规律，这在封建社会尤为难能可贵。有一年，天大旱，朝廷官员请求皇上到明庆寺去拜佛，祈求上天赐雨。朱元龙说："在泥菩萨面前叩头号哭，一般的老百姓都不愿做这事，你们难道要我们的皇上干这种事么？"理宗皇帝称赞曰："元龙好台谏"。

有一则小故事，是讲他不畏权贵的。朱元龙在代理左司郎官的时候，有的京局官（中央机构各部门的官员）凭借权势为亲友谋个一官半职，朱元龙就斥骂他们："朝廷的官职是可以凭势利谋取的吗？"宦官陈恂益想谋个"节度使"，朱元龙就召集属下议事，指出国家大事并非儿戏，应该按规章制度办事，并认为陈恂益不适合担任这一职位。此事传到皇上那里，于是宰臣传来皇帝的旨意，要朱元龙修改一下规章。朱元龙据理力争："我的职务可以罢免，已定的规章是不能改的。"

朱元龙的"迂"是出了名的，甚至连皇亲国戚的面子都不卖。宋理宗的时候，皇叔皇弟为江淮之间的水田与老百姓发生诉讼。事关皇家，满朝的文武大臣态度暧昧，唯唯诺诺，生怕得罪了权贵。朱元龙挺身而出，面无惧色地陈述："按照法律，朝廷的官员不许占有佃农的田产，难道皇上的亲戚就可以与老百姓争夺田产？"一语既出，满朝愕然。

桐城华章

对于权贵的请托，朱元龙刚直不阿。对于普通的百姓，朱元龙也实事求是，为民作主。

德兴县令诬陷一个姓董的人淹死了县里的公差。董氏兄弟5人因此受到株连被关进大牢，经刑讯逼供，县里准备把审讯结果往上报。朱元龙了解此案后，认为证据不足，就令属下暂时把他们关押在牢里，以待追证。不久，果然在军队中找到了这个公差，兄弟5人幸免于难。

朱元龙的清正、直言，得罪了朝廷的不少官员。绍定年间，史嵩之任刑部侍郎，朱元龙曾弹劾其误杀富民王伦。后来，史嵩之拜相，排斥异己，痛恨朱元龙的直言，于是让弹劾官弹劾朱元龙，把他赶出京城。后来，他又遭到史嵩之同乡郑清之的排挤，朱元龙只得以朝奉大夫告老还乡。

返乡后，朱元龙在自己的寓所前，题了一块匾，上书"厉志斋"。当时有人劝朱元龙，说只要如此如此，就可以让宰相消消气，他就可以重回官场。朱元龙说："我生是一个全人，死也是一个正鬼，有必要如此吗？"

闲居家中10年后，朱元龙于淳祐十二年（1252）谢世，享年59岁。

朱元龙的正直敢言，清正廉明，给当时的许多官员留下了深刻的印象，也为世人所赞誉。朱元龙被弹劾出京后，曾经当过弹劾官的右史郭磊卿闻听后，长叹一声道："朱左司这样的好人都遭到了如此不公的待遇，这个世道可见一斑了。"不久，竟忧愤而死。元末明初名震域中的文史学家、曾主编《元史》的王祎也曾撰文加以纪念。

朱元龙谢世后，王祎与朱元龙的曾孙朱烈把朱元龙生前的文章若干订定编次出版，名为《朱左司集》，王祎为之作序，并有遗稿10卷及《读骚集》问世。可惜这些文稿现都已遗失，无从查考了。

（朱庆平）

儒宗人杰是黄溍

黄溍（1277—1357），字晋卿，稠城朝阳门人，诗词文赋、书法绘画无所不精，是元代著名史学家、文学家、书画家，元朝义乌两进士之一（另一是状元王龙泽），与虞集、揭傒斯、柳贯一起列名"儒林四杰"。其一生著作颇丰，现计有《黄文献公集》原43卷（今存23卷），《日损斋稿》33卷（今存25卷），《义乌县志》7卷，《日损斋笔记》1卷。

黄溍少年聪颖过人，文思敏捷，在县学读书时，即写过《吊诸葛武侯辞》一文，名传一时。人称山南先生、前大学内舍刘应龟对其钟爱有加，留之授业，认为稍加培植，文辞即可媲美南宋义乌"两喻"（喻良能、喻良弼兄弟）。

获交于乡域诸贤之后，20岁的黄溍经人荐引，开始游学杭州。元大德五年（1301）被举为教官，两年后为宪吏。元延祐元年（1314），朝廷恢复贡举之法，黄溍应省试，拟楚辞作《太极赋》，卓然不凡，评为上乘之作。次年廷试中选，赐同进士出身，授将仕郎。后出任浙江宁海县丞，任职三年中写了大量桃源山水诗，后提升为两浙都转运盐使司石堰西场监运，并委以整顿吏治。延祐六年（1319）升绍兴路诸暨州判官，又奉省檄监税杭州。

◆ 黄溍画像

至顺二年（1331），黄溍应诏进京，荐为应奉翰林文字，同知制诰兼国史院编修，凡国家诏令、勋贤功铭多由他起草。不久转国子博士，教授于国子学。至正元年（1341）后聘任江浙等处儒学提举，又奉旨为廷试（考进士）读卷官，至正三年（1343）在国史院纂修国史，主修宋、辽、金三史，为三史总裁。至正五年（1345）以秘书监致仕，至正六年升翰林直学士。至正八年（1348）升为侍讲学士，知制诰同修国史、同知经筵事。

黄溍历官州县十年，足迹遍及义乌及邻近各县。其挺立朝廷，无所依附，严于修身，光明磊落，一生正气。年愈古稀后，他几次谢官，都被元帝挽留。至正十年四月，黄溍告老回义乌，依然勤奋治学著述，优游田里间，赋诗作文，遇佳山水则觞咏其间。又竭力搜集先世遗文，补缀成篇，并接纳四方士子，传道授业解惑，多次去东阳西南郊横城义塾讲学。"来学者滋益恭，学成而仕者皆有闻于世"，登门求教者，络绎不绝，可谓桃李满天下。学有所成名垂史册的人杰有40多人，其中金华范围内的如宋濂、王袆、傅烁、金涓、朱廉、戴良、傅藻、陈基等一大批元末明初的著名学者及文学家都出其门下。

七年后的至正十七年，黄溍逝于义乌绣湖滨家宅，享年八十一，赠中奉大夫。"学士大夫闻之，俱流涕曰：'黄公亡矣，一代文章尽矣！'"（《元史·黄溍传》）学生宋濂、王袆、金涓、傅藻等都来相治后事，逝后朝延追封为"江夏郡公"，谥"文献"，乡人建黄大宗祠以祭祀，合祀南宋志士黄中辅。

黄溍一生学习不倦，曾师从多位义乌名儒，如启蒙之师傅先生，朱吕之学相兼的理学家石一鳌、王炎泽等。官暇之余回家乡，与著名文人学者吴思齐、胡之纯、刘谨翁、柳贯、吴师道、张枢、方梓、陈森等交游来往，吟诗作赋，互相唱和，谈诗论道，从中学其所长，为其成为博学之儒奠定坚实的基础。

从学术渊源来看，黄溍学术思想融通了宋代理学的事功和义理两派，承传吕祖谦、陈亮和朱熹的道统，使黄溍的理学思想具有综合性特点。首先王世杰理学得之于朱熹义理之学，而徐侨与朱氏之学乃一脉相通。王世杰和同门叶由庚又传给王炎泽、石一鳌，石一鳌传黄溍，黄溍传傅烁、冯羽和明代的朱廉、傅藻、王袆、金涓、张衡、杨蒂，形成了黄溍门下的理学分支。宋濂是黄溍的得意门生，从学有20余年，宋濂门下义乌名垂史册的儒学之士有朱杰、楼琏、冯忠、楼仁等人，形成了宋濂门下的理学分支，可见其学术思想影响甚广。

其次，黄溍同浙东事功之学派也有密切联系。他师从兼学事功又有心学倾向的刘应龟等，同时广交各学派的朋友，与婺学传人叶谨翁、吴师道等相友好，博采众家之长。又曾师事浦江方凤，而方凤是宋代倡导事功之学的陈亮的第四代传人。在亲缘和地缘关系上看，黄溍七世祖黄琳之妻是宗泽的堂妹，宗泽也是义乌事功之学推崇之人，同喻氏兄弟、龙川陈亮也都有着密切的关系。可见黄溍之理学得朱熹四传而光大，即重伦理又兼义理，主张义理事功统一，这正是受他的学术渊源的影响。从而形

　　成了黄溍不名一师，不私一说的学风，使其呈现出博采心学、气学以及传统儒学之精华，且有将各家融通之势，使他的理学学术取得较大成就。

　　至正三年（1343），黄溍在国史院纂修国史，主修宋、辽、金三史，为三史总裁。至正六年升为翰林直学士，编修《后妃功臣列传》。因博学多才，精通历史，史识丰厚，进"御前讲席"给皇帝讲解经史，前后达32次，极受元顺帝器重，配为左右。他总是以史为鉴，运用历史上兴衰事例，竭其诚智讲述爱民治国安邦之道，鞭辟入里，元帝深得教益，嘉其忠，曾多次以金织纹缎赏赐之。

　　黄溍还为史学巨著《资治通鉴》题跋。他所写的序跋，切中肯綮，给当时不少文史学家作评论，并多方阐发文史理论。所写的墓记和墓志铭中，多以人物生平事迹为依据，肯定和褒奖人物的优良品格。

　　黄溍又是著名文学家、文学理论家。他不论说理记事还是抒情，都文采斐然，备受当代和后世文人学士的赞颂，其成就代表了元代最高的文学水平，时人与后人都对黄溍有高度评价。时人傅亨在为黄溍请谥时，上朝廷之移文称他："擅一代之文章，为诸儒之规范。"评其文章学术："言性理探程朱之奥妙，论著述继韩柳之雄

◆ 仿黄公望富春山居图（局部）。　　黄溍绘

深。"《元史》对其风行节义、学问文章给予评价为："君子称其清风高节，如冰壶玉尺，纤尘弗污。然刚中少容，触物或弦急霆震，若未涯矣。一旋踵间，煦如阳春"。（《元史》卷一四《黄溍传》）

　　黄溍操行孤洁，介立不阿，其文章文辞严简，富于艺术性、针砭时弊。他的诗歌不少是描写义乌绣湖、孝子陵、净居寺、云黄山、黄檗山等名胜，优美动人，如《绣湖》："垂云昼朦朦，湖面惟一色。薄晚风更生，际夜雪初积。凝阴势方盛，尘土喧暂息。坐久闻孥音，忽然破寥阒。"足见诗人对家乡的感情之深。

　　黄溍还是书法名家，醇雅俊逸的书体风格备受推崇。他一生为不少碑、帖、石刻、墓志铭、题词作跋。在这些跋文中，黄溍不仅记述了这些墨宝的事由、内容，也对其书法作了论评，可见书法造诣之深。书法手迹现存有《与德懋扎》《兔颖帖》《跋兰亭图》等，《临池拾遗记》在书史上有其闪光处。他善画山水，是义乌古代文人中最见功力的画家，今北京故宫博物院和台北故宫博物院仍留有其真迹墨宝。

（刘国进）

忠文高节仰王袆

王袆（1322—1374），字子充，号华川，出生于稠城。他是元末明初杰出的文学家、史学家，是学追圣贤、立言垂世、以"才思之雄"（朱元璋评语）著称的一代文宗，是新朝奠基、参与庙谟、多有建树的开国名臣，是不畏险阻、出使南陲、为江山一统慷慨捐躯的千秋英烈，是"文章气节烂乎日星之明、巍乎山岳之重"的"伟人"（明嘉靖时学者祝銮言）。

王袆的家世为儒学名门，祖、父两代皆精通经籍，长期掌教县学、书院；其祖父王炎泽悉心培植出了"元代儒林四杰"之首黄溍，而王袆又师从黄溍十六年。可谓家学师承涵养。王袆年少志存高远，胸怀"国家天下"，誓学"圣贤之学"且笃求致用，以"治事""救世""立太平之基"为急务，追求"立德""立功""立言"之"三不朽"。

王袆青少年时期博览群书，涵气充才。他曾随师黄溍入大都，目睹元政衰敝，文恬武嬉，天下纷乱，国势倾危，毅然向宰相上书献策，但不为所用。留京三年，王袆广交益友，后返乡著书，隐居八年，在刀兵四起、奔走逃难的动荡中，坚持读写，对

◆ 王祎画像

中国历史做了广博精深的研究，完成了史学巨著《大事记续编》77卷。同时还写下大量政论、史论，主要内容是关于帝王修身之道和治国安民方略，实际上为以后待时而起做了充分的思想学识准备。

王祎37岁时，应朱元璋礼聘出山，先后任中书省椽、江南儒学提举司校理、侍礼郎兼引进使、起居注等官职，参与明代开国宏业，施展抱负，多有建树。如受命主持制订开国大典礼制（朝廷仪制和郊庙祭祀之礼），参议奠国大政和治道之策。期间两度奉旨出朝，任江西南康府同知和福建漳州府通判，披榛莽，建府署，抚疮残，集徙散，收廪贤士，搜除奸蠹，清除积弊，改善民生，治愈战争创伤。为政仁恕廉平，治绩卓著，大得民心。

值得特别提出的是，针对"打天下"时期的战时政策（如征兵征饷苛急）必须及时转变为"坐天下"以后的长治久安之策，王祎于洪武元年（1367）八月在漳州任上，特向朱元璋呈上一道著名的《祈天永命疏》（是他长期研究儒家关于"帝王治国要略"观点的集中表述），陈述为君应"修德"，"忠厚以存心，宽大以为政"，"雷霆霜雪，可暂不可常"（暴力手段不可常用），藏富于民，科敛当减，是在明代开国"立法垂宪以定一代之典"之际，首倡法天道顺人心大计。洪武三年（1369）二月，王祎与宋濂同被任为《元史》总裁官，由王祎实际主持史局笔政，仅331天就修成《元史》212卷，其体例严整，为一代信史。同时，任翰林待制、承直郎同知制诰兼国史院编修官，起草一系列内政外交、兴国安邦大诏，《王忠文公文集》卷十二收有王祎所撰"诏"11道、"制"4道、"诰"18道，共33道，此外他还奉旨预教大本堂，善为太子师。常召对殿廷，多有献策。

离朝出使，滇南宣诏，坚守使命，大义凛然，为国家一统而壮烈殉节。这是王祎最后五六年焕发出的生命异彩。

1368年，朱元璋定都南京建立明朝，即派大军攻克大都，元朝廷逃往漠北苟延残喘（史称"北元"）。洪武四年（1371），明军又攻克重庆、成都，控制了云南北边金沙江沿岸屏障。此时全国大部分地区已基本形成统一局面。但是，"北元"蒙古贵族仍不断纠集北方残余军事势力对明朝实施反攻，并企图联络云南拥兵十万的梁王（元世祖忽必烈第五子后裔镇守云南封梁王），南北夹攻，卷土重来。朱元璋决意消灭北元，统一全国，但总想以和平方式解决云南的归服问题。到洪武五年初，四川既已平定，朝廷遂决定以翰林待制王祎为大明正使，赍诏往谕梁王归顺。

经长途跋涉，王祎于六月到达昆明，即向梁王宣读皇帝招谕诏文，并温言开导："大明创业，皇上圣武，天与人归，希望梁王顺天奉命，归顺新朝，则云南百姓免于战火，您亦可高爵厚禄，身名俱全。"但梁王不听，反而狂妄声称："我云南僻险，足以自守，历史上汉唐朝廷都曾遣使派兵来，皆徒劳取败，你明朝又能奈我何！"并安排王祎住陋室，给以冷遇。

数日，王祎再见梁王，纵论元亡明兴的天下大势，列举扫平群雄的实例，以天命人心、实力对比、依违吉凶之道，击中了梁王"自恃险远"的要害。梁王"即为改馆"（请王祎改住好馆舍，提高待遇），但"独留祎不遣"，即仍然持犹豫观望的态度。此后，梁王对王祎"甚加礼敬，府僚大臣尤所敬重"；而王祎"凡见梁王必以天命所归、人心所属为开说；退谕其臣僚，尤加委曲"，继续对梁王及其臣僚做委婉细致的说服工作。他决心以汉代出使匈奴的苏武为榜样，长期坚守使命，不达目的不告归。

这样，王祎在昆明坚持一年半。期间，曾通过指授绘画、应邀作客赠诗，尽可能与当地人士建立友谊。而"平日，杜门板不接人事，惟读书著述，有文集二大册"。这是何等持重镇定、静候时机的天朝使节风度。

不料风云突变。洪武六年（1373）冬，"北元"派出的侍郎脱脱，到达昆明欲与云南连兵以对抗明朝，侦知梁王留着明廷使臣、有归顺嫌疑，即用危言恫吓逼迫梁王杀王祎。王祎见脱脱，威武不屈，奋骂："上天诛灭残元，命我朝实坐天下。你如今已是炭火余灰，还敢与日月争光吗？我堂堂大明使臣，难道还怕一死！"腊月二十四日，王祎遇害于观音寺前三市街，年五十二。城中父老士女，莫不垂泪。

至洪武十四年（1381）八月，明太祖遣大将伐滇，曲靖一战，全歼其十万精兵，梁王投水自尽，明军进驻昆明，父老焚香出迎。云南各族人民早盼国家统一，对九年前冒险入滇为此殉身的皇明诏使王翰林深情怀念，昆明特建王祎祠墓，春秋致祭，云南史志皆立《王祎传》，详记其壮烈死事。

王祎作为大明朝廷特使，代表新兴王朝的统一势力，为国为民，一身正气，面对挥舞屠刀、代表腐朽没落割据势力的北元贵族狂徒，凛然怒斥，视死如归，表现了正义之士的铮铮铁骨，是明代第一位为社稷生民洒血殉国的钦差文臣。后人评论可与唐代因反对藩镇割据而牺牲的大臣颜真卿并为千秋英烈，死有重于泰山。

明正统六年（1441），为旌褒王祎死节，诏赠翰林学士、奉议大夫，赐谥"忠文"。明末著名思想家李贽在所著《续藏书》中，将王祎列为明代"开国名臣"第四、"文学名臣"第二。清乾隆年间编纂的《四库全书》，收入王祎的著述三部《大事记续编》《重修革象新书》《王忠文公集》。2010年，全国高考语文试题"文言文阅读"，以《明史·王祎传》为材料，要求考生读后答题，王祎更成为当代莘莘学子广知的历史名人。

（吴厚荣）

御笔"天官"金世俊

金世俊（1573—1658），字孟章，号稠原，北门凌塘（稠城荷花芯）人。他为官清正、廉洁奉公，明崇祯皇帝于御屏上书天下三清官时称其为首，以工部侍郎致仕。

金世俊父名金文亮，命运乖蹇，屡试不中，后绝意仕途，居家自守。金世俊自小受父亲影响，九岁受读《春秋》《左氏内外传》及《史记》《汉书》等，读书过目不忘，日记千言。万历十四年（1586），他即在县考中崭露头角，被选入县学。万历十八年（1590），在州试中名列第一，选入郡学。这期间，金华知府刘文卿发现其才学出众，有意加以栽培。万历二十二年（1594）乡试时一举夺魁。金世俊特别喜欢王阳明、罗溪见等当代大儒的著作，对朱子理学有较深刻的理解。

是年秋，金世俊游学于会稽（今绍兴），与名儒董懋结识，两人志趣相投，经常一起推敲学问，切磋文章。但董懋对理学的研究仅限于书面的字义，尚不能和实际相结合。时名儒陶石篑隐居在家，董懋与金世俊一起前去拜访，陶石篑对董说："你的文字清真，脉络清晰，但对理学来说，还需结合实际。只有这样，学了理学才有实用。"董听了不以为然，开对金世俊说："陶石篑早年及第，名闻天下，书也看得少了，对于理学的见解也就浅了，所以只能强调与实际相结合。"金世俊并不随意附和，他纠正道："陶先生的话没错，看书的真正目的在于实用，怎能以书面的字义去生搬硬套呢？"

万历三十五年（1607），金世俊在殿试中，呈"列备"10卷，录为三甲末守部进士，留京待用。万历三十七年（1609），他再次通过顺天府考试，终于出仕为官，于次年被授中书舍人之职。

万历四十一年（1613），金世俊奉命出使王储封藩之地。因是钦差大臣，府衙馈赠金银财物计有二百余金，金世俊将所得财物尽数封存于汝阳县官库之中，并吩咐县令，待他远行之后，全部物归原主。

万历四十三年（1615），金世俊完成使命回京。在当时，朝廷官员差回必得朝见冢宰。金世俊回京后，前往相府拜见太宰（吏部尚书）郑鸣岘，但守门官却要他贿送银子才肯进去通报，金世俊扭身就回家。尔后，金世俊受到了郑鸣岘的器重，于万历四十四年（1616）一年间历任吏部四司主事。次年升为员外郎。再于次年（1618）升为验封司郎中，掌管封爵、荫袭等事宜。

万历年间，各部官员考课黜陟十分混乱。时身为掌管官吏考课、黜陟事宜的考功司郎中金世俊，针对当时吏治混乱的现实，向朝廷呈奏了《广集众思申明钦政以遵旧制以肃官常疏》。在奏疏中，他提出了十条切实可行的建议，做到迁转有序，起到了很大作用。

泰昌元年（1620）正月，金世俊父金文亮去世，他告假回乡守孝。天启三年（1623），丁忧期满回京受吏部稽勋司郎中，后转考功司郎中。

天启四年（1624），宦官魏忠贤专权，气焰十分嚣张。金世俊因官小职卑，自感无回天之力，只得以病告归，退居林下。听说金世俊有意辞退，重臣赵济鹤会同四司官员共同挽留，但金世俊不肯与贪官同流合污，去意已决。崇祯元年（1628），魏忠贤服法，金世俊以原官起用，升为大理寺少卿，不久即升为大理寺卿。

大理寺掌管刑狱执法大权。金世俊赴任后，执法审案，无论官宦或平民，均一视同仁，从不玩忽职守。由于他秉公执法，平反冤狱多人。其清正廉明，也为君臣一致称颂。崇祯皇帝在御屏上书天下三清官名字，把金世俊列为三清官之首。

崇祯四年（1631），金世俊升为工部侍郎，奉诏负责监督修造九皇陵。时内宦张彝宪总理户、工部钱粮，是继魏忠贤后的又一阉党奸佞。因皇上听信金世俊，免去修造棚殿工程，使其失去了一个中饱私囊的机会，故对金世俊耿耿于怀，对金世俊提出的工程开支，故意刁难，不及时审批拨款，金世俊的工程进展极不顺利。

原工部尚书张凤翔在职时，有木材商的200万两货款因木料未全部交付而押在库内。现张凤翔卸任，张彝宪受了木材商贿赂后，即下发200万两押款全部兑支的文书。为达到目的，张彝宪办了酒席，宴请工部三堂官员。金世俊拒不赴宴，亦不兑发。张彝宪恼羞成怒，竟指使木材商诬告金世俊儿子金汉芝贪赃枉法。张彝宪拿着这一伪证向崇祯皇帝奏本，结果金汉芝蒙冤下狱。金世俊知道后，并不为此而屈服，他向崇祯皇帝上疏申辩。崇祯终于明白了事情原委，金汉芝也得以平反出狱。

经过不懈的努力，九陵之一的德陵竣工。时工部尚书曹贞子因受张彝宪排挤，上本辞职，金世俊被委以工部主持，服俸加一级。金世俊主持工部后，上疏奏请设"月截之法"，要督工官员的财务必日清月结，堵塞了以前少工多报，从中作弊的漏洞。但金世俊亦因此得罪了许多权贵，结怨甚多。当时冢宰欲推荐金世俊为工部尚书，但金世俊已看清了官场宦海的险恶，连上六疏力辞不就。于崇祯六年（1633）告老还乡。

金世俊还乡后，过起了隐居生活，侍奉老母于有介山畔。粗衣粝食，家居二十余年，未曾新造一幢房屋。平时与书墨相伴，治学不倦，撰写了多部书。

清顺治十五年（1658）十月初五，金世俊端坐寝室，无疾而终，神气如生，享年86岁。金世俊娶妻陈氏，生五子。三子金汉茎为太学生，四子金汉藜官粤西县令，五子金汉芝官至副总兵。

金世俊精通理学，一生著作颇丰，有《四书宗贯录》《宁我录》等传世。

（贾胜男）

浩气青史李鹤鸣

李鹤鸣（1485—1557），稠城湖清门人，住乾溪，字九皋。正德十二年（1517）中进士，授官兵科给事中，吏科给事中，历官太常博士。

李鹤鸣的祖先李瑜是汴京宜阳人，与皇室姻亲，官至户部尚书。北宋灭亡后，李瑜以宋室懿亲的身份，随宋高宗南下义乌。而李鹤鸣从小聪颖好学，博闻强记。他才思敏捷，32岁中进士，初授官兵科给事中。明代给事中分吏、户、礼、兵、刑、工六科，辅助皇帝处理政务，并监察六部诸司，纠弹官吏，与御史互为补充。初次为官，李鹤鸣就表现出非凡的处理政务能力，经常奏疏提供国家治理、革除弊政措施，很受嘉靖皇帝器重。

1519年，李鹤鸣奉命前往广东沿海抗倭。当时两广倭患加紧，他积极协助操江巡抚、都御史侯位减浮粮，清理海防，深受侯位器重。王世贞《弇山堂别集》卷69及《明实录世宗实录》卷220等记载：己卯（1519）"游击将军各领兵征讨，兵科给事中李鹤鸣、御史傅凤翔往两广"，因抗倭有功，李鹤鸣与御史杨绍芳、郎中范钦等各升俸一级。

嘉靖十二年（1533），吏部要求侍郎、翰林、给事中、御史等朝廷中级官吏都应该出任地方官职，以便熟悉政治局势，并对官员实行三年一轮的考绩。而侯位是时任吏部尚书严嵩的死对敌。当时严嵩、礼部尚书霍韬和首辅夏言也不和，夏言虽贵为首辅，但已失宠，奸臣严嵩势力日上，李鹤鸣看不惯严嵩一伙投机钻营，卖官鬻爵，支持夏言一派。因而李鹤鸣被朝中奸臣所嫉妒诬陷，在考核时被考评不合格，遭贬官，降职金坛县丞。《明世宗肃皇帝实录》卷199、卷204载嘉靖十六年（1537）李鹤鸣曾被礼部尚书霍韬诬陷行贿而降职，但很快又复兴职。"诏降调兵科给事中李鹤鸣、福建道御史傅凤翔，各复原职，初鹤鸣以考察降金坛县丞，凤翔以保举太滥降徽州府推官，至是吏部量叙诸迁谪官拟升凤翔主事，鹤鸣知县，特旨令还职。"

金坛县丞任上，李鹤鸣依然精心治理，秉公执法，每遇民间诉讼，总是认真剖析案情的是非曲直，从不糊涂断案。后受巡抚侯位上奏提拔，他升任上海知县，勤于政事，存恤百姓，兴革利弊，处事公道，六个月后庭无积案，境内安宁，为百姓称道。

三年后，李鹤鸣升任吏科给事中，官阶正五品。吏科给事中，职掌谏诤审核、补阙拾遗、封驳诏旨，驳正百司所上奏章等事宜，还负责记录编纂诏旨题奏，监督诸司执行情况，实际上成为了嘉靖皇帝的侍从顾问。任上李鹤鸣始终恪守廉洁自律原则，同情民生疾苦，视金钱为身外之物，兢兢业业，勤于政务。为官之余，手不释卷，精心治学，对经史学问融会贯通。

他不畏权贵，敢于直言，勇于检举揭发舞弊。《明实录世宗实录》卷110记载："吏科给事中李鹤鸣劾奏丰城候李旻先镇守两广，行取至京，沿途需索，乞治以罪"，后皇帝谕查革李旻。曾被指派核查皇家土地，他不避权贵，严厉核查侵夺皇田，深得嘉靖皇帝信任。

嘉靖十九年（1540）安南投降，朝廷推举朝臣中有才望的人去安抚传谕，鹤鸣受推举参与其事，纪征安南有军功，升大理寺右寺丞。大理寺为审判机关，相当于法院，官正五品。在大理寺右寺丞任上，他为官清廉，刚正不阿，不畏强权，一切皆以法应之。办案裁决敏速，日了百余事，曲直无不服众心，深得百姓拥戴。

李鹤鸣晚年，因刚直不容于朝中权贵，遂上疏要求告老还乡。获恩准告别时，嘉靖亲自送至午门。他虽为官多年，却生活俭朴，两袖清风，一生清贫，身后既无豪宅华居，也无大宗财富留与子孙。

李鹤鸣告老还乡后，深入乡间，体察民情。他写的《义乌县丁田实征序》反映了义乌山多地少、人口多、百姓勤俭务蓄之情况，表达了乡情的深思虑远。"其间可亩畎耕稼地复不能十之三，无美材嘉果之差，无佃渔薮泽之利，无商贾工巧器服之资料，士女长少与夫老独废疾者聚食之口不啻余十万数，然公家之赋以及其所自宾祭吉凶日用人道之不可缺者，固不能越境取足焉。是以其俗深思而虑远相尚，俭啬以务蓄积。"

他在《文庙（县学）》中还记录了稠州的来历："义乌县治西北百九十步，有曰古稠，盖自黄檗山延南来而结于此，前瞰绣湖，四山宫环，胜绝一邑，为唐绸州故处，故命焉。"文中所谓"四山宫环"，即指东鸡鸣山，南青岩山、西香山、北黄檗山。

李鹤鸣著有《双杉亭草》一书，其诗词清新雅致，田园味浓，对仗颇工。明代藏书家黄虞稷（1626—1692）《千顷堂书目》中著录《双杉亭草》12卷，可惜今已亡佚不存。今存《明代大理寺丞李鹤鸣诰命》。

（刘国进）

剿倭威名童子明

明代嘉靖年间，戚继光带领戚家军，东南沿海抗倭屡建奇功，锤练了一大批能征善战的义乌兵将领。在有据可查的140多人中，稠城西门的童子明赫然入列。

童子明（1523—1564），字承亮，号南川，系南宋嘉定进士、安定知府童必大裔孙，有得于烈祖之遗风，是明代戚家军在东南沿海抗倭牺牲的一员名将。

幼年时，童子明便机警敏捷，卓越超群，不甘拘束，曾读书乡试不第。因其勇武，曾任义乌知县的台州巡道赵大河非常器重他。

嘉靖辛酉年（1561）倭寇侵犯台州，童子明被赵大河特别征募从军。当时他38岁，正直壮年，其身份颇为特殊：不像戚家军中义乌兵大多是农民或矿夫，而是一名县衙的"省祭"或称"考吏"，是个负责督察的小官吏。他是书生，有一定的文化；他是小吏，有一定的组织能力。加之勇武过人，这种文武双全的人才在戚家军中并不多见。

童子明开始从军只是担任束兵（约束士兵的兵），但很快在戚家军中脱颖而出，升迁为把总、千总，最后为参将之职。他先后在白水洋、花街、东郭等地抗倭，军功卓著，巡抚奏准皇上提拔他为千总。第二年倭寇侵扰福建沿海，兴化（莆田）等郡县

◆ 童子明画像

都被攻陷，童子明奉命跟从主帅戚继光，由台州抵达福建，转战沿海，摧锋遏敌，捣毁巢穴，剿平倭寇。

嘉靖四十一年（1562），戚家军奔袭横屿岛。童子明率所部背负稻草，用其填盖滩涂淤泥，匍匐侧身前进，有时身陷淤泥一尺多，将士们百步一歇，终于攻上横屿岛。倭寇沿着山南麓列阵，童子明率军冲杀，大败倭寇，仅此一战即歼敌六百余人。

义乌兵先后在台州花街、白水洋、福建横屿岛、平海卫、仙游、王仓坪、蔡丕岭等地十三战十三捷，迅速荡平了浙江、福建等沿海地区的倭寇。童子明生前先后参加了仙游之战前的九次大战役，屡立军功。有资料记载，他曾至少亲手斩下了七个倭寇的首级。

嘉靖四十二年（1563年），戚继光二次入闽时，浙江总督、巡抚不同意带走全部义乌兵，尚有六千人留在义乌，由知县、武进士徐子山训练。

当时山贼与海寇互相勾结，仙游诸堡还被占领，难以攻克。十一月初，童子明奉戚继光命令，携戚继光兵符，回义乌召集义勇，赶去解救仙游，领队前驱，与贼遇于仙游境内，中贼埋伏。童子明冒如雨箭石，奋勇迎战，头领虽被斩杀，但杀不出重围，久战力竭，阵亡于虎啸潭上金桥。时间在嘉靖四十二年十一月初七仙游被围后。其余义乌兵负伤，回到义乌，当年的十二月末，搬来六千援兵，解了仙游之围。

童子明牺牲后，其叔父童盛曾亲往仙游迎回灵柩，归葬义乌老家西门外锦案山（今南方联后边、原义乌纺织器材厂址），其家属（妻陈氏、继娶喻氏）也一同回义。因童子明没有后嗣，其母选择族贤，承继朝廷荫恤，养老送终。后童盛之孙童文麟为童子明继子，荫授金华守御所千户，世系百户。朝廷又给出殡资费，从优发放阵亡抚恤金白银四十两，追赠童子明为金吾大夫，并崇祀义乌忠孝义祠与乡贤祠。

在福建，百姓感其忠烈，在福州闽县南台岛（今福州市仓山区）修建了一座彰义祠，供奉着童子明的谷像，牛年祭祀。明万历《福州府志》载：“彰义祠在南门外古祥墩，嘉靖四十年建。初，倭夷起海上，逼闽会城，童子明等战死，后总兵戚继光平寇。合前后水陆阵亡将卒，并祀于此。”童子明已被福建百姓神化为一方司命，造福闽民。

明隆庆元年（1567）冬月，戚继光在离开福建北上戍守长城之时，曾率三军将士在彰义祠祭奠童子明等在福建抗倭阵亡的将士，其祭文《祭别闽彰义祠阵亡将士》，至今读来仍一字一泪，令人动容："惟尔感恩奋义，首陷贼锋，视死如归，甘蹈白刃。若生为国士，死为国殇，亦复何恨！是轻于鸿毛，重与泰山，又死生之大闲。志士不忘在沟壑，勇士不忘丧其元。英毅之魂，其能附我旌旄，同事北壤乎？"

崇祯《义乌县志》也载："童子明，参将，嘉靖甲子剿倭兴化莆田仙游，有功阵亡于虎啸潭，后万历间邑宰朱显文，莆田人也，详其事，怜其志，祠之西门外，额曰忠义。"

万历三十六年（1608），莆田进士朱显文，到义乌任县宰，德君之恩，哀君之殇，报君之恩，自己拿出俸禄捐建祠堂用来专门祭祀童子明。朝廷同意建祠，全县士民都感慨欣慰。于是在稠城西门外建起了忠义祠。

崇祯六年，西门忠义祠曾遭风暴毁掉又重建。清朝初年又接连被兵火焚毁，其地基于乾隆四十六年（1780）助于合门建造关帝圣庙。乾隆辛卯年（1771）忠义祠改建到城内西门街（育婴堂对面），与其烈祖童必大合祀，称童忠义祠。2000年义乌旧城改造时被拆除。

（童晓）

傲骨忠魂金汉蕙

金汉蕙（1607—1652），字公树，号湘邻，稠城荷花芯人。官至广西布政使司右参议，分守右江。柳州失守被俘，宁死不屈，殉节于敌营之中。

金汉蕙出身于官宦人家，其伯父金世俊乃明末一代名臣，被崇祯皇帝誉为三清官之首。其父金世伲，字季思，自号雪原。少则善文，长入国子监。经考试授泾州判官。上任后勤政为民，深受百姓拥戴。金汉蕙从小就聪明颖悟，过目成诵，每次考试总是摘冠。

金汉蕙43岁才进入仕途，那时已经改朝换代，大明变成了大清。清顺治六（1649），金汉蕙通过层层考试，终于荣登金榜，授予三甲进士。时族兄金汉鼎亦中同科进士，金门一科出了两个进士，名震朝野，人们赞誉他俩为"金氏二雄"。

金汉蕙中进士之际，正好是"南明"政权覆灭之时。其时，中国基本上已经统一，但在广西、云南、贵州一带的西南边陲地区尚有一些地方割据自治，与朝廷分庭抗礼。广西右江（今柳州）多崇山峻岭，又是少数民族聚居地区，民风粗野，历来都是一个治理困难的州治。清廷在未攻克右江前就曾召开了专门治理右江的会议，顺治帝授金汉蕙广西布政使司右参议之职，分守右江。于是他随南征大军南下，是年岁末到达衡阳，次年岁末才进军全广西右江。直至顺治八年（1651）广西西部方被清朝征服，金汉蕙才真正当上了广西布政使司右参议兼柳州知府的实职官员。

金汉蕙上任伊始即着手安民，下令军队一律不得骚扰民居，妨碍民业，若有违令者一律军法从事，决不轻饶。接着他招抚流民回乡垦植，大兴劝农之举。另一方面又着手办学兴文，政事之暇，亲自去学堂讲课，授以理学之精要。经过其殚心竭虑的一番整治，不到一年，柳州地区就旧貌换新颜，呈现出一派蒸蒸日上的新气象。

顺治九年（1652），暹罗（今泰国）李定国兴兵犯境。柳州地处敌军进攻的首当其冲，因而当即被敌军团团围住，又因援军一时不至，柳州成了一座孤城。兵临城下，金汉蕙带领军民死守，决不屈节投降。但终因孤军无援而于八日失守，金汉蕙也被敌军押解到桂林关了起来。

敌军对金汉蕙看守甚严，要想逃跑无异于登天。金汉蕙眼看生还无望，暗中命仆人送出家书报告其父金世俨，在信中道："……儿今生死难卜，自当与柳州共存亡，望父母不必寄希望于儿。"信后附诗曰：

朝衣洒泪整征鞍，释褐方为命守南。

道入衡阳经屈墓，重耒湘水赋邯郸。

柳城半载千句劫，桂岭三朝万骨丹。

稽首罗池赡子厚，游魂愿托九嶷看。

敌军总想劝金汉蕙投降为其效力，但金汉蕙宁死不屈。一天晚上，看守他的敌军麻痹懈怠，竟打起了瞌睡。金汉蕙乘其不备，盗取佩刀，格杀敌人后逃遁。但此事即被发觉，大队人马随后追来，金汉蕙误入丛莽之中，被抓住，当场被杀害于荒坡。受害时系顺治九年（1652）十一月二十六日，年仅46岁。

广西叛乱最终被清廷平息，广西巡抚将金汉蕙事迹上奏朝廷，顺治帝深为痛惜，于十一年（1654）特赐御葬之礼祭祀，赠太中大夫。康熙元年（1663），赠光禄寺卿。康熙二十六年（1687），入祀马平县"名宦"。次年（1688）入祀义乌县乡贤祠。

金汉蕙曾著有文集，今仅存著《宗忠简公祠》一首：

孤忠遗迹遂难寻，剩有荒祠桧柏森。

长对几筵怀劲节，空留山水挹清音。

连声唤渡千秋恨，叠疏回銮一寸心。

自古英雄总如此，令人俯首欲沾襟。

（贾胜男）

担纲道义陈熙晋

陈熙晋（1791—1851），原名津，字析木，号西桥，稠城湖清门人。

清嘉庆二十四年（1819）他应贡生试，次年考充镶黄旗教习。道光五年（1825），他以教习出任贵州龙里县知县，先后任贵州普定、开泰、锦屏、永从诸县知县。道光十二年（1832）迁仁怀同知，因领运京铅无误，加升一级，转任广顺州知州，都匀府知府。陈熙晋前后在贵州任职十七年，勤于政务，为黎民百姓，殚精竭虑，担纲道义。1842年官授湖北宜昌知府六年间，惟民为重，秉公执法，清理积案1700余件。道光三十年（1850）陈熙晋因母丧辞官归家，次年，病逝家中。

少年时代，陈熙晋即爱学成癖，经常挑灯夜读，潜心研习，熟谙经史。每与人论及三通历朝令要，便能口若悬河，款款成诵。年轻时，他读书治学，出类拔萃，曾应贡生试作策论命义，得到浙江提督学正、侍郎汪山敦赏识，视为国士，举为优贡。汪由敦对他宠爱有加，拿出全部家藏图书供陈熙晋披阅。

随着学识的增长，兴趣的专一，陈熙晋的读书求学更是如痴成癖，步入仕途后，微薄的俸禄除了日常支出，剩余的都被添置了藏书。他遍访书肆、刻书坊，不论经、史、子、集，凡遇心爱的典籍必倾囊而购之。他多次易地任职，广交文士，闻有宋元精椠，或旧抄善本，不惜多方购置。还利用居外为官之便，辗转于滇黔江浙间，通过各种关系和不同渠道，广泛收集购置了许多珍本古籍，总计达千余部万卷之上。

陈熙晋把宜昌府的书斋命名为"愿规吾过之斋"。书斋中除去图书只剩下一床、一桌、一椅和文房四宝。闲暇时坐卧书斋，把卷吟诵，流览诵记。他精心整理自己的藏书，对一些珍籍善本妥加整补装裱，校勘丹黄成为日常生活的主要内容。由于历代辗转抄写刊刻，错讹误失在所难免，陈熙晋即以自己藏书为校勘对象，对图书内容进行补阙正讹，并从版刻字体、纸张、墨色等不同特征去考定印本年代，评定版本优劣，把心得体会书于空白处，朱笔朗朗，古书一经他的递藏，即增色不少。

作为江浙卓有成就的藏书家、经史学家，陈熙晋一生喜书，把书看成是平国、治家、医百病的良药吉物。奔波几十年，竭一生心力，"穷搜委巷，广乞名流，寻之故家，求诸绝域，中间解衣缩食，衡虑困心，体腹筋骨靡不所恝"。劳力、劳心、费财，种种的艰辛只为书籍是他的精神支柱。

告老还乡后，他与书为伴，晨诵夕述，终日在书斋从事著述。在出版不易的古代，每每以抄书为份内事，借抄的书数以千计，或抄自官藏，或源从私家，或亲自动手，或雇人代劳，千方百计，孜孜以求，一则丰富自己的藏书，也使许多书的刻本毁灭绝迹时，惟赖抄本书的存在而得再续流传。可惜的是，陈熙晋所藏之书大都在太平天国运动中被毁坏。

陈熙晋一生勤勉，笔耕不辍，著述宏富，著作等身，计有12部，成就最大的是对春秋学的研究。他深感前人笺释《春秋》，往往互相矛盾，便深入辨析，证诸群言，断以己意，著成《春秋规过考信》9卷。还参稽得失，援据群言，著成《春秋述义拾遗》8卷。此两书为《春秋》之学作了详尽的辑佚笺释，补录考证，为后人研究经史提供了宝贵的依据。有光绪十五年广雅书局版，光绪二十二年据广雅书局版重印本。凡天文、地理、礼乐、星纪无不旁搜互证，力求援引正确，研索订正，至关纲常、名教之防，用兵战事、生杀予夺之事，更是引经据典，详加笺释考证，不肯稍有疏漏，妄加揣测，是学术水平极高的校勘学家、版本学家。

陈熙晋著有《禹贡说断考证》，清咸丰二年陈坡秀芝堂刻本。除此，他还著有《古文孝经述义疏证》5卷，《帝王世纪》2卷，《贵州风土纪》32卷，《黔中水道记》4卷，《宋大夫集笺注》3卷，《骆临海集笺注》10卷等书。此外，著作存目的还有《日损斋笔记考证》1卷，《文集》8卷，《征帆集》4卷，《仁怀厅志》20卷，这为后人研究经史提供了丰富而宝贵的文化资料。

陈熙晋另一重要学术成就，就是对骆宾王的诗文研究，系研究骆宾王的著名学者。他政暇留功数十载，搜集大量资料，旁征博引，引采宏博，为《骆宾王文集》作笺注，将骆宾王流传下来的全部诗文，分体编次，补录诠注，著成《骆临海集笺注》，收集诗词130多篇，合3卷，文30多篇，共10卷首1卷末1卷行世。通过笺释，每一篇诗文都和史实及作者生平结合起来，为后人研究骆宾王提供了宝贵的史料。

清贫俭朴，恪守廉洁，是陈熙晋走过的坎坷之路。他视金钱为身外之物，死后既无豪宅华居，也无大宗财富留与子孙，甚至连自己的著作也无力刊行，人称"西桥太守"。这能从陈熙晋次子陈元颖的诗作中，略知一二："穷山深入太颠连，粮绝空余翠釜悬。强说生死关大事，清宵多露履瓜田。名世文章付属深，等闲亦共劫销沉。悠悠往事无穷恨，第一难扪是此心。"

（刘国进）

军工翘楚数陈榥

陈榥（1872—1931），字乐书，稠城西门人，成年后移居南门文昌弄8号。人生苦短，建树难言，可陈榥终其一生，在不少领域独领风骚，犹数理研究堪称大师，军火制造更是功勋卓著，在中国军工史上留下了浓墨重彩的一笔。

陈榥出身书香世家，自小聪明颖悟，读书过目成诵。其父陈玉梁（字宏如），系清代饱学之士，有子3人，陈榥是其长子。陈榥幼年由父亲亲自课读，修习经史，兼及新学。1885年，才13岁的他应童子试中秀才，16岁补廪膳生。年少报捷，志向渐高，他萌生外出深造之意，遂于1891年赴杭求学，后入杭州求是书院（浙江大学前身）研读数理。

甲午战后，清廷变法维新，选择有抱负的青年学子走出国门，学科技，长见识，以求日后报效国家。求是书院领风气之先，1898年4月派出高材生陈榥、何燏时，陆世芬、钱承志等4人为首批留日学生。浙江这一举措，成为国内"各省派往留日之首倡"，"开了中国留日运动的先河"。

◆ 中年时期的陈榥

作为首批官费留学生，陈榥入日本东京帝国大学造兵科学习。在学期间，帝国大学讲授军事机密课程，不准华人学生听讲。这激发着陈榥刻苦自学，钻研功课，每次考试成绩都很优异，未归国，已誉满京师。他思想进步，倾向革命。同学中有从事保皇活动的，想拉拢其攻击革命，他不以为然，敷衍了事。

大学毕业后，陈榥暂留日本从事著述，孜孜不倦，其编撰的数学、物理学、心理学等大专学校教材，在日本印刷后运销国内，风行一时。其中《心理易解》是中国人编撰最早的一本心理学专著（1905年出版）；而于1902年出版的《物理易解》更是首部中国人自编的中学物理教科书，时人称该书"初听颇有苦意，乃未及三月则见解领悟，各蒸蒸日上矣"。由此可见，陈榥学识渊博，著述功力不凡。

1904年，陈榥加入光复会。次年，成立中国同盟会，陈榥为最早的会员之一，参加了推翻满清帝制、建立共和政体的革命活动。1911年，陈榥谢绝日本政府的高薪聘请，毅然回国，商部、学部、陆军部争先延致。陈榥曰：吾学以致用，遂就职陆军部军实司科长。

　　辛亥革命爆发，陈棣奉命为各路清军支应军火，但鉴于人心所归，为了保护起义军，持故拖延，南运枪炮械弹多羁留不发，客观上支持了革命。1912年，中华民国成立，北洋政府授他陆军少将军衔，督理上海（江南）制造局（即上海兵工厂），因发展军火工业有功被授二等文虎勋章。1913年6月，陆军部电令陈棣，将"凡有稍涉工党名义"的组织"一律解散"，他遵令而行，平息事端。加上在军工组织生产等方面成就非凡，因此被加中将衔，获三等文宪勋章。

　　民国初年，军队枪械多混乱不堪，国别各异，各种型号几乎都有。打起仗来，子弹供应，枪械维修均为大问题。且制造局内，仍像民间作坊，相互间基本上没有协调配合，也没有相互合作。学贯中西的陈棣，博采众长，吸取欧美先进经验，大力改变生产方式，培训技工，改革陈规，制定规范，使工艺流程、产品质量同步提升。特别是流水线作业的普遍推广，使军火工业生产蒸蒸日上，效率成倍增加，质量大幅提高，面貌为之一新。同时，他还在步枪制造上推陈出新，不仅提高精确度，还增加了有效射程；在手榴弹制造上，制订了新标准，增强了杀伤力；改良了掷弹筒的构造，增大了作用。陈棣的一系列作为，不但革故鼎新，而且成效颇著，因而军械专家声名鹊起。

　　1914年，因不满袁世凯统治，陈棣辞去制造局职务，任北京大学数理教授。期间，他还受张作霖之邀，一度聘任东北军沈阳兵工厂的高等顾问，解决了军工生产中的疑难问题。

　　1913—1914年间，时任民国政府总理的熊希龄，力邀陈棣入阁任教育总长。陈棣绝意仕途，不趋利禄，以父丧婉辞。1915年12月，袁世凯改元称帝前，亲自约陈棣密商，要求联络一批在京的学界知名人士，由陈棣领衔，共上《劝进表》，许见报后以农商总长为酬。陈棣不羡王侯，态度鲜明，毅然加以拒绝，即离京南下，参加蔡锷领导的护国军，进行反袁战争。袁世凯死后，陈棣仍回北京大学执教。

　　在此前后，陈棣曾任全国留学生考试评论会主持人，商务印书馆编辑，全国工程师学会会长等职。1922年，陈棣回故乡义乌，将居室命名"研至理堂"，潜心研究物理哲学。他披星戴月，呕心沥血著就《成心论》书稿，留日同学马一浮（现代著名国学大师）为之校阅并序。惜该书稿成形，但家中财力不足，无力印行。

1926年，经亨颐曾来义乌拜访亲家陈棨，兴致勃勃画下《少年清风》一轴，又题写"天高莫云紫，秋薄野林黄"联对一副，其意境高远。这时，陈棨还在家中潜心著述《成心论》。1942年，侵华日军占领义乌后，该书稿却在日寇焚烧华溪村时遭劫，致使十年心血付之一炬，书稿内容也鲜为人知。

1928年，浙江始修杭江铁路（今浙赣线一段），原规划从诸暨经浦江到金华通达江山，因浦江百姓不愿损失土地而要求改道义乌。对此，陈棨以科学家的眼光胸襟表示欢迎，并主动出面与义乌各界人士协商，还说服陈姓族人腾出陈大宗祠，作为筑路的办公场所。他还倡议建设义乌至东阳公路，造福桑梓。

陈棨不但律己甚严，视升官发财为草芥，不贪恋荣华富贵，对子女教育管束也近于苛刻。其长子陈乃烈曾被浙江省政府派任兰溪县警察局局长。知子莫若父，陈棨认为乃烈学识才干难以胜任，即亲往省府要求收回成命。

陈棨在日期间，曾秘密收集到一套制造潜水艇的图纸，归来时带回国内。其时清廷内忧外患风雨飘摇，难以见用。后民国时期，又限于国力财力，无法实施。作为中国军火工业的先驱，不能不说是陈棨的一大遗憾。

1931年腊月，陈棨因患脑溢血谢世，终年59岁。曾任民国政府常委、著名教育家的经亨颐先生为其题写墓碑。

（王茂兴）

璧玉争辉童必挥

童必挥（1882—1942），稠城西门人，名文奎，字子联，号必挥（庠名璧辉）。系南宋安定知府童必大24世孙。义乌籍光复会员、同盟会员。辛亥革命时曾率部参加光复杭州、南京之役，后投身实业救国，任义乌商会会长，积极防治鼠疫。晚年，拒做汉奸傀儡，1942年以身殉国。

童必挥之先祖世居北宋都城汴京（今开封），南宋初年始迁义乌，卜居于稠城西门。童必挥幼时家境甚为贫寒，曾有幸做伴读，后入杨村秀才龚宝学的私塾读书。因勤奋又胸怀大志，从小就深埋下爱国爱乡之种子。数年后，他不负众望，考取了清朝末科秀才，成为郡庠生。

1903年，21岁的童必挥顺利考入杭州的浙江武备学堂第四期正则科。武备学堂是浙江辛亥革命的发祥地之一，在辛亥革命浙江光复中，武备学堂的同学起到了骨干作用。当时学堂总办是教育家伍元芝，其暗中支持革命不遗余力，把学堂当做培养革命军官的场所。童必挥在这里开始接受革命思想的熏陶，立志投身革命。

1905年冬，童必挥从浙江武备学堂毕业，充任浙江新军二十一镇八十一标下级军官，历任弁目、队官、督队官、管带官（镇海炮台营长）、参谋官、教练官暨浙军六师九十八团团附（1914年驻军宁波）、浙江都督府参谋科长、兰溪团管区司令官（分管金衢严三府）、省督军署咨议科员、省第二警察大队大队长等职。

次年秋，光复会首领秋瑾来杭州发展会员。秋瑾在军界先后吸收吕公望、朱瑞、俞炜、周凤歧、夏超等数十人为光复会员，为起义准备军事干部。在秋瑾、吕公望、朱瑞等人的直接领导下，童必挥毅然冒着杀头的危险加入光复会，矢志推翻满清帝

◆ 童必挥

国，建立中华民国，并亲身参加了震惊中外的辛亥革命。

1911年11月4日，浙江辛亥革命爆发。革命党人按计划发动起义，童必挥所在的浙江新军第八十一标及马队、炮队，由该标代理标统朱瑞率领，从笕桥出发，自艮山门入城，攻击军械局及旗营。其中第二营占领武林门、官巷口、涌金门一带。时童必挥任第二营第三队队官（连长），亲率一队新军占领杭州战略要地官巷口。次日杭州光复。

不久南京告急，11月9日，浙江新军21镇以八十一标为主抽编3000余人组成一个

混成协，成立浙军援苏支队。童必挥率所部参加援苏支队，于11月15日到达江苏镇江，与江苏、上海各部队组成江浙联军。23日，江浙联军发起攻克南京战役。

童必挥时任营长，率所部参加光复南京战役，激战马群与孝陵卫，攻占幕府山等。他在指挥攻占幕府山和马群、孝陵卫等几个重大战役中，颇著战功，经过9天血战，于12月2日占领南京。其江湾籍的勤务兵王德林后来回忆称："营长爱兵如子；且每战，炸弹飞来，要么不退，避退也绝不超过三步。"

江浙联军攻下南京，严峻的革命形势顿时扭转，为革命党人建立全国性的临时政府奠定了基础。1912年元旦，孙中山到南京就任临时大总统。浙军支队扩编成第六师，童必挥全营编入第六师。部队整编结束，即遵黄兴命令，出师北伐。2月，到达江苏宿县。此时南北已达成议和，清帝宣告退位，浙六师回到南京。当月15日，孙中山等祭拜明孝陵。童必挥所部被派充仪仗队去下关欢迎并警戒一切，又全部调朝阳门外明孝陵，列队拱卫孙中山等民国政要祭拜明孝陵。

1912年4月浙六师凯旋班师回浙，驻军杭州。1913年4月奉大总统令授为陆军步兵中校。1914年时童必挥已任浙军九十八团团附，驻守宁波。

20世纪20年代后期，童必挥逐渐脱离军政开始兴办实业，实施实业救国。他频繁回到家乡义乌，曾租住南门街，后迁回义乌童氏发祥地稠城西门，在双桂弄童大宗祠后花园居住。期间，他大力开发民族工业和公益事业，曾先后在上海（纱厂）、兰溪（航运）、武义、义乌等地，与胞弟童文星等合作兴办企业，相继出任武义县电气股份有限公司经理、义乌县电气公司董事长、义乌南华（氟石）公司董事长等。

童必挥的义乌电气公司发起筹股创办义乌发电厂，白天碾米磨粉，晚上发电照明。其设备虽简陋，但已初步改变以菜油、煤油点灯的陈旧面貌，为义乌稠城带来一片光明。后来他还在义乌西门高山背安装了电笛传布空袭警报，以防日军飞机空袭，使义乌城乡受益。1930年底，全县氟矿场已达23处，童必挥主持的南华（氟石）公司是规模较大的三家公司之一。1939年，童必挥接任义乌商会会长。1941年义乌鼠疫爆发，他以商会主席身份参加县防疫委员会，积极参加防治鼠疫工作。

1942年5月义乌沦陷，童必挥的电厂被毁，氟矿被日军霸占。日军还欲利用他在军政商界的威望，胁迫他出任汉奸伪义乌县维持会会长，遭其坚拒。童必挥先后避居九里江童店、塔山乡石门坑村。日军寻迹追踪，他不慎从山上跌滑而下，后由村民抬轿避往东阳紫溪村，又遭土匪围困，缺医少药，罹破伤风不治逝世，时年60周岁。

童必挥宁死不当汉奸卖国贼，保持了一名光复会革命党人的大气晚节。1942年浙江《东南日报》曾以《童必挥拒作傀儡悬崖丧身》为题作过专题报道："义乌人崇尚节义，由来已久……这次敌骑踏进义乌，虽也有少数出卖祖国媚敌求荣的汉奸败类，污辱了祖先的声誉，可是在敌人刺刀下仍能凛然发挥其节操的，为数亦相当可观……"

童必挥去世时，家贫竟无资薄殓，乡人感其恩德，纷纷解囊相助，将其遗体从东阳悄悄抬回义乌王宅后面童山安葬。2001年后义乌江滨绿廊改造，他的遗骨移葬江东镇黄山公墓。其墓碑书：义乌籍光复会员童公必挥之墓。

童必挥事略曾入编《义乌县志》《义乌名人录》《浙江武备学堂同学录》《稠州公所志略》《辛亥革命在浙江》《浙江民国人物大辞典》等。

（童晓　王曙光）

报国丹心吴斐丹

吴斐丹（1907—1981），原名汝勋，笔名斐丹、映雪、赤松等。稠城石古金人。系我国经济学家、人口理论家，复旦大学经济系教授。

吴斐丹出生时，正值晚清资产阶级革命风起云涌、清朝统治摇摇欲坠之际。

他自小抱有"实业救国"的理想，在传道授业之余参与耕作。1921年，吴斐丹进省立第七中学（今金华一中），与吴晗、千家驹等属于同年级。后转学至杭州省立第一中学。因受五四新文化运动的影响，他经常聆听鲁迅、陈望道、胡适之等人的授课或报告，在报刊上发表为数不少的诗歌和短剧。

1925年夏，吴斐丹进入厦门大学预科班。继而考入武汉国立第二中山大学（后改为武汉大学），并任校社会主义青年团和学生会负责人。在武汉读书时，吴斐丹积极投身反帝反封建的社会运动。那时，武汉大学校务委员会主任委员是李汉俊，讲授唯物史观。吴斐丹经常去听课，政治、思想上深受其影响。

1928年，吴斐丹于离开武汉转学到上海复旦大学社会学系。在复旦读书时，吴斐丹参加了上海学联、左翼作家联盟和社联的活动，活跃于复旦校内进步同学、教授之间。大家一起在报刊上发表讨论社会问题的文章，出版各种刊物书籍。此外，他还经常出入复旦附近的劳动大学和立达学院，与这些外校的进步青年往来，暗中宣传进步思想，传播进步刊物，还利用"社会调查"课的机会，对复旦周围的农民和工人的生活状况进行调查。

三年后，大学毕业的吴斐丹就在吴淞中国公学担任伦理学和高等代数两课的教学，并在复旦中学教西洋史。1931年11月，吴斐丹突然被捕。警方搜查时，在他的床垫下搜出了红色书刊。被捕后，吴斐丹先被拘押在闸北警察局，随即送到多处看守所，后来得以释放。

吴斐丹出狱后，次年下半年到《申报月刊》社工作。当时世界性资本主义经济危机严重，为了适应编辑工作，吴斐丹于1933年9月东渡日本进行世界经济问题的研究和学习。在日本三年多时间里，他相继在日本早稻田大学和东京帝国大学大学院（即研究院）学习，又在德国人创办的上智大学夜校学习德语，还挤时间到日本各地考察，为《申报月刊》《东方杂志》等报刊发回大量的通讯报道和经济研究论文，客观地介绍日本政治经济情况。吴斐丹去日本的初衷，主要是想比较深入地研究农村经济问题，后由于现实需要，逐渐扩展到各种经济理论的研究。

1937年6月，吴斐丹从日本回国，继续在《申报》工作。不久"七七"事变爆发，他被派往昆山前线担任战地记者，后随军撤退，辗转苏州、无锡、南昌、长沙、武汉等地。

国共第二次合作后，1938年2月，吴斐丹在武汉的国民政府军事委员会政治部担任秘书，当时陈诚任部长、周恩来任副部长。

日寇占领南京后，随即进攻武汉。在此期间作为政治部秘书，由于两党间的磨擦和矛盾日益加深，吴斐丹在撤离途中离开了政治部，几经转折到达香港，为生活书店编写《战时日本年鉴》和《抗战史料》，同时继续为大陆的《国新社》及其他报刊撰写文章。不久广州沦陷，香港成为孤岛。1939年5月，受复旦教务长李炳焕的邀请，吴斐丹赴重庆的复旦大学教书。

从1939年下半年起，吴斐丹以教授名义相继在重庆的复旦大学、中央大学、上海交通大学、震旦大学、政治大学等院校兼任教学工作，主讲经济学和经济学说史。1941年他一度担任复旦大学经济系主任，后又被选为政治大学经济学院院长。考虑到行政事务影响教学研究，不久他又辞去这些职务，专心于经济学的研究和教学。

吴斐丹后来长期在高校任教，做学问总是致力于解决中国的实际问题，因而研究的范围很广，从农村经济、财政金融、人口问题，到外国经济学说史等都有所涉及，并撰写了大量的学术文章。他那独立思考、求真务实的学术态度固然是受早期参加社会运动影响，但究其原因与他以国家和民族的振兴为己任的世界观、人生观、价值观分不开。

中华人民共和国成立后，精通英、法、德、日四国文字的吴斐丹，一度致力于外国经济学说史的研究，并选定了"西方经济学说史"作为长期研究方向。这期间，他始终保持着独立思考、务实求真的治学之道，竭力希望从国内的经济实况、世界经济发展的态势出发，提出自己的见解，对国民经济的发展能够有所帮助。1957年，他创办了一份专门翻译介绍外国经济文献的刊物《世界经济文汇》。他编辑的方法与众不同，不是简单地选登来稿，而是自己先大量地阅读各国经济刊物，筛选出有针对性的文章分别请青年教师翻译。在"大跃进""跑步进入共产主义"的极"左"年代，这份刊物给闭塞的经济学界带来了一丝新鲜空气，深受经济学界欢迎。

"文革"一开始，吴斐丹成为复旦大学首批"资产阶级学术权威"被打倒。他的学术研究和教学工作，受到很大的冲击。"文革"结束，吴斐丹虽年事已高，却意气风发。他说："知识分子切不可清闲。有点知识，应抓紧为人民多做点事情。"

在吴斐丹的努力下，复旦大学人口研究室很快成立。他抽调几位青年教师，立即投入研究工作。不久，人口研究室又得到联合国的支持，申请到第一期研究经费23万美元，各种设备也很快运到。

条件的优越，意味着责任的重大。在吴斐丹的积极推动下，上海市人口学会于1980年成立，吴斐丹被推选为首任会长。第二年春节刚过，他就在复旦主持大型人口问题培训班。除了自己讲课外，还聘请黑田俊夫等外国专家来此讲学。这个培训班的学员后来都成为全国各地人口学会或人口研究所的骨干。

　　为了解国外人口学研究进展动态，交流人口理论经验，1981年春，75岁高龄的吴斐丹率考察团赴美国、加拿大和日本进行考察。由于他在国外学术界具有一定的知名度，由他带团出访，很受外国学术界重视。这次出访，为加强我国高校与国外高校人口研究机构的联系打下了良好的基础。

　　正当他的人口研究工作重新启动，并迅速发展之时，吴斐丹病倒了。他原以为工作过于劳累，休息几天就会康复，哪知经医院确诊已是肝癌晚期。1981年9月12日，吴斐丹与世长逝。

　　吴斐丹一生发表政治经济和人口理论方面论文数百篇，翻译了大量的外国经济文献和经典著作，翻译和撰写的专著有《资产阶级古典政治经济学选辑》《魁奈经济著作选集》《经济组织论》《战时日本全貌》《外国经济学说史》等。其人口理论作为代表性理论观点，被收入美国俄亥俄州大学出版的《中国人口的斗争》一书。

（金佩庆）

化学宗师金松寿

在中国科学院，著名化学家金松寿的名字几乎无人不晓。这位研究成果接近诺贝尔奖的教授，一生写有论文200篇，专著10种，400多万字，将自己奉献给了国家的科学和教育事业。

金松寿（1920—2013），稠城人，父亲金丞心曾开过估衣店和鞋庄。金松寿4岁开始在店里干活，7岁起上学读书，先后以优异成绩毕业于县立绣湖小学、义乌中学和浙江省立杭高以及国立浙江大学化工系。

大学毕业时，正值抗战后期。金松寿被分配至江西赣州电化厂任技术员。这时他邂逅在厂内做医护工作的义乌同乡毛瑞雯，并结为伴侣。两人同甘共苦，相亲相爱80余年，是一对"百年好合"的幸福伉俪。

1945年抗日战争胜利时，金松寿被母校浙江大学邀请到化学系任教。经过几十年的辛勤教学和刻苦研究，他终于成为国内多项重要化学教育和研究的启蒙者和倡导者，被誉为中国化学教育的一代宗师。但遗憾的是，当时他与举世闻名的诺贝尔奖"擦肩而过"。

那是1974年，曾得过两次诺贝尔奖的美国鲍林教授来华访问，上级安排金松寿陪其参观各大专院校。虽然鲍林对中国人很友善，但从上海一路看过一些院校的教学和科研设施后，却相当轻视，随从的翻译见状，便跟金松寿说："你和鲍林教授是同行，不妨谈谈化学教育问题。"基于中国科学家的自尊心，金松寿毫不犹豫地和鲍林

◆ 金松寿在义乌中学。　　摄影/金福根　2007年摄于义乌中学

　　谈起自己所发现的选择性分子间引力，并用一些实证解释了以往认为许多反常的物性，如溶解度、吸附、色谱和溶媒交应等等。鲍体细细地听了以后，非常惊讶和兴奋，就上前拥抱金松寿，并建议他赶快将此新发现发表出来。

　　1980年，金松寿用中文正式发表了他的化学新发现，但因语言隔阂等因素未受到国际广泛重视。其实，他的两个小分子黏合成超分子的研究成果极为重要。七年以后，3位国外科学家步金松寿后尘，研究超分子而获得诺贝尔化学奖。直到1991年，金松寿在化学研究中取得新成果，获得了诺贝尔奖候选人的资格。但这年的诺贝尔奖因他所提交论文的时间落差，与他再次擦肩而过。这不只是他个人的终身遗憾，也是义乌人乃至中国人无法弥补的遗憾。

　　值得欣慰的是，金松寿教学研究的成就依然令世人肯定，称誉他"卓越的成就，已远远超过同时代的人"，并认定他"是20世纪五百位可羡慕的人物之一"。当然，他更被公认为中国化学教育的一代宗师。

　　几十年来，金松寿在国内外专业期刊发表了200多篇重要论文，10余部成为大学和中学的化学教科书。他的成名始自20世纪40年代，论文《原子模型的松紧规律》一举震撼学术界。1952年，在苏联物理化学刊物上，他一连发表6篇重要论文，其中经常被国内外教科书引用的《无机盐溶解度规律》，不只是使他扬名国外，也使一个长期无法解答的疑难问题迎刃而解。

金松寿用毕生心血造就的辉煌，终于让他赢得国家科技进步奖、全质学院奖、全国科学大会奖、国际终身成就奖、金钥匙奖等大奖，并被推选为第二十届、二十一届中国化学学会理事、浙江省化学学会副理事长，并被推荐审定为英国剑桥国际传记中心、美国传记研究所顾问。

金松寿的学生在回忆恩师的生前事迹中说，老师著书立说，绝不无的放矢，总要联系实际，解决实际问题。他崇拜先贤和权威，但不盲目迷信。对先贤的理论，不厌其烦地用事实去验证，而乐此不疲。对于非常复杂的催化剂问题，欧美和苏联当时有几个"大理论"，一般的人都深信不疑，但金教授却经常拿起计算尺和计算器，根据理论反复加以计算、验证和核实，从中发现这些理论的缺陷和不足，进而创立了催化新理论。中国催化界的权威、大连化物所所长张大煜院士称赞他的新理论："骨架大，思想活，真了不起。"

有感于祖国和家乡发生的巨变，金松寿曾在义乌中学七十周年校庆上发表演讲，题目是《我们要有志气，不能让别人看轻了》。演讲结束后，他赠送给母校两个镜框，并题了字。其中一个镜框上写着"师门恩深，永铭吾心"，下写"我国离诺贝尔奖还有多远"。

治学严谨的金松寿，将一生献给了国家的科学和教育事业。在九十高龄眼睛半盲之际，他还撰写出版《选择力学概略》。2012年4月，他召集当过大学校长的多位弟子畅谈其教育观，并依靠口授笔录完成了最后的著作《和谐教育学》。

2013年5月，金松寿走完了自己九十四个春秋。他的《世界化学》《有机催化》《控制论化学》《初中学生谈化学》等一大摞书籍，依然整齐地摆放在义乌籍人士著作陈列馆的书架上。

（骆斌）

忠肝文胆赵平生

赵平生（1903—1990），福田仓里村（今福田街道长春三区）人，革命家、教育家、哲学家、语言学家、新闻学家、中国文化大众化的倡导者与实践者，同时也是国民党和共产党的义乌地方党组织的创立者之一。

赵平生兄弟六人，居幼。1920年，他以县统考首名的成绩考入浙江省立第七师范（金华），后因参加择师运动和反对学校当局贪污运动，被校方停学，后改为试读处分。1924年，他进入浙江省立一中高中师范科（杭州）读书。次年春，在同学张纪恩（浦江人，曾任中共中央机要处秘书）介绍下，追随孙中山三大政策加入中国国民党，不久又加入共青团。1926年夏，共产党组织通知赵平生由共青团员转为共产党员。

1926年11月，赵平生在稠城旱孚酱园孟心波（又名孟兀庚）家建立了共产党组织的秘密联络点，联络代号"袁当甫"。孟心波系赵的妻弟，赵平生妻子孟俊，也是义乌早期的女共产党员。这个秘密联络点亦即赵平生岳母家，至此，党的各项会议和秘密活动都在这里进行，并积极发展共产党组织和团组织。

1927年1月，赵平生奉中共浙江省委常委潘枫涂（后名潘念之）之命创立了国民党义乌县党部，赵平生任党部书记。国民党县党部七名执行委员中有六名是共产党员，他们是：赵平生、马新超、方元永、毛宗骋、丁有容、冯汝棠。这期间，国民党县党部抓学校的整顿和改组，改变教育制度；反对贪官污吏，通缉土豪劣绅，取消苛捐杂税，宣传耕者有其田等，工作开展得卓有成效。

同时，赵平生在仓里村发展了赵绥教、赵绥谈、赵华建等加入共产党，成立了义乌第一个党支部。赵平生安排赵绥教的父亲到县党部当门卫，赵绥教则以到县党部挑粪作掩护，传递情报与传单。不久，赵平生又发展其表兄何子林入党，由何子林担任仓里支部与马青（今前洪拥军小区一带）支部的联络员。自此，党组织如星星之火在福田、柳青、前洪等义乌地区燎原开来。期间，党的很多重要会议在仓里村东南向毗邻的"乌龟头"山松林深处召开。1928年9月，深受赵平生影响的堂弟赵青，在义中建立义乌县第一个团组织，赵青任团支部书记。

1927年4月，蒋介石发动政变，形势急剧恶化，义乌党组织与省委联系中断。7月，县党部被国民党反动派以武力击败，赵平生被通缉，反动军警抓住赵平生母亲，用枪顶住她脑袋要她说出赵平生下落，赵母不从。当局又利用与赵平生母子私交甚密的赵龙文（井头村人，曾任胡宗南西安绥靖公署秘书长）的母亲前来劝说，赵平生母亲委婉地说："子女长大，当母亲的也管不住了。"当局只好悻悻作罢。由于在义乌无处立足，赵平生先后辗转绍兴、萧山等地。次年秋，他到达上海，在法租界善钟路租住，期间，自修学日语。

1929年，赵平生考入上海东亚同文书院，与该校中国学生部共产党接上组织关系，直接联系的人是沙文瀚、陈训惠（系陈布雷之七弟）。12月25日，他参加了反天主教堂示威运动，不幸被捕，在江苏高等法院看守所坐牢半年，期间，结识江问道。

次年夏，赵平生出狱回到上海，此时，在中华艺术大学工作的孟心波刚好回义乌，赵平生便在孟的住处住了下来，很快便与中华艺大的党组织联系上，去参加政治活动，可不到一月，再次被捕。赵平生受到了严刑拷打，家人请律师作辩护，最后还是被判半年。

1931年春，随着顾顺章、向忠发先后被捕叛变，中共中央机要处被查，赵平生的老同学张纪恩也被捕。出狱后的赵平生与党组织失去了联系，只好去上虞春晖中学、台州六中附小等地教书。1932年，赵平生潜回上海参加"国际新闻社"，不久，又参加中国左翼教育工作者联盟（简称"教联"），在这里接上组织关系，并担任"教联"的组织工作。

1933年夏，因叛徒出卖，赵平生在马路上被捕，关押于上海龙华松沪警备司令部看守所。虽遭受种种酷刑，但他坚贞不屈，当局未能掌握实质性证据。秋末，家人筹集了资金，在"互济会"成员何惠君的帮助下，从狱中赎出。出狱后，再次与党组织失去联系。

秉承着对共产主义的坚定信念，赵平生的革命意志愈发坚强。1935年，他考入上海商务印书馆任编译人员，尔后与周建人、江问道等发起组织读书会，谈时事、学哲学，在青年中举办哲学讲座，写文章在进步报刊发表，宣传党的主张，这导致被商务印书馆开除。同时，赵平生长兄赵绥作之子赵锡智在皖南事变中牺牲的噩耗也传来，赵平生的心灵再次遭受打击。1942年，上海党组织安排赵平生到苏北盐阜区的华中局和新四军军部工作。

赵平生不仅是义乌地方党组织的创立者之一，也是一名优秀的教育工作者。他先后在绍兴县女子师范、浙江萧山县立一校、上虞春晖中学、台州六中附小、江苏盐阜区行署文教处、华中建设大学、山东教育厅、山东教育学院、华东大学、华东教育部、中央教育工作委员会等地工作。他领导和开展的"写话"运动，助力白话文运动，开辟了一代新风。该运动在全国的解放区推广，也为新中国成立后的扫盲运动提供了很好的方法和途径。

新中国成立不久，赵平生担任华东革大附设工农速成中学校长，即今复旦附中第一任校长，对中国语文的速成进行研究。他的"写话教学"不仅在我国语文教学、扫盲方面发挥过作用，还被引入到办报领域（他与王阑西、凡一等人曾创办《盐阜大众》报）。

赵平生患有严重的神经衰弱症，一直靠练气功和打针吃药维持身体。繁重的工作使身体每况愈下。之后，他还被打成右派，关进过"牛棚"，到甘肃"五七"干校进行劳动改造。最后因病情急剧恶化，致使语文教学、中国哲学史（与王孝鱼共同研究）的诸多论文只停留在书稿上，未能正式出版。

赵平生一生著作颇丰，主要有《学习的话》、《写话教学法》（又名《写话》）、《人人读》（丛书）以及《作文大辞典》《新哲学读本》《大众的书》《大众文库》等，并参与编写《中山大词典》词条和修订《辞源》。

他历任国民党义乌县党部书记、义乌共产党组织负责人、《盐阜大众报》首任主编、华中建设大学系主任、华东大学（后并入山东大学）代理教务长、华东革大附设工农速成中学校长（今复旦附中第一任校长）、中央扫除文盲委员会党组副书记、中国文字改革委员会秘书长、文字改革出版社总编辑等职务，为党和人民的革命、新闻、文化、教育事业作出了不小的贡献。

（赵荣俊）

不忘初心黄能馥

有这么一个人，在一生的事业中，有周恩来总理的殷切希望和鼓励，有现代作家、著名历史学家沈从文先生的谆谆教诲和关怀，且在研究美术史论领域卓有成就、著作等身，他就是义乌籍美术史论家黄能馥。

黄能馥（1924—2016），原名黄能福，出生在稠城朝阳门的农民家庭，小时家境贫寒。1942年，他从义乌中学初中肄业，在家一边务农一边自学，后被母校义乌中学聘为语文教员兼事务员。不久，他以同等学力资格考取国立杭州西湖美专，后转入中央美术学院，1955年以研究生学历毕业并留校任教，继而调入中央工艺美术学院任教。

任教期间，黄能馥开授了丝绸织花设计、织花工艺制作、中国染织纹样史等课程，并从20世纪60年代指导苏联和奥地利留华博士研究生起，长期担任染织专业研究生导师，同时主持该校中国服装史及中国丝绸史的研究工作。在这期间，在故宫博物院工作的年轻女士陈娟娟，经常陪同自己的老师沈从义到中央工艺美术学院讲课，正好由黄能馥负责接待和安排。而沈老原是黄能馥1954年在中央美院当研究生时的中国丝绸史导师。这样，黄能馥与陈娟娟结为志同道合的伉俪。

◆ 黄能馥

沈从文对黄能馥、陈娟娟这两位年轻助手很是赏识，经常耐心地指导他们的研究工作，并把多年积累的许多珍贵手稿资料送作研究之用。因为沈老了解他们对祖国的民族服饰既有一定的专业知识水平，又有浓厚的研究兴趣。在沈老的热情鼓励和精心指导下，黄能馥夫妻对服饰的研究工作也更为勤奋、更为深入，并不断取得新的研究成果。

然而好景不长，1966年"文革"爆发，红卫兵把黄能馥夫妻搜集、绘制的大量古代文物纹样当成"四旧"抄去烧掉，并把黄能馥关进"牛棚"。当时尚未被斗被关的陈娟娟又不幸患上癌症。在此情况下，黄能馥得到工宣队"特批"，每晚回家照顾爱人。于是，他每天都是在干了一天繁重的"劳改活"后，骑着一辆旧的自行车拼命往家中赶……

因"文革"和生活双重折磨，黄能馥一度产生弃研从画的念头（黄能馥时为中国美术家协会会员，书画已小有名气）。沈从文先生得知黄能馥要打退堂鼓的想法后，就把他叫到自己的住处，语重心长地勉励道："眼光要看得远一些……"

这次见面沈老虽只说了两句话，但对黄能馥的触动很大。回家后，他深情地对妻子说："娟娟，沈先生多次和我们交谈中讲起，周恩来总理生前提出要在中国建立一个丝绸博物馆和一个服饰博物馆。沈老不顾年老多病，一心致力于古代服饰的研究，为的就是遵照周总理指示，早出成果。我们应以沈老为榜样，为实现总理的遗愿作出最大的努力，不达目的决不罢休。"陈娟娟被丈夫的决心和信心所深深地感动，当即表示要和他一起把这项工作做下去。

于是，黄能馥振作精神，与妻子一起重新开始服饰和丝绸的研究工作。可不久，妻子癌症未完全康复，严重的心脏病又相继发作，还患上糖尿病，右手偏瘫，成了一个既病又残的人。花甲之年的黄能馥一肩挑着繁重的家庭负担，另一肩挑起同样繁重的研究任务，每天清晨4时起床，往往一口气写作三四个小时，再准备早餐，料理家务，接待公务，一直忙到深夜，天天如此。

由于黄能馥艰苦而卓绝的劳动和工作，不但妻子病情逐渐得到控制，而且夫妻俩合作的创作计划也一项接一项得以完成。早在20世纪60年代初，黄能馥就为义乌籍杰出的史学家吴晗主编的《中国历史小丛书》编写《中国印染史话》一书，深受读者的欢迎。70年代初，他与妻子合作编写了《丝绸史话》，发行量达到数十万册，1975年获得国家级优秀爱国主义通俗历史读物奖。"文革"结束后，他们积极参加中国丝绸博物馆的筹建工作，黄能馥担任中国丝绸博物馆总顾问，陈娟娟任顾问。

中国丝绸博物馆建成以后，黄能馥就回北京积极呼吁有关领导遵照周总理的遗愿，在北京筹建中国服饰艺术博物馆，以作为传播民族服装文化的窗口。为了给服饰博物馆陈列工作做好理论上的充分准备，黄能馥和妻子夜以继日地从事中国服饰艺术史的撰写工作。20世纪90年代，黄能馥完成了《中国美术全集·印染织绣》（上、下集）的编著，此书还在1993年首届国家图书奖评比中获"最高荣誉奖"。

接着，黄能馥与妻子合著的《中国服饰艺术源流》一书出版。原中央政治局委员胡乔木题写了书名。胡乔木在给黄能馥的信中说："接到来信，为你们著书的奋斗精神所感动，深致庆贺。沈（从文）先生九泉有知，亦当为尊夫妇新作成功含笑矣……"一年后，该书的姐妹篇《中国服装史》出版，它是黄能馥夫妻的又一力作。此书以人类文化学和考古科学的重要成果为依据，结合历代文史典籍的文献材料及有关的出土服饰实物，用历史唯物主义和辩证唯物主义的观点，全面系统地介绍了我国服装的起源及其发展演变过程。在1997年举办的全国服装类图书展评比会上，它荣获最佳图书奖第一名。

1998年，黄能馥夫妻合著的《中华文化通志·服饰志》一书出版发行，这是在陈娟娟因糖尿病住院、黄能馥在医院陪住的艰难条件下赶写出来的。出版后于次年获第四届国家图书奖荣誉奖。时过不久，他们合编的又一重要著作《中国历代装饰纹样大典》出版。同时，他们还合著出版了《中华历代服饰艺术》一书。

2002年底，正当黄能馥78岁高龄之时、陈娟娟住院病危之际，集他们夫妇近半个世纪所积资料之大成，历经七年艰辛创作的一部最重要的著作、国家重点科研出版项目之一《中国丝绸科技艺术七千

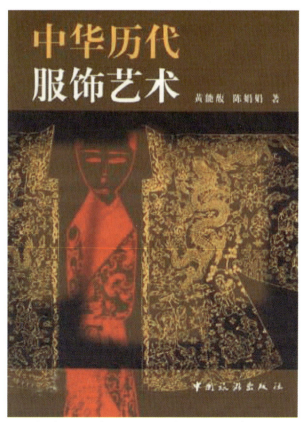

◆ 黄能馥和陈娟娟合著的《中华历代服饰艺术》

年——历代织绣珍品研究》终于出版。此书的成就巨大，也是多方面的，特别是中华上古时代的服饰和丝绸艺术，过去基本上无人做过系统的科学研究，该书却以大量丰富的考古材料，结合人类文化学关于人类起源和进化的历程，证实了中华上古服饰文化、丝绸艺术的光辉成就，使中国服装史、丝绸科技史的历程由5000年上推至7000年。在北京为该书举行高层次的出版座谈会上，各级专家学者对该书一致给予极高评价。《中国纺织报》以"不灭的激情，燃烧的生命——《中国丝绸科技艺术七千年》出版传奇"为题，详尽报道了该书的编著出版经过及其重大意义，刊出了沈从文、黄能馥、陈娟娟这三位"两代学者"的大幅照片。

2004年，黄能馥相继完成并出版《中国古衣冠》《中国古饰》《中国龙袍》《中国南京云锦》等著作。2006年后又编著了《中国成都蜀锦》《中国服饰通史》等。

2008年，黄能馥被中国美术家协会评为"中国卓有成就的美术史论家"。2010年后，他又相继编著《中华服饰七千年》《敦煌佛国 锦绣霓裳——敦煌莫高窟千年服饰时尚》等学术著作。

黄能馥虽已到耄耋之年，但他壮心不已，著述不辍，兼作绘画。他说将在适当的时候回义乌举办画展，以谢故乡人民的养育之恩。

不幸的是，2016年3月14日黄能馥因病逝世，享年92岁。

（骆斌）

画艺精湛黄吟笙

一生同美术相伴，与艺术大师潘天寿等关系甚密，并携手创办美术学校，还发起成立浙江省文联，筹建浙江省美术家协会，他便是义乌籍著名美术家黄吟笙。

黄吟笙（1893—1979），曾用名黄克钧，出生于稠城前大路朝阳村。20世纪20年代，他就读于刘海粟先生创办的上海美术专科学校，成为首届毕业生，先后在上海、四川、南京、杭州等地任多家报社的美术编辑，在多所学校担任过美术教师，曾担任上海南方画报社美术编辑。享年87岁。

黄吟笙拥有卓越的艺术天份和组织才能，同学中有当代著名美术大师潘天寿、林风眠等，三人一起曾创办过美术学校，并曾与潘天寿、林风眠、倪贻德等人一起共事。惜时局艰辛，在上海沦落为抗日孤岛后离开上海。新中国建立后，黄吟笙既是1954年浙江省文联的发起人之一，同时也是1956年浙江省美术家协会的筹建者之一，介绍了陈望斗、毛文璧（义乌人）加入省美术家协会。作为当时嘉兴地区画家中的代表人物，他与诸乐三、吴茀之、潘天寿、周昌谷等画家时相过从，切磋画艺。尤与潘天寿关系甚密，两人常以笔谈，曾获得潘天寿先生多张赠画。

黄吟笙的画作题材宽泛，常根据时代热点的变化进行创作，却又于笔墨意境中自成一格，淡泊宁静的性情融于笔尖墨迹之中，《中国美术家人名辞典》称其"中西画皆擅"。他时时强调：画家，特别是山水画家，必须去探索大自然神韵，去体味大千

◆ 黄吟笙先生和夫人陶瑞英。　　上世纪六十年代摄于浙江平湖

世界的变化节奏，从而悟到生命的不朽象征。在游雁荡山后创作的《合掌峰奇伟警人》借物寓意，求画外音，力求自出机杼。《古竹岭记逝》品格清新，浑厚间又具空灵飘逸之处，给人以强大的视觉冲击力，把大自然变幻的复杂层次和丰富感觉淋漓尽致地表现出来。

黄吟笙曾对学生说："做人要处处让人，画画却不能让人。要突出自己风格，体现自我个性。"当学生去当美术教师时，他对他们说："师古人和师造化是中国画的两个方面，不能偏废。师古人是学习基本功，只有基础扎实，再去师造化，才会有大的进步。"故许多学生服膺先生正直为人和深厚的作画功底，及精湛的评画水平。享誉中西艺术领域、成为中国画一方领军人物的中国美院中国画系副主任的李子侯即出自黄吟笙门下，成名之后仍常携自己的画作去登门求教，始终尊称黄吟笙为老师。

黄吟笙擅长中国画的笔法，无论是凝重、奔放、轻盈、粗犷，运笔之处均能描摹情态意趣，令画面跌宕百变，"从心所欲不逾矩"。他作画常预设腹稿，习惯在展纸后持笔凝神默想数分钟，待设想自然浮出脑海，即挥毫泼墨。因此常常是一笔下去，所画物象的形态、质感由之而生，阴阳向背立时显现，画面境界豁然开朗，而且无论结构造型上怎样的纵横参差，如何变化，终为一气呵成，出诸自然。

确实，黄吟笙能把对大自然的变化用心灵去感悟的过程，用笔墨记录下来，并用天真纯朴的笔墨去勾勒需要严肃思维的话题，让人看后而有所感悟或付之一笑。如《一心要丰产》，在迫人的掌岩间，三三两两的农民肩挑土肥，在峻峭的山路上跋涉，其深层次的意象应由各人自己去体味。另一幅《英雄越南》，整幅画面未出现一个人物，在伟岸的山岩和清澈的山溪下，数棵芭蕉在迎风摇曳，画面生动意境深幽，让人有一种勃勃向上之感。

因时代原因，黄吟笙一生坎坷。1942年前后为躲避日本侵华战争，他携夫人陶瑞英自"金嘉兴、银平湖"的地带逃至义乌。后于1946年作为教师随省立嘉兴师范（前身为省立第二师范，即后来的平湖师范学校）落户平湖。

他无亲生子女，故将其亲弟黄仙咏的长子黄沐过继为子。黄沐跟随学画时，曾获潘天寿先生面授，创作功底颇受其肯定。后进入部队文工团工作，随后接受组织安排，成为义乌一所学校的老师。不久又进入浙江日报社，担任浙江省文联秘书一职，参加了浙江省美协工作。

黄沐之女黄金（笔名黄今）因家学渊源，曾精研绘画，以此担任中国美术出版总社的编辑工作。同时也是中国首批动漫人之一，与被称为"中国原创故事漫画第一人"的颜开等漫画家为好友，并编著有动漫编剧类专业书籍，蜚声国内外。

（王曙光）

山水
稠绣

千年的大安寺塔，矗立在泱泱绣湖之畔，遥望着顺流奔腾的义乌江、绵延12.5公里的江滨绿廊……稠城自古山川秀丽，名胜及园林众多，美景山水虽无大险大拙，却独具厚朴之气，让无数中外游人醉于其中。

稠城之美，重要原因在于它有历史，有文化，能体味绵远深长的历史渊源，可感受心平气和的文化精神。那份关于山水的浓郁情结，是这里回归自然的栖居梦想。

美丽厚重义乌江

　　义乌江是义乌的母亲河，全长39.75公里，滔滔江水，一路奔流。

　　稠城段的义乌江，基本上属于老城区范围。从如今的金融商务区段到丹溪大桥止，全长约5.7公里。稠城街道与江东街道，以这段义乌江为分界线，西北岸属稠城，东南岸属江东。如今的这里，江边杨柳依依，风情万种；江水清澈，游鱼可见。

◆ 义乌江神韵。　　摄影/黄允宏

　　义乌江经过整治，两岸建起了江滨绿廊。北岸修建了主题公园、文化休憩园、商业文化园、花鸟世界园、义乌乐园等几个滨江公园。南岸的樱花园、乌越桂子园、香雪园、银岸草暖园等几个公园与之相对，更衬托了义乌江的妩媚。江两岸的高楼大厦、排屋别墅，以及香樟、广玉兰、桂花树、樱花、松树、棕榈等各种绿植，倒映在义乌江中，显示了这个城市的勃勃生机与无限活力。

　　这里，古风淳朴，历史悠久；文化灿烂，文气沛然；人口稠密，经济发达。古代的这一段义乌江，更是桅杆处处，船来船往。码头岸上，店铺毗邻，红灯高挂，人声喧哗。

一座座大桥，横卧在这段古老而又年轻的的母亲河上，像一条条畅通的大动脉，把整座城市激活起来。古代，这里有东江桥、中江桥、西江桥三座桥梁。如今，这些大桥经过重建，已经焕发出新的生机，并且添加了许多"兄弟姐妹"。宗泽大桥、宾王大桥、东江桥、篁园大桥、中江桥、南门大桥、丹溪大桥（西江桥）7座大桥横卧在义乌江上，平均700米一座，把义乌江两岸紧紧搂抱在一起。这些大桥，形态各异，有的如彩虹，有的像新月；有的"单刀赴会"，有的展翅双飞；有的朴实无华，有的雍容华贵……它们如一座桥梁博物馆，铺展在古老的义乌大地上。

让我们顺流而下，回望历史，感受这一份的厚重与宁静。

义驾山

宾王大桥北岸上下游地段，是古老的义驾山。这里，如今是繁华的商业区。高楼林立，商贸发达，老宾王市场带动了周边银行、酒店、娱乐场所、沿街商铺等的繁荣。历史上，这里是一个文化厚重的地方，一个诗意的江边村庄。

义驾山村旁有两座小山，东边小山至今犹存，矗立在义乌江边。西边小山已被推平，是现在老宾王市场的一部分。

义驾山以前不叫义驾山，老县志上都是叫魏驾山，而且与南宋第二代皇帝宋孝宗赵昚的次子、义乌派溪赵氏分宗之始祖魏惠宪王赵恺（1146—1180）有关。据《义乌派溪赵氏宗谱》记载，赵恺在乾道辛卯（1171）二月，被封为魏王，封地在婺州义乌。

史料记载，魏王赵恺非常平易近人，他"身虽出于富贵，性则无有骄矜，自父子、兄弟、王公、贵人以及宦官、宫妾之相处也，一以礼焉。"他在义乌的六七年间，闲暇之余，与王十朋、虞允文、范大成等讲书论史，用心治理封地。1180年，淳熙七年庚子二月十七，赵恺卒，葬于乌伤派溪之西山。所以村民把这个江边小村取名为魏驾山，清朝时改名魏家山，如今称为义驾山。

◆ 昔时义驾山，"十景"泛东江；今朝繁华地，人文更看好。　　摄影/吴贵明

　　这一带，江边风景秀丽，文人多有游玩。明朝时，曾任大理寺少卿的义乌龚大塘村人龚永吉，总结了这一带的"十景"："杨墩望日，魏家思云，放生采蔬，寺口栽松，福地种德，孝墓进贤，东江春泛，北浦晓行，青塘渔唱，白坞樵歌。"江域有孝子祠、福田禅寺等，可见古代这里确实是一个人文渊薮的地方。

沿江码头

　　在东江大桥到丹溪大桥段的北岸，如今是数公里长的江滨绿廊，分布着文化休憩园、花鸟世界园、义乌乐园等几个江滨公园。这里，绿树森森，灌木丛丛，草地茵茵。步行道、石凳、绿地小径、喷泉、灯柱景观、雕塑小品、假山等人造景观，与自然的山水形胜相结合，营造了一个人与自然和谐共处、放松身心的环境。

　　以前的义乌江边，可没有这般的宁静与安详。它是劳动人民谋生活的地方，外出谋生或回家歇息的中转站——渡口和码头的所在地。

　　义乌古代的码头，北江，集中分布在稠城、佛堂、倍磊等三个地段。城区段的主要码头，东江桥码头、盐埠头码头、西江桥码头，就分布在这里。

◆ 沿江老码头，曾经帆桨如织，挑夫盈途，一派繁忙景象。
20世纪50年代摄于义乌篁园盐埠头

上游的东江桥码头是枢纽码头，古时航运的分界线。东江桥下游可通民船至金华、兰溪、杭州，上溯则只能用竹筏运至廿三里、何宅、东阳、巅山。作为上下游的"分界线"和中转站，特殊的地理位置，决定了东江桥码头在城区三个码头中的特殊地位。

从南宋庆元三年（1197）至清光绪十九年（1893）的漫长岁月中，东江桥码头是最繁华的一个。在最鼎盛时，上起义驾山，下至篁园，沿江数里，江的两岸，泊有8舱（载重10吨）以下民船200多艘。作为义乌江重要的水陆商运码头，这里曾出现水上百舸争流、"白日千人拱手，入夜万盏明灯"的繁华景象。

因为是筏运船运的中转站，大量的物资在这里停靠。柴草、药材、土特产以及外地运进来的石灰、粮、布等等日常生活用品，堆得到处都是；由此衍生出来的服务行业，以及东江桥便利的交通而形成的人流，把这里挤成集市般热闹。

老人们回忆说，1949年以后，东江桥码头转运最多的是毛猪。上游东阳的毛猪用竹筏送到东江桥码头，每副筏放7个猪笼，每个笼放4只毛猪，送到东江桥头，交给义乌船户，集中起来，有一定数量时，再转送金华、兰溪等处，或者上火车出口香港。外地转运到东阳的大批货物，也由义乌船运到东江桥码头，存放在"过堂行"，再由竹筏运输到东阳各地。

浙赣铁路通车后，东江桥码头逐渐冷清。抗日时期，义乌沦陷前，由于陆上交通中断，东江桥码头又曾一度繁华。

依江而下，就是中江桥码头，即历史上的盐埠头了。

盐埠头，也叫下埠渡。今址约在中江桥和南门大桥之间。嘉庆《义乌县志》载："下埠渡，县南三里龙潭山下。旧有广益桥，后改为渡。"义乌江至此江面变阔，水流放缓，官盐和自流放运的木材、毛竹等均在此起岸，所以也把这个渡口称为盐埠头。

关于盐埠头的记忆，除了广益浮桥，大部分都随流水而逝，只留下空空的无奈。

盐埠头的下游，就是西江桥码头了，位置在如今的丹溪大桥下游。古时，西江桥码头是官船码头，专门停泊官家的船只。无论是文官还是武官，均在此蹬岸，然后坐轿到县衙。

民国后期，由于上游江道淤塞，河道渐渐南移，到解放前夕，民船已不能到达东江桥码头和盐埠头，西江桥码头便成了民船的起讫点。

西江桥码头，近代历史上，最著名的民船就是稠城青岩刘人经营的"美池快船"。由于"美池快船"牌子老，信誉好，客商都很信任它，由其进的货价钱也便宜些。当时稠城镇内不少杂货店都找"美池快船"进货，佛堂的客商有卖不动的货，也愿意找"美池快船"帮忙。

时间如江水，无情地冲刷着历史，也改造着历史。以前热闹的码头，如今却是一片宁静。

江上的桥

沿江而下的宗泽大桥、宾王大桥、东江桥、篁园大桥、中江桥、南门大桥、丹溪大桥（西江桥）等7座大桥，各有历史，各领风骚。

东江桥：是义乌江上"第一桥"，被列入了《中华名桥大观》，而且还是著名的"华川十景"之一。明崇祯年间，义乌知县熊人霖曾作诗赞叹："江桥东去海西涯，海曙江春转物华；著草初浓苍峨雾，凭阑闲绕赤城霞。村庄贴就栖双燕，驿使书来见一花；无限韶光随马首，散分雨露与桑麻。"

宋以前，这里曾有浮桥。南宋庆元三年（1197），知县薛扬祖开始用石料建桥，名为"薛公桥"。淳祐三年（1242）七月，天突然下起大雨，三天三夜都不停歇，水退了以后，只留下个残址。淳祐五年，知县赵园卿决定重建。桥修好后，他在桥中造了房子5楹，以作为观景之用，又立东西两门，在西岸造了房子两间，朱元龙等一群义人，在酒足饭饱之后，高兴地把这桥命名为"兴济桥"。明正统年间，东阳人卢孟涵倾巨资建成卷石洞桥，五年后又被洪水冲塌。明成化十七年（1481），直隶人齐溥任义乌知县。他在巡视义乌江时，正好看到江滩上有因渡水而溺亡的死者，伤感不已，第二天便召集工匠上山采石伐木，选最好的石头和木料造桥。建桥花费了银

◆ 恢弘东江桥，添色义乌江。　摄影/吴贵明

子25000两，谷子2800斛，并改桥名为"广济桥"。崇祯十三年（1640），知县熊人霖支持重建，桥修成后，每年春节在此迎春，改名"渡春桥"……

　　有文字记载，东江桥屡毁屡建大大小小有30次，小修小补无法计数。有16位知县为它募捐过，在外面的义乌老乡如宋尚书左司郎朱元龙、明侍郎吴百朋为它捐修过，大部分是老百姓、有钱人集资建造的。十次中有九次是被水冲走的，还有一次是被火烧毁的……"经历"之曲折，足以让人唏嘘不已。

时间进入20世纪，随着汽车的出现，用石头造的东江桥已不适合现代工具的通行。1932年，该桥拆去桥墩以上的部分，利用原来的桥墩（墩身为三合土填心，墩石每层接缝处均以铁榫钳之），上架以梁，每跨用高1.55米间距1.5米的4片贝雷钢架为梁，上面再铺以条石，改造成为新桥，可以通行汽车。2012年10月，东江桥再次拆掉重建，一座双向8车道、南北两幅的钢筋水泥箱梁大桥横跨江两岸。它长180米，分两幅，每幅宽22米，分别建有2.5米宽的非机动车道和行人道，投资约7500万元。至此，真正变"通途"了。

　　中江桥：明朝的时候叫广益桥，桥址约在现址下游115米处。此处是个交通要道，还是一重要的渡口，是码头所在地，码头名叫盐埠头。

　　明朝时，有一次，乡绅龚来时在岸上亲眼看到一只渡船在江心倾覆，淹死了30多人。看到这悲惨的情景，他忍不住伤心落泪，倾其家产捐献造桥。明万历七年（1579），有16艘浮船及13节木桥板组成的浮桥建成。中江浮桥的历史就是从这时开始的。

　　后来，该桥又被冲垮，于是，万历十一年，知县俞士章又下令龚来时再造浮桥。在修石墩时，龚来时没日没夜地站在水中，亲临一线指挥。在水中站久了，他的小腿浮肿起来，到工程竣工时，两腿已烂得非常厉害，连抬也抬不起来。

◆ 中江桥新貌。　　摄影/吴贵明

　　新中国成立后，桥梁建设进入新阶段。1982年12月，义乌县政府拨款5万元，当地单位群众捐助3.08万元，开始动工兴建水泥桥。1984年5月1日，桥建成，还利用建桥剩余资金在桥南端东岸建了一座临水阁。2005年4月，在原桥上游15米处又开工建设新桥，桥宽17.5米，长194.7米。它北接下车门路口、江滨路，南连龚大塘村至江东南路，总投资1080万元，2006年10月22日正式通车。

　　西江桥：崇祯十一年，出身于书香门第的熊人霖来义乌当知县。他到任后，了解群众心声，下决心在县西造一座桥，地址选在今经发大桥的下游、塔下水轮泵站稍上游的位置。他造西江桥的目的非常明确，就是要保义乌风调雨顺。

◆ 西江桥掠影。　摄影/金福根　2002年摄于丹溪路与江滨路口

　　于是，熊人霖捐出自己全部的俸禄，造了西江桥。桥建成后，又在江北迁建"文昌阁"以镇之，营建普度禅林寺庙以守护之。修桥又护桥，可谓考虑深远。也许是上天被熊人霖的精神所感动，这年秋试，义乌竟然"一榜三魁"，三个人在殿试中被选中。

西江桥修得很高，下面可通五丈高的船舶。桥上修了楼阁，桥两头造了亭子。因该桥位于县城西南，故名西江桥。

西江桥落成时，熊人霖异常高兴，邀请当时的知名人士、乡绅、普通百姓，举行了盛大的游桥仪式。游桥时，他诗兴大发，当场写下《桥成即事诗》一首：

稠水西来合绣津，鸡鸣山翠拥城闉。

楼开鹳鹊风光丽，桥卷虹霓气色新。

凭槛椅桐销永夏，隔江梅柳渡阳春。

臣心只有清如水，若济今谁帝赉身。

过了几十年，该桥慢慢废了。清乾隆十七年，时任知县赵宏信看到西江桥遗址，很想把它复原，可苦于当时饥荒严重、社会不太安定，实在无力来关注此事。乾隆二十一年（1756），徐村供店村的吴周士，心怀善念，担负起了社会责任。他捐助田地100余亩，利用原桥墩，建新桥墩，购买材料，纠集民工，修复了西江浮桥。乾隆二十二年冬该桥竣工，花银2000多两，改名为"吴西江桥"。乾隆四十五年（1780），

◆ 鸡鸣山翠拥城闉，"丹溪大桥"气象新。 摄影/金福根

"吴西江桥"再次被水冲毁。吴周士的儿子吴联壁、吴联瑜再次重建，乾隆四十九年竣工。后来复名"西江桥"。

1937年，西江桥桥址上移，迁至西江桥村东侧（现已拆除）。1942年，日军侵犯义乌，桥船被敌劫掠。1947年3月，用渡船接济。1948年浮桥恢复。

1969年9月21日，公路桥开工，桥址再次上移，1970年12月竣工。2002年11月，义乌市人民政府在旧址处建设一座大桥。当时义乌江上游已有义乌名人命名的"宾王大桥""宗泽大桥"等，经过文化部门专家多方协商，将此新造的桥命名为"丹溪大桥"。

除了这几座大桥，其他大桥都是新建的。宗泽大桥、宾王大桥以义乌先贤宗泽、骆宾王的名字命名；篁园大桥因在原篁园村边，故称篁园大桥；南门大桥处在南门街上而得名。这些大桥，如一只只巨手，把义乌的江北和江东紧紧地搂抱在一起，真正做到了"一家亲"。

（朱庆平）

潋滟文澜说绣川

自古以来，绣湖和大安寺塔一直为义乌人所骄傲。时下，当你步入风景旖旎的绣湖公园，眺望绣湖之畔的千年古塔，看到的是一种振奋和祥和。

绣湖之于义乌，相当于西湖之于杭州。绣湖宋时已有，旧时称绣川，湖景佳丽，宋元时期即为游赏之地，文人墨客留下诸多吟咏诗句。宋时有廿四景，元明有"绣湖八景"之称，其中，"烟寺晓钟""柳洲画舫"即为八景之二。绣湖水面浩渺，明初宋濂《义乌重浚绣川湖碑记》及万历《义乌县志》称"周围九里三十步"，至清嘉庆时仍有湖面1300亩。至民国以后，因围垦、填淤、筑路等原因，湖面渐趋缩小。

南宋淳熙六年（1179），爱国诗人陆游（1125—1210）在入闽赴任途中，过义乌绣湖，赋《题绣川驿》一首：

绣川池阁记曾游，落日栏边特地愁。

白首即今行万里，淡烟依旧送孤舟。

归心久负鲈鱼鲙，春色初回杜若洲。

今买一蓑来钓鱼，凭谁先为谢沙鸥。

绍兴二年（1132），陆游曾随父寓居东阳安文（今磐安县安文镇）三年，常来东阳、义乌、金华一带交游做客。在他的心目中，义乌、东阳也算是孩提时代的旧梦，温馨而质朴，时时萦绕于胸。

民间自古有"绣湖清，出状元"的说法。宋咸淳十年（1274），绣湖清，是年邑士王龙泽魁春榜。王龙泽乃义乌历史上唯一的状元。

对绣湖的开浚，始于宋大观三年（1109）。此后，历代出于水利的考虑，建斗闸，固堤防，架石桥，浚淮塞，不乏其人。自宋迄清，绣湖前后共浚治15次，非但可节水、灌溉，还成为游览之胜。

◆ 湖塔相连，万家和谐，是人们对故园的精神守望。　　摄影/李永

宋绍兴十三年（1143），知县董燿请湖为放生池，禁采捕，率民治湖灌田如旧。明时开禁，绣湖上船只往来穿梭其中。绣湖滨有湖塘市和上市两处市口。渔市就在绣湖边的新亭内外，渔船泊近亭，渔民们将刚捕获的鲤鱼、鲜虾用柳枝穿成串，密密地插在新亭外叫卖。

宋代起，名门望族、文人雅士们争相在绣湖边构筑亭榭，建造别业。宋绍兴十二年左右，县丞沈直方还建有慈和堂、简静堂、湖山第一台、净照关、晚照亭，均在县西150步绣湖滨，可谓绣湖滨的一处别墅。

宋庆元二年（1196），南宋状元、永康学派代表陈亮四子陈涣曾往来于绣湖之滨，见碧波万顷，诸山环绕，喟然叹曰："美哉斯地，诚山川秀气之所钟也，吾其居之。"遂由永康龙窟迁来义乌之上市街居住，为义乌西门陈氏始祖。

绣湖名称首次出现在国史中是在元代，义乌人黄溍"久之，始得谢南还，优游田里间，凡七年，卒于绣湖之私第，年八十一"。

明初，王祎在绣湖南滨建读书楼"华川书舍"，宋濂为之记。

绣湖滨还曾有众多的桥和亭。画桥至迟建于南宋末年。嘉靖十二年（1533），训导罗傅岩率诸生倩工筑湖之北岸，因徙画桥为新桥。崇祯七年（1634），县令许直新葺学宫门，在学宫前侧建文昌阁以崇文，复于湖堤中架石为桥，名文昌桥，再现丹楼画桥之胜。崇祯十三年（1640）时，绣湖南有会景亭、清旷亭、撷芳亭，北有清胜亭、绣光亭。绣湖旁有绿云亭、丛玉亭、素香亭、悟真轩、双柏轩等。

绣湖的灵气，滋养着古往今来的才人学子；从书院、学校中传出的弦诵之声，正是学子们寻梦的开始。元朝末年，王祎在绣湖畔兴办华川书院。明正德十三年（1518），绣湖书院在绣湖郑公墩位置（今绣湖小学大门外南侧）建成，后毁。崇祯十一年（1638），知县熊人霖立九社，绣湖社学为其一。清乾隆二十九年（1764），福建人何子祥捐赀重建绣湖书院。乾隆四十年（1775）又重建，后经屡次重修扩建，内设试院和文昌宫等。

光绪三十年（1904）三月，久负盛名的绣湖书院改为义乌官立绣湖高等小学堂，由稠城人陈榥的父亲陈玉梁倡议开办，首任校长陈都（稠城西门人）。据王卓林先生回忆，绣湖书院有首校歌"稠山赫赫，绣水洋洋，忠孝驿泽长……"，曾声名远扬。

1912年，义乌官立绣湖高等小学堂改称义乌县立第一高等小学校。次年，由西门陈姓人士在诚宇公祠创办私立绣川国民学校（后先后改称义乌县立绣湖小学、稠城镇中心小学、稠城镇中心国民学校，及义乌县稠城镇中心学校），也即为今义乌稠城第一小学和绣湖小学的前身。

尔后，绣湖之畔的学校纷纷落成，成为培养俊才奇秀的摇篮。如1926年创办的之江小学，次年建起的义乌县立初级中学（1953年改名为义乌中学）。1938年11月迁址到义乌绣湖滨的上海私立君毅中学义乌分校（后更名为义乌私立中国中学），成为义乌县最早的完全小学。

绣湖，在义乌人的心目中，已不仅仅是一个可供游乐的美好去处，更重要的是，它已成为人们心中象征对美好生活的渴望和追求的精神家园。作为义乌城市的标志性景观、浙江省级文物保护单位，大安寺塔也同样成为人们邀祥纳福、凝文聚气、钟灵毓秀的神圣古塔，每日前来观瞻者络绎不绝，它见证了义乌古老的历史文明和城市变迁。

宋大观三年（1109），知县徐秉哲筑堤以通往来，即柳洲造塔建寺。宋元以后，烟寺晓钟遂为绣湖一景。

大安寺塔原处绣湖柳洲，在湖心小岛上。大安教寺旧为尼寺，名普安，在县东北150步（约250米）。唐咸通八年（867）建，宋治平年间赐额。"（宋）大观三年（1109），徐秉哲改为僧寺，徙至今所，有塔五级。"

据记载，大观四年，施主吴圭（1068—1121，字彦成）出资，建造砖塔5级。该塔位于大雄宝殿之后，法堂之前，塔院西侧。"县作浮图（屠）绣川湖中，以奉双林大士，又作神宵玉清万寿宫"，可见吴圭建塔基本属实，当初的塔为供奉双林傅大士的佛塔。

北宋宣和初年，方腊起义部队大举攻占婺州六县，义乌县城也遭沦陷，所到之处，民宅、衙署、寺观俱毁。宣和三年（1121），吴圭被起义兵杀害，雄踞县城中的大安寺塔很有可能曾一度被毁。换言之，保存至今的大安寺塔应为大观四年初建，乾道六年（1170）由吴氏后人王氏主持重修之塔。

明永乐十四年（1416），大安寺塔因年代湮远，未加修葺，出现砖石局部崩塌、椽木朽烂、腰檐栏杆断折等严重残损。家住绣湖南面的邑人陈永诚，倡导子孙侄辈倾家赀重修大安寺塔，以恢复古塔旧貌。

清康熙十六年（1677），知县辛国隆捐葺，僧永明募址，在大安教寺旧址建大殿、大悲阁、香积厨祠等。乾隆年间，大安寺塔为龚姓人所管业。

光绪二十一年（1895），杭州中华基督教（长老会）指派美籍传教士赫显理牧师和项耀福（浦江人）来稠城东门办布道所。龚氏子孙将寺产私售给长老会教堂。大约在民国时，寺毁。邑人陈玉梁力主具牒，争寺址，终获赎还。

20世纪初，大安寺塔塔刹倾圮。1927年，义乌县商会在绣湖东原大安寺旧址建造楼房8间，作为办公场所。

抗战时期，大安寺已无人管理，只剩一口重约300千克的铁钟，铸造于清道光十四年（1834），还存放于南门龚大宗祠内。

大安寺塔现仅存塔身五层。该塔系六面五层楼阁式砖木构塔，原高约34米，现残高23.42米，塔座直径6.82米。塔砖有模印"庚寅岁建"阳文楷书铭文，为判断该塔修建年代提供了依据。大安寺塔为义乌市现存最早的砖木结构宋塔。

可喜的是，2002年，市政府对绣湖实施全面改造，新建了绣湖公园，接着还邀请到国内知名古建筑专家罗哲文对古塔设计方案论证，对大安寺塔进行全面修缮。尤其是改革开放的今天，文人墨客对这一首批地名文化遗产纷纷吟诗作赋，讴歌时代和人民，极大地丰富了美丽绣湖、千年古塔的人文景观和文化内涵。

在绣湖广场入口处，全国政协原副主席叶选平题写的"绣湖广场"石刻煜煜生辉，中国书协副主席、著名书法家李铎和周慧珺题写的"绣湖""绣湖公园"十分醒目。一刈对清新隽永、赞美家乡的楹联诗句，气势恢宏，诗情画意，刻印卜新的义乌历史记忆，真实反映了开放、包容、和谐的义乌新貌。

（黄美燕）

处处园林有雅情

每当晨曦初现，或夜幕降临，偌大的绣湖公园花木掩映，湖光塔影，阁廊潋滟，人群熙攘，可谓"湖畔莺花桥上月，楼头烟雨柳边舟"……作为"浙江省园林城市""国家园林城市"，义乌的园林绿化管养水平逐年提升，山水园林、寺庙园林、公共园林、纪念性园林有机融合，一幅"春花、夏荫、秋色、冬姿"的华美画卷已在广袤大地徐徐展开。

义乌历史上山水园林和寺庙园林颇具规模。《金华府志》载："稠之山峙于西北，山环矗而邃，泉疏而清，平湖十里，涵碧澄酥，右擅湖光，左带江流，襟溪带湖，青岩黄檗，诸山环列于前后，山明川秀，清淑之气不亚于他邑。"20世纪80年代起，许多山水自然风光陆续开发为观光、朝拜、休闲之胜地。

1988年至2016年，义乌先后建成一批园林绿化工程，如坐落于稠城地域的绣湖、孝子祠（原为宾王）等休闲广场，鸡鸣山、江滨绿廊、词林、曲苑、雪峰等城市公园，单位庭院绿化、居住区绿化、道路绿化、防护绿化、立体绿化等多种绿化形式组成的绿化网络也快速发展。至2015年底，以稠城为中心的新城区有各类大小公园43个。城区园林绿化面积4202万平方米，园林绿地面积3687万平方米，绿地率35.8%，绿化覆盖率40.8%，人均拥有公共绿化面积12.6平方米。

◆ 风景殊胜的园林，总让人那么留恋和怀想。　摄影/吴贵明

曾记得，义乌历史上有许多名人先贤与山水园林结下不解之缘。山因人而彰，因文而传，义乌山水园林的物质性构建和精神性构建都蕴含丰富的文化内涵。近代，秉承先祖遗风，挖掘传统文化，稠城地界许多景点、景区陆续得以修整和提升，尤其注重对山水的梳理，以体现其特有的自然风貌。

公共园林建设始于宋，明清有"绣湖八景"。民国十六年（1927）在绣湖边建有中山公园（日军侵华、义乌沦陷时毁）。

1949年后尤其改革开放以来，公共园林随着城市建设的兴替更迭，推陈出新，破旧立新，新面貌新故事层出不穷，而稠城的每一个瞬间，都汇聚成了义乌的城市印记。

1987年稠州公园顺利建成。1992年起，骆宾王公园、孝子祠公园、江滨公园陆续开始建设。1996年，位于义乌江滨北岸的第一个公园——商业文化园开工，随后公园、绿地从江北跨向江南，从稠城延伸到江东、北苑。2001年，义乌兴建体现民族传统文化的绣湖公园。2003年，市政府投巨资建设江滨主题公园一期、秦塘公园、胜利公园等一批公园绿地。2004年，又增建主题公园二期、江滨绿廊一公园、二公园等。

另一方面，稠城通过已建公园改造，增加文化内涵。如江滨商业文化园突显商业文化主题；孝子祠公园加强广场孝文化建设。至2015年底，义乌共有广场2个，公园（包括纪念性公园）41个，总占地532.7万平方米。其中坐落于稠城街道的公园就有17座。

值得大书一笔的是公共园林的代表——绣湖广场和绣湖公园。1999年，义乌市启动旧城改造暨绣湖广场工程，2002年工程全面竣工。绣湖广场北靠市政府大院，西接绣湖公园，南邻城中中路，占地8.7万平方米，其中绿地面积5.3万平方米，廊柱、喷泉、音乐、旷地、绿草坪掩映在红花绿树之间，园林特色十分鲜明，是目前义乌占地面积最大、功能设施最齐全的中心绿地广场。

而曾经湮没于历史云烟的绣湖，如今也已重展其辉煌灿烂。它采用江南造园手法，将山、水和亭、廊、榭、舫、台、阁、楼、塔等组合成集自然景观和人文景观于一体的江南风景园林。公园由园林建筑、园林小品、绣湖环境绿化等构成，园内初步恢复了明清时期的"绣湖八景"，整个公园绿地高低起伏，错落有致，公共绿化面积达到了4.5万平方米，再现了绣湖"白水青山图画里，淡烟疏雨夕阳西。芙蓉濯濯斜临岸，杨柳依依密护堤"以及"夕阳遥映驿楼明，景缀丹青画不成"的美妙景色。

纪念性园林则以骆宾王公园、孝子祠公园、长城公园等为代表，建造此类公园旨在进一步弘扬义乌精神，缅怀先贤的丰功伟绩。

近年来，义乌以全国文明城市创建、国家森林城市创建、国家园林城市复评、举办义乌国际马拉松赛等重大活动为契机，全面推进城市园林绿化建设，不断提升景观效果，为义乌这个魅力城市锦上添花。

熙熙攘攘的城市，每个人每天都走着自己的路，上演着属于自己的故事。而义乌这座城市的诗画园林，为你的路多了些许柔软，为你的故事添了很多精彩。

（王曙光）

城市雕塑添神韵

每个来过义乌的外地朋友说起义乌，说起义乌印象，都不约而同提到义乌城区的城市雕塑，惊叹这个城市的雕塑之多，特色之鲜明，赞美这个城市的人文环境。

确实，今天的义乌人是幸运的。义乌喜乘改革开放春风，得益于先发优势，有着全世界最大的小商品批发市场，通达于东西方的丝绸之路再度崛起，当之无愧地成为现代丝路新起点。这样一个商业氛围浓郁、物质文明发达的城市，精神文明建设一样比翼双飞，这是与义乌这座文化古城深沉的文化积淀、丰厚的文化底蕴分不开的。

2001年3月，篁园路和城中路交叉路口处的望江楼街头绿地，一座以"鸡毛换糖"起步发展成为中国小商品城艰辛历程为主题的城市雕塑——《拨浪鼓的故事》揭幕，市民纷纷前往观赏。这是义乌第一座标志性的城市雕塑，系铜铸，高2.2米，主题为一壮年农民手摇拨浪鼓，肩挑货郎担，走村串户，风餐露宿的形象。它不仅真实再现了20世纪中叶义乌农民以"鸡毛换糖"为生，以及小商品市场萌芽的生活状态，更体现了义乌人民吃苦耐劳、勇于创新的精神品质。

◆ 闻鸡起舞。　摄影/李永

随着经济的发展，义乌的城市雕塑如雨后春笋般涌现，从稠城街道的园林、广场、花坛、林荫道，或者园林山坡、草地、池畔或水面，星罗棋布，层出不穷，题材多取自义乌源远流长的人文故事，或为融趣味性、教育性、寓意性于一体的艺术品，材质迥异，风格各异。

2000年江滨绿廊银岸草暖园设置了3座装饰性雕塑；2001年江滨绿廊香雪报春园、樱花园、棕榈岛设置了4座人物雕塑、2座动物石刻雕塑；2002年江滨绿廊商业文化园、南门街等绿地矗立起6座以不锈钢彩喷为主的装饰性雕塑。此外，宾王广场和江滨绿廊乌越桂子园、香雪报春园、银岸草暖园相继落成5座以上的铸铜写实雕塑。作品虚实结合，内涵丰富，风格各异，颇具情趣。如坐落于南门小广场的不锈钢雕塑《金鹁鸪》（2002年由中国美院西湖艺苑制作），高6米，三只金色的"鹁鸪鸟"形成一个整体，这不由令人想起义乌那句流传深广的谚语"金鹁鸪，银鹁鸪，飞来飞去飞义乌"。它不仅讴歌了美好家乡通过诚信包容品质引来八方客，还象征着改革开放后"勤耕好学、刚正勇为"的义乌人民通过团结拼搏，把家乡建设成为国际性商贸城市的美好现实。

有人说，雕塑是城市的一个细节，是城市的一张名片，它雕琢出了历史与文化，人心与情怀，以及一个城市的过去与未来。诚哉斯言！义乌有深厚的文化底蕴、秀美的城市风貌，那么，拥有一批具有传世意义的城市雕塑作品，是必要的，是可行的，也是现在进行时。

其实，义乌境内城市雕塑落成最早的，是位于稠州公园内义乌历史上6位名人的纪念性雕塑，它建成于1987年。骆宾王、朱丹溪、宗泽、陈望道、冯雪峰、吴晗6位义乌古今名人，或立或坐，栩栩如生。雕塑用汉白玉大理石雕凿而成，高1.8米至2.45米不等，基座均为0.8米。1988年在篁园小商品市场西门建造的《拨浪鼓女神》雕塑，浓缩了一个个波澜壮阔的改革时代，折射出了精彩的中国奇迹，如今已成了义乌人的商业图腾。

令人欣喜的是，位于福田街道的福田湿地公园（义乌国际雕塑公园）又于2016年4月建成，园内除了醉人的自然风光，湖畔40座崭新的雕塑特别吸人眼球，这些雕塑

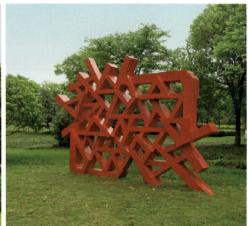

◆ 城雕一角。　摄影/吴贵明

有的前卫时尚，有的简单抽象，引人深思。这些雕塑作品由中国雕塑艺术家和"义新欧"沿线8个国家的杰出艺术家创作，作品内容涉及古今中外，融合了历史、现代元素，多件作品包含了义乌元素。风格各异、内涵丰富的雕塑一落户义乌，立刻引起轰动，公园也随之成为了城市文化新地标之一。

另外，坐落于稠城街道的《闻鸡起舞》《问茶》《晨趣》《和谐》《神骏凌云》等雕塑作品，科幻的、卡通的、写意的、怀古的，奇思妙想，个性突出，造型别致，风格各异，无不精美绝伦，巧夺天工，令人叹为观止。难怪来过义乌看过义乌的人，印象如此深刻难忘。身在义乌，真会让人无比庆幸，也无比自豪。雕塑的阳刚之美，和着人流、车流、霓虹幻彩，动态和静态的美，那么和谐，一幅现代化文化城市的画卷，正徐徐铺展开来。

（王曙光）

骆家塘岸诗墨浓

"鹅，鹅，鹅，曲项向天歌。白毛浮绿水，红掌拨清波。"这首骆宾王七岁时写的《咏鹅》一诗，可谓家喻户晓，妇孺皆知。作为初唐四杰之一的骆宾王是义乌古代文化名人，他的高风亮节，瑰材卓行，以及留下的优秀文化遗产，一直激励、鞭策、滋育着义乌大批的后来人。因而以骆宾王命名的骆宾王公园和骆宾王墓（廿三里丁店村枫塘古墓）也成为人们瞻仰和关注的目标。

骆宾王公园，位于义乌城中中路48号，据考是当年骆宾王祖居地咏鹅的骆家塘遗址。该园建造于20世纪90年代初，系当时浙江省内惟一的仿唐历史文化公园。

进入公园，瞬间被浓浓的文化气息包围。棕色的大门上一副对联熠熠生辉，系义乌籍书法家金鉴才所书，左联为"故乡眇千里自有林泉堪隐栖"，右联是"意气溢三军当时门客今何在"，让人心念一闪，顿生乡愁之慨。跨进大门，一幅大型的仿唐牌坊照壁映入眼帘，照壁上用浮雕形式形象地展现了骆宾王《咏鹅》诗的人物故事，颇具童趣。

骆宾王（约640—？），字观光，婺州义乌人，唐代文学家，与王勃、杨炯、卢照邻一起被誉为"初唐四杰"。他出身名门望族，早在东汉末年和三国时期，骆氏一门祖孙三代骆俊、骆统、骆秀，皆为著名的文臣武将和志行高洁的俊士。骆宾王自幼资质聪慧，在父亲骆履元的教诲下，立言明志，发奋读书。他生活道路坎坷，从就读齐鲁、出仕，到数度遭遇贬斥、中期隐居，一直到从军边陲、诬赃下狱，直至最后参加扬州起兵，写下激情四射的讨武檄文，兵败不知所终，其命运遭遇，为世人所唏嘘不已。

骆宾王公园，就是以骆宾王的生活经历为素材，以自然景观为主体，由"劲节虚怀""义归风雅""风潇水寒""白云精舍"和"云林幽居"等几大景区组成，展现了这位杰出诗人才华横溢、品质高洁、仕途坎坷、命运悲壮的一生。

穿行于柳下，即是咏鹅湖。湖中碧波荡漾，数只白鹅在水中拨波嬉戏。沿湖而行，便见骆宾王纪念馆。这座纪念馆由骆氏宗亲会捐款20万元所建，馆名由著名作家李准题写。正厅是关于骆宾王生平介绍的展板。纪念馆正堂中心矗立着高大的骆宾王塑像，高2.4米，为铜铸坐像。塑像上方的横匾"一代文宗"夺人眼目，门柱上的对联写着："笔凛董狐六尺固，椎惊博浪五龙骧。"诗出自明末的兵部尚书兼东阁大学士、东阳人张国维颂扬骆宾王的《谒骆文忠公祠》。

据载，明末吴三桂引清兵入关后，福王朱由崧在南京即位。在张国维的表荐下，朱由崧封骆宾王为"文忠公"，表彰其匡扶唐室的忠义志节，以维护自身的统治地位。张国维则为骆宾王写了《唐文忠公碑文》，以及律诗二首，楹联两副。碑文对骆宾王的扬州檄文大加褒扬，认为中宗复辟之功皆由檄出。事实上，作为被讨伐被辱骂的武则天，看了骆宾王的檄文也是赞赏有加，十分惋惜这么好的人才没有得到重用，责怪宰相用人之失。由此可见历史上对骆宾王的推崇程度。

从照壁旁的门洞走进，颇有曲径通幽之感。透过月亮门，可见后面的湖水和骆家亭、咏鹅亭、池塘、白鹅……那典雅的亭水相依，清静的花木相映，舒坦的微风清澜，次第迎人，充满诗情画意，安静又高贵地透出一股书卷气息。

骆宾王公园的园名分别由浙江省人大副主任毛光烈（曾任义乌市市长）和浙江省书法家协会原主席朱关田题写。院子两侧的碑廊亦十分珍贵，它镶嵌着历代名人对骆宾王颂扬文字的书法碑刻，行、草、楷、隶，不一而足，人们在享受骆宾王精妙诗文的同时，还带来视觉上的艺术享受。

骆宾王公园，虽是一方小小的园地，然公园内外成了两个世界。公园外是喧闹的

◆ 曲径通幽，亭亭伫立，总忘不了神童当年的诗意和幽思。　　摄影／吴贵明

现代都市，车水马龙，人流如织，呈现繁华与便利、成熟与时尚；而园内则是亭榭错落，回廊曲折，花香鸟语，林木葱茏，闹中取静，守护一份纯粹与自然的古韵。随着义乌旧城区新一轮有机更新工作如火如荼地进行，骆宾王公园将进行系统性的扩建，整体风格将与老公园一脉相承，并与地方特色文化建设全面融合，"书香公园"呼之欲出。扩建完成后，公园面积将由原来的2.5万平方米增加到6.2万平方米，还将计划建起24小时书屋，把历史和文化精髓融合，进一步提升主城区的景观水平。

（王曙光）

稠州公园揽秀色

义乌古邑名曾为稠州，取境内有名的稠山之山峦稠叠之意。将一个公园名字命名为稠州，颇有俯瞰乌伤、舍我其谁的味道。

稠州公园位于稠州中路221号，占地约4万平方米，人工湖面积占其五分之一。它始建于1987年，由原保联村农民集资建设，系义乌市内第一个公园。它还是一座以传统江南园林造园手法为主的公园，以水体为中心、绿化为主体，假山庭院、亭台楼阁等园林建筑小品错落点缀其中，还建有大型猛兽区，新建大型游乐设施，别具趣味。

稠城街道东南濒义乌江，其余三面为黄土丘陵，古称黄蘗山余脉。原保联村离蜿蜒曲折的义乌江右岸不远，系"镇南平原"，村里主要种有稻田菜地，小有名气。尤为改革开放以来，该村农民依托义乌市场和诸多专业街，经济得到快速发展。据记载，当时曾在"文革"带领农民外出打工、被定为"黑包工头"的村民孙荣福，在县委、县政府领导班子的支持下，放开手脚承包凤凰山，办起了农工商公司。后来，他用勤劳所积累的四五百万元投资建造了"稠州公园"，并将它无偿赠给了保联村。（载自《鸡毛飞天》之《忆义乌小商品市场的兴起》113页，浙江人民出版社2015年版，谢高华口述）。

　　时光荏苒，稠州大地依然春意盎然，岁月如歌。迈入稠州公园大门，迎面便是错落的假山湖石，隔石可见一面绿绸般的湖水徐徐展开。水上憩着小船，泛舟湖上，折折柳枝，听听蝉鸣，甚为惬意。隔湖可见水上楼榭，朱栏黑瓦，飞檐巧挑一片蓝天。风来有意，撩拨池鱼相嬉戏；云影无心，只顾湖面读悠闲。忽有摇橹声声，真有"欸乃一声山水绿"的诗意。

　　湖山与楼阁，是园林中最相谐的。隔湖远望，柳丝半遮，如帘隔着，隐约间，朱色楼阁的花窗青瓦渐入山树深浅中，便有仙阁琼宇的丰姿了。寻访的路不远，走过石子小路，绕过牵衣挂袖的老树，转过一个拐角便到。明末造园家计成所著《园冶》有"阁，四阿开牖"之谓，眼前正是古色古香的楼阁，四面木棂嵌玻璃的小轩窗，推窗临水，正对小湖。黑匾题额——"望湖阁"，阁名真是妙出心造。

◆ 公园取名稠州，颇有俯瞰乌伤、舍我其谁之味道。
　　摄影/金福根　1999年摄于稠城

公园分为儿童游乐、闲静小憩、名人纪念、歌舞娱乐四区，沿湖面而设。较有特色的是名人纪念区，此处耸立着六尊汉白玉塑像，分别是骆宾王、宗泽、朱丹溪、陈望道、冯雪峰、吴晗六位文化名人。义乌人杰地灵，才人辈出。这些如雷贯耳的名字，化作生动的影像，或峨冠博带，或盔甲战袍，或正襟危坐，或持书吟哦，在此地徜徉，仿佛能思接千载。

园中另辟了一小园，是闲静小憩的区域。静坐石几上，看石子小路上的苔色渐生，观八角荷池，览月洞小门镶嵌在起伏的山墙上，然后目光转向覆着的黄色琉璃瓦，它像一条小龙，将小园子与湖泊隔断。荷池用的是石栏杆，荷叶攒动时，俯石栏看荷花，数几只蜻蜓立了小荷，可以忆起一些古诗词。

而风浪桥四面环树，山石耸峙，晴日无风，雨日无浪，风浪桥可谓"浪得虚名"。桥是石拱桥，圆拱如月与水倒影相映照，遍体的斑苔格外清凉。摸着石栏上的小石狮子，三五个台阶，几步就能上到桥顶。桥顶为石板拼接，不镂纹饰，反而有天然去雕饰的效果。站桥上看风景，看亭台之下的美人靠，倒映着碧波。如果是月夜，如果添上几双人影，更是要感叹不知今夕何夕了。

稠州公园花木众多，它们将园子的空地密密遮蔽，远看蓬勃生机一片。春有梅花、玉兰、海棠，夏有荷花、紫薇，秋则红枫、桂花当令，冬可赏腊梅与山茶。公园里照例有一些水上项目与动物园，这里的规模虽不大，却也不失为一个儿童们游玩的好地方。动物园在假山群的边上，如此，也算让动物们返归自然。"太空漫步"是比较有趣的，只在一个漫字，就将悠闲的样子点了出来。环湖而设的轨道，在半空中架着。时而穿柳，时而过水，人坐于其上，可以任意一个角度俯瞰下面的风景。轨道缓缓，在公园里四处行走。没有过山车的刺激，但正适合一个宁静的公园。

公园隔着围墙数步之遥是稠州戏曲大舞台。傍晚或夜里，常有不同的戏剧精彩折子戏在此演出。它常常引来许多游人驻足观看。在月朗星稀的夜晚，戏声咿呀，轻轻飘过树林，飘过影影绰绰的亭角水榭，为清幽的稠州公园添了不少意趣。

（卢圣爱）

孝子祠里阅人文

　　孝子祠公园西靠城中北路，南与市博物馆相望。公园为纪念颜乌孝行而立，主题便是"孝"字，是一座具有深厚底蕴的历史文化公园。

　　公园的前身为孝子祠遗址，古有孝子祠及颜乌父子墓。据记载，北宋大观四年（1110），义乌知县徐秉哲建亭在其侧，"后毁于寇，岁久莫知墓所向"。南宋绍兴十五年（1145），知县黄衮"命阴阳家正定，立石表之"。南宋乾道二年（1166），知县林元仲返此所侵地，修其茔域。南宋淳佑元年（1241），重修孝子祠、孝子墓。之后的重建重修不曾间断。

　　"文革"期间，建于明弘治年间的"孝德感乌"大石碑坊被毁，孝子墓难逃厄运，被彻底埋没。一起被拆毁的还有墓东侧的永慕庙，庙始建于南宋景定三年（1262）。岁月的风尘总是悄悄掩藏着一些重要细节，但任凭时光辗转，无论墓、祠、庙、亭以何种形式存在，颜乌孝行的故事从不湮灭，也永不消逝。

　　始建于1993年12月的孝子祠公园，既具有历史文化内涵，又富有现代园林特色。它占地3.4万平方米，由市城乡规划研究院设计，市成龙园林绿化有限公司施工，分怡阶吟香、枫秋和韵、孝德长歌三个景区。公园有三个入口，主入口面向城中北路。进园正门布置一粉墙黛瓦景墙，景墙前的植物与景窗形成框景。建筑外设半通透式回廊，与"孝子祠"建筑连接形成一围合空间。孝子祠内设有颜乌孝子典故及反映千年"孝"文化在义乌传承内容的石刻，图文生动，气息深远。回廊处有一碑，记载着孝子祠的历史沿革和变迁。

◆ "邑自乌伤立，名由孝举传"，阳光下的孝子祠处处充满寓意。
　摄影/吴贵明　2008年摄于宾王商贸区

　　若从正对宾王广场的次入口拾阶而上，迎面为巨型照壁，上面刻有蒋仲苓所题的"孝德感乌"四个遒劲大字，人文气息浓郁。清水砖细贴面的照壁，灰底绿字，显得格外典雅。回环的游步道是纽带，将所有的景点一一相连。步入小广场更可感受公园的别出心裁处，广场设有水幕景墙，墙的正反面雕有《孝经》及"百孝"的书法。几十步之遥，便是文石镶嵌的背景墙，墙上是"孝子祠公园"的题字，端庄厚重，是国学大师南怀瑾的手书。

孝子祠公园里开凿有人工湖，湖边假山为太湖石，又有驳岸，凉亭。人坐荷塘边的四角小亭上，体味着荷风送爽，想想颜乌的故事，很能发思古之幽情。池塘与假山错落，古松和细竹相交，花灌木、乔灌木林立，吉祥草、书带草掩道，公园行步道颇具曲径通幽的效果。沿小石径拾级，未曾举步，便可见路尽处是一座朱色小亭，檐角翼然，挑破一方蓝天。亭前空旷，两侧则林木繁茂。小亭灵秀奇巧。檐下有匾，黑底绿髹，"孝风"两字，灵动飘逸，风格俊朗，令人击掌。这便是有名的"结庐守孝"亭。

自义乌旧城改造以来，公园内又有"怡园"及"陶氏大宗祠"的古建筑整体移入。黛瓦砖墙，古老的宅院木门，将另一种沧桑厚重的意味带入公园，它们与公园的自然景观融为一体，给这座江南山水园林又添上浓墨一笔。

颜乌孝子墓在孝子祠的北侧，系一个森秀僻静处。树荫深处辟开一方平地，山石彻成的石墙，黄土稍隆，是以山石围成半圆的土垅，这便是名扬乌伤的孝子墓。它幽静安然，绿意盎然，周边山石叠石作为过渡，高处种垂挂植物，自然覆着山石表面。山石缝隙间是常绿小地被，丝丝绿意浸石。墓碑为青石，勒有篆书"秦颜氏乌伤墓"，立于其前，不由让人感慨万千。墓边是丛丛紫竹，其竿竿紫色，联想起乌鸦衔土伤了喙，流出的一抹抹让人们伤感了千余年的殷红，让访者情不自禁浸淫于远古的想象。

孝子祠公园不仅是市民憩息、游览之地，更是宣传义乌孝文化传统历史的重要窗口。清晨和傍晚，来孝子祠公园里锻炼的人日渐增多，与公园的景观融为一体。这些年，一些重大的文化活动也在此举办，如2016年3月的义乌"美丽非遗"巡回演出活动启动仪式等，这让公园更具浓郁的文化内涵。

一座城，一座公园；一个地名，一种感念。"邑自乌伤立，名由孝举传"，孝文化已经深烙于义乌这座城市，铭刻于义乌人的心中。

（卢圣爱）

乌伤风情

你钟意的千年稠城，会有何种"风情"？

稠城蕴藏了古老乌伤大半的美，不少消逝与即将消逝的大街小巷的景致风情，搁浅在美丽的历史风物中，弥显珍贵。那充满传奇的朝阳门、商业厚重的朱店街、名士香盈的南门街、世泽绵长的戚宅里、老义中的历史遗存……都淘洗着岁月的沧桑，彰显出独特的风情魅力，等你去细细品味。

沧桑记忆朝阳门

对于朝阳门，有一种深切的感受。

三十年前，有幸从上溪中学调至市教育局工作。那时，教育局在政府大院办公，而朝阳门离此近在咫尺，因而，出出进进都能看到，但那只不过瞄一眼而已，没时间去仰视。

朝阳门充满着传奇故事，不断拨动着好奇和向往，在一个周末，这份向往终于浓得再也无法释怀，便特意从家中往这里赶。沿着县前街，踩着石板路，一步一步拾级而上。这仿佛正在穿越的是时光隧道，看得见历史的烟尘，听得见历史的回声。

约有三层楼高的朝阳门，共有43级台阶，有心人曾细数，从下往上走，第一段为9级，第二段为1级，其余依次类推，分别为3、3、9、6、3、4、5级。前往验证，果不其然。

两旁的古民居虽已斑驳不堪，却层层叠叠错落有致，似乎站成了一个坚定的城堡群，经历了几百年的岁月沧桑，却依然宁静而淡定。

◆ 踩着石板路，一步一步拾级而上，仿佛穿越的是时光隧道。
  摄影/金福根　1978年摄于朝阳门

终于站在了朝阳门下，遍找史迹，可惜门里门外，甚至每块墙砖上，都未留下印痕，只得回家后翻找文史资料。有几处记载是"朝阳门始建于明朝嘉靖三十四年（1555）"。后查旧志，方知记载有误，实际历史要久远得多：

　　门七，上游敌楼，旧设四门：东曰"东阳"，南曰"绣川"，西曰"金华"，北曰"会稽"。宋大观三年，知县徐秉哲重建，开庆元年知县赵必升重建。门各有亭，东曰"迎春"，西曰"绿波"，南曰"翠嶂"，北曰"迎韶"，寻废。元至正十三年，达鲁花赤亦璘真创金华门楼。晚嘉靖五年，知县林文焊重建四门。十九年，知县张拱北重修朝阳门。三十四年，知县曹司贤始用石筑为门楼，颇如城门之制，便于守望。东曰"朝阳"……（嘉庆《义乌县志》卷一"城池"）。

　　这些古城门气势恢宏，错落有致，遥相呼应，不但勾勒出县城的大致轮廓，而且勾勒出街巷的走向与格局。如果说义乌是一部史书，古街巷是这部史书的正文部分，而古城门堪称是封面与前言，典雅古朴，敦实厚重。实物上没有痕迹，如今只能在泛黄的史籍上深切地感受着朝阳门所蕴含的深厚文化沉淀。

　　朝阳门上千年的历史，浓缩在两扇伤痕累累的老台门里，浓缩在脚底下磨损的老石板上，浓缩在峰回路转、破旧不堪的墙弄中。上千年的历史，不知蕴含了朝阳门多少幸福的笑声和辛酸的泪水。

　　朝阳门承载义乌兴盛的历史，难以一一叙述。但这里曾出过两位文人，深深印记在脑海里：一位是宋朝的黄中辅，另一位则是元朝的黄溍，两人同出黄门。前者赤诚爱国，抗击金兵，因不满秦桧误国，于京师临安太平楼题句"快磨三尺剑，欲斩佞臣头"，为世人所尊重；后者为"儒林四杰"，博览群书，尤善书画，一幅《临大痴道人富春山图》在十年前北京秋拍会上，以1078万元价格成交。

　　历史在进步，朝阳门也与整个城市一样，经历了一个漫长的蜕变过程，在艰难行走的过程中，显示出它的包容性，门户敞开甚至不再需要门户。20世纪80年代后期，随着市场的发育与发展，尤其是城中路建成后，县前街亟需与其打通，于是拆除朝阳门提上了政府的议事日程。

　　朝阳门工程，整个工程拆迁民房2.3万平方米，破金山岭顶挖土4.8万立方米，改造朝阳门古建筑300平方米，沿街两侧建4—5层商品房1.59万平方米。道路宽16米，长240米，混凝土路面，自1988年3月拆迁民房开始至1990年8月天桥建成竣工止，历时2年半。[①]

改造后的朝阳门成了义乌最繁华的街道，不仅白天人流如织，而且夜市也是人来客往，热闹异常，只可惜建筑寿命短暂，还不到十年。1999年，义乌市旧城改造暨绣湖广场项目房屋拆迁工作全面启动，朝阳门也随着众多的拆迁户被拆除了三分之一；2009年6月25日，靠近城中中路一侧的几幢房子也被拆除；2013年7月8日，剩余的几幢也随着定时爆破而灰飞烟灭，朝阳门彻底消失在人们的视野中，"老义乌"唯有为它曾经的辉煌唏嘘而已。

尽管朝阳门的建筑已不复存在，但那些土生土长的义乌人，依然对其有着独特的眷恋情结。这不仅因为它是出入义乌城的主要通道，而且是义乌人心目中的吉祥门。旧时，县官升迁往来，必在朝阳门迎送；普通老百姓嫁女儿、娶媳妇，也要从此门经过，以图个吉利、圆满。如今，即使朝阳门拆除了，人们恋旧的心理依然不变，很多人结婚喜庆，还是要到朝阳门转一转，这已经成了义乌民情风俗的重要组成部分。

朝阳门不仅是老义乌人的精神寄托，也镌刻着城市变迁的记忆。工人路、绣湖广场、朝阳门停车场……崛起意味着时代兴盛，记忆渐成一种辉煌。朝阳门是荣耀的，即便它已消逝在义乌的版图之中，但留给人的那抹印记将无法消除。

（吴潮海）

---

① 《义乌年鉴》，转引自《义乌丛书》之《图说义乌》，第182页。

新站开通忆"老铁"

时光如梭，到2016年，义乌老火车站搬离稠城街道三里塘已整十载。当人们回首往事，对铁路义乌站的搬迁，仍感叹不已。

七十三年前的深秋，当现代著名小说家、散文家、诗人郁达夫，乘坐杭江铁路路过义乌时，凭窗凝望，且充满激情地吟出了一首赞美义乌的诗："骆丞草檄气堂堂，杀敌宗爷更激昂，别有风怀忘不得，夕阳红树照乌伤。"他还道出了杭江（后改为浙赣）铁路线路改变规划的原委：

> 初拟的路线，是由杭州折向西南，遵钱塘江左岸，经富阳、桐庐、建德、兰溪、龙游、衢县、江山而达江西之玉山，以通信江，全线约长三百零五里。后因大江难越，山洞难开，就改成了目下的路线，自钱塘江右岸西兴筑起，经萧山、诸暨、义乌、金华、汤溪、龙游、衢县、江山，仍至江西之玉山，计长三百三十三公里……[1]

由此可见，按原先的规划，杭江铁路并非经过义乌，经多方论证，新规划路线的义乌站设在稠城街道小三里塘村。根据《义乌市志》记载："义乌火车站始建于民国19年（1930）……时站台长200米，站台墙为石料结构。仅有15平方米售票房，15平方米货物仓库，100平方米机务用房。"[2]

---

[1] 《义乌丛书》之《名人笔下的义乌》第36页，上海人民出版社2014年版。
[2] 《义乌市志》"交通·物流篇"第1032页，上海人民出版社2011年版。

◆ 拥有十三年历史的义乌老火车站，渐渐淡出了人们的视线。
摄影/金福根　1999年摄于稠城

　　义乌市志编辑部组建伊始，曾专程前往山东省安丘市博物馆，磋商崇祯《义乌县志》通过馆际交流方式回归故里的事宜。事成后，返程路过南京时，有关人士除了到中国第二历史档案馆查阅义乌民国档案外，还特意去杨公瑾古旧书店查阅资料，结果意外地在民国时期出版的《浙江省建设月刊》上，发现一帧义乌火车站始建时的照片，只可惜时间毕竟消逝了七十多年，照片已不甚清晰，但从照片中仅有的一小幢行车室及雨篷构成的车站站台，依然能看出义乌老火车站始建初期不堪简陋之窘况。

火车站建设的规模与档次，是与城市相匹配的。义乌老火车站建成后的前五十多年，虽也曾不断地改造、扩建，但均是小打小闹，没有彻底地翻建，如"1958年7月22日起进行扩建，增货物仓库3座，派出所用房1座，候车室1座。1959年7月增建货物装卸线。1964年，增建断头货物装卸线和2号站台183米，增建342平方米的候车室。1973年，新建售票室1座。1975年，新建1号站台雨棚160米……是年11月起，在1号与2号站台之间架设跨越两股道的钢结构旅客人行天桥，1986年1月建成投入使用……"（《义乌市志》1032页）。

直至1988年3月，义乌老火车站才进行较大规模的改造，总投资达5300万元，使站房面积扩展到5608平方米。1993年1月8日，客站暨广场正式启用，一个上规模上档次的新火车站呈现在大家面前。随着硬件的改变及客流量井喷式增加，自2002年11月5日起，义乌站由二等站升为一等站。

但是，1993年1月8日正式启用的义乌客站，却成了匆匆过客。2006年6月16日6：00，贵阳—上海1516次列车的驶离，标志着具有七十多年历史的老铁路、老车站光荣"退休"，原先老火车站的功能移交给地处后宅街道长江畈的义乌火车新站。

一座城市的命运，会与一条铁路紧紧相连，义乌并不例外；一个火车站的命运，更与这条铁路休戚相关，义乌站也不例外。正如当年张之洞所预言的："铁路一通，则商贾云集，民物繁滋，三年必然改观，十年可臻富庶。"火车开通前，无论是人流、物流、资金流，佛堂均比县治所在地稠城略胜一筹，然而待火车开通后，稠城经济地位迅速超过佛堂。

如今，万商云集、万物聚市，义乌成了全世界最大的小商品集散地，义乌老火车站更是功不可没。

（吴潮海）

商业积厚朱店街

每座城市都有它深厚的历史记忆，而古城、老街是其风骨和韵味。随着城市化进程的加快，很多老街和古巷逐渐消失，市井文化渐行渐远，但仔细寻觅则古韵犹存。稠城朱店街便是其中之一。

朱店街又称解放街，在古城西部、绣湖东部，因昔有朱姓十八派宗祠而得名。清末民初，湖清门和北门街有了店铺。1941年5月，朱店街一带被日军飞机炸毁，五年后才得以恢复通行，商业渐旺。

朱店街，承载了太多义乌人的记忆。

追溯朱店街重商的历史，可遥至清朝末年。当时，徽帮商业势力逐渐由兰溪、金华沿江而上，在义乌稠城开设京货店（即绸缎棉布店）；其后闽帮染色、干果店开张；继而中药"四溪"的"慈溪帮"（"四溪"指浙江的兰溪、慈溪，安徽的屯溪、绩溪）开设中药店。这些客商，都有帮派的背景，又有专营的特色。

徽帮商业的名店代表，要数位于朱店街观音桥的隆顺泰和梅宏泰。隆顺泰有四开间门面，主营京货兼营染色。它与沪杭大字号联营批发业务，发挥徽帮面向农村的特色，可向农民开户立折，生意亦兴旺发达，至20世纪40年代因种种原因而歇业。而另一家徽帮大字号——梅宏泰，则在1941年5月的日军大轰炸中毁为灰烬。

闽帮的专业商店为"福建桂圆栈"，设于朱店街泗州境，主营桂圆批发与门市零售，兼营"五补京果"。稠城本地人历来有"南货店里五补散"的说法。农村在春分后清明前要买点给整劳力补一补身体，被称为"五补散"。补养的是五种干果，即桂圆、荔枝、红枣、大枣、胡桃。"福建桂圆栈"用地名当店号，是稠城唯一的一家。

而稠城的中药店，前有养生堂，后有魏立盛，店主都是"四溪"之一的慈溪人，声名远扬。养生堂以医配药，以医为主；魏立盛则前店后坊，以药为主，兼营批发。魏立盛有两家店，东记在县前街，慎记开于朱店街赶婆桥，因诚信为本，经营有方，浓浓的药香弥漫街头小巷。

当年的朱店街虽狭窄，路也不长，但街边店铺多，京货店、染店、墨庄、银店、笔店、南北杂货店、酱酒坊、碗店、中药铺、饭店、鞋店、旅馆……各种店铺林立，商品几乎涵盖各方面，尤其是一些外地人开办的商店，颇具特色，受人称道。如湖州人所开的三元斋笔店，徽州人开设的胡开文墨庄（从佛堂镇迁至）等等。他们看中的，恰恰是这里的商业特色和氛围，因而生意兴隆。每逢农历三、六、九市日，朱店街熙熙攘攘十分热闹，成为县城内最繁华的商业街市。

◆ 伫立了百年的解放桥，任岁月侵蚀，风雨冲刷，连同朱店街的沧桑故事，构成了老稠城人关于家园的记忆。
摄影/金福根　1990年摄于朱店街

在稠城，除了客商经营的专业商号和本地资本的"三缸工商合一"及洋广百货大店，传统的"山货店"也发生了变化，它们主营内容变成"南北杂货，四时茶食"，可说是除现代百货以外的"商品大集成"。

在这个行业里，以合股经营的四大字号资金最为雄厚，且在经营十几年后，又都相继变成经理独资经营。如设于湖清门的振懋恒，西门街徐陌巷的振丰，东江桥西的震盛，以及后移至朱店街赶婆桥的裕泰和。裕泰和是当时稠城唯一跨县集资字号，前店后坊与振懋恒相同，曾名噪一时。

稠城的商业在历史的发展中经过约定俗成，有许多规范性的守则。如真不二价、童叟无欺等。凡是参加同业公会的正规商店，商品门市价格都经过同行公议，分等论价，任何商店无权更动。

而从某种意义上说，广货店是"山货店"的换代产物，是现代工业产品在商业上的直接反映。当时，主要商店系稠城第一家主营现代百货文具兼营嫩绒洋布的商店——新文光斋，其次就是抗战前开张的大纶百货店和九新百货店，商店均设于朱店街北端。

时光荏苒，朱店街继续诉说岁月说不完的沧桑故事。

建国以后，稠城的商业以朱店街一带为最盛。据资料记载，当时分布于朱店街的大小商店，林林总总，不少于30家，像义乌百货公司第四百货商店、医药公司朱店街门市部、工业品站针织五金店、副食站，以及城南五金商店朱店街五金店，等等，市面热闹，街景繁华，买卖还挺红火。

这时期，稠城的庙会也兴盛一时，上半年在清明节前后，共三天；下半年则在农历十月十五，前三后四，要做七天七夜庙戏。由于下半年婚娶寿诞喜庆多，参加庙会交流的物资以生活资料居多。如湖清门的皮裘估衣，湖清门外的木器家具，朱店街的布匹绸缎，南门街的副食品及禽蛋……商店对待顾客招待殷勤，更甚于清明节。

而逢墟市（俗称市日），四乡农民都前来赶集，中午前后很是热闹。当时商品较多，分别有红糖市场、竹木市场、柴炭市场、小猪市场、"六陈"市场（今之"粮食市场"）、果品市场、山货市场等。其中的果品市场设在朱店街和县前街十字路口，农民肩挑车推，把果品运到此地，箩筐麻袋沿街排列叫卖。山货市场，最初合于菜市场，后移至朱店街北端。人们至今还把"山货"的概念衍称成日用百货的统称，把今日和山林极少缘分的"小商品市场"也仍称为"山货市"。

在朱店街，我们流连其中，寻找那段残留的岁月痕迹。

这条街在1983年义乌旧城改造之前，北接新马路，南止红星街（赶婆桥横街）中部，仅长170米。它与县前街、北门街、湖清门街、南门街等主街道相比，长度有限。1983年，朱店街中段改造工程开工，次年年底竣工。由于道路加宽，商业环境大大改善，街面的商店有如雨后春笋，越开越多。也保持着难能可贵的稠城旧商业街的诸多传统：经营门类齐全，物价便宜，待人诚信。老义乌人特别喜欢来此逛街或购物。

改革开放以来，在稠城地域相继兴建了小商品市场、生产资料市场、副食品市场、文化市场、农贸市场、蔬菜市场、花木市场，这些市场亦纷纷崛起。其中设于朱店街的杂货市场，分布南货摊10多家，客商云集，节日前有各种干果、粽箬、笋干等出售，交易兴旺。朱店街北端的修理市场更是人声鼎沸，鞋革、雨伞、电筒、钥匙修理摊前，嘈杂声、吆喝声，与讨价还价声融为一体。

1999年元月，旧城改造开始，偌大的绣湖广场已新建落成，原朱店街地段被纳入绣湖公园。如今，昔日的经商熙攘情景已不再，代之的是湖塔相连的绝美秀色，是地下商城的繁荣景象。

留住记忆，留住乡愁。朱店街，这颗古城商业明珠将名垂青史。

（王曙光）

钟灵聚贤湖清门

湖清门是义乌老县城西北部的一座旧城门。

义乌古代有城门而无城垣，在明代嘉靖以前连城门也只有东西南北四座。南宋以后，江南经济有所发展，义乌县的对外交往随之多了起来，一邑四门，进出自然不便。明朝，义乌因无城池屡受倭寇侵扰，邑民深受其害，而修建呼声甚紧。嘉靖三十四年（1555），知县曹司贤始用石料修筑门楼，颇如城门之制，便于守望。

明崇祯十一年（1638），知县熊人霖任职后便重建了七座城门（朝阳门、卿云门、文明门、迎恩门、湖清门、通惠门、拱辰门）和城楼，又写了七首城门诗（为《七门诗》）。《湖清门》即为其中一首：

西北高楼雄古都，远吞云影入平湖。

人夸草木明如锦，我识山川聚可图。

鲁颂释丁天作泮，越谣跋已水传觚。

却缘婺女金针妙，绣谱难将巧手摹。

熊人霖所描绘的湖清门外湖面如画、草木似锦的胜景，非能工巧匠所能描摹。它留下了高楼雄峙、倒映平湖的当时景色和旧城，曾为"古都"的沧桑陈迹。

义乌旧城西北部，古代是湖水迂曲、湖面广袤的绣川湖。古谚说："湖水清，出状元；湖水浊，多瘟疫。"湖清门面对绣川湖，寄托着人们美好的祝愿。它的旧址在朱店街北端，市交通局东北与新马路交接部。工人西路建成后该地造了房子。昔日出湖清门是通往前洪、万村等地的古道。

湖清门西部，近代形成一块高出湖面的平地。1927年，在那里建了县立民众教育馆，并入民国初年成立的县立通俗图书馆和县立通俗讲演所。讲演所只有一个专职人员，经常携带大喇叭留声机到城内茶馆酒店放唱，吸引听众，然后对众演讲。讲的内容以"打倒列强"、"禁烟禁赌"、新闻时事和政府法令等为主。抗日战争时期，民众教育馆宣传抗日救亡、杀敌御侮，很是活跃，义乌沦为敌占区时停办。

中华人民共和国成立后，民众教育馆改建为县文化馆，兴办民众冬学，改造旧艺人，接着运用各种文艺形式推动县委中心工作。后又分出图书馆和博物馆。湖清门旧址建了古籍藏书楼和"三馆"职工宿舍楼。1981年，"三馆"迁至大安寺塔旁边湖心桥新址。古籍藏书楼，则在90年代市图书馆在南门街新建新馆后才迁出。

熊诗朴实，《湖清门》诗第五句"鲁颂释丁天作泮"，喻示能看见建于南宋的学宫孔庙，并赞美学宫（其址为原义乌中学、今第四中学）是环境优美的学习胜地，兼指湖清门是个出人才的地方。湖清门内确实出过英才，明代正德年间的进士李鹤鸣就是湖清门人。他是明代嘉靖皇帝的老师，又被称为顾问，两人关系较好，任职期间勤于政事，不避权贵，曾升任大理事右丞，后因不容于时，辞职回家。告别时，嘉靖帝亲自送至午门，并答应给其在家乡造一座宫殿。而湖清门的李大宗祠就是纪念他的。湖清门还有一位学识渊博、著述宏富、曾任知府的"湖清门陈"陈熙晋，在义乌历史上也有重要地位。

湖清门南的湖清门街，因湖清门而得名。它南起县前街与朱店街交接，自县前街至义乌服装厂段，约50米；北接新马路，全长220米，宽8米。1982年地名调整时将湖清门街并入朱店街，即朱店街1—70号门牌的地段。民国时期湖清门街增加了店铺作坊，经销中小学教科书和文艺书籍的大成书店也在这条街上。民国八年（1919），湖清门姓李祠堂廿四间内曾初设义乌贫民习艺所。该所创办于1913年，由留日乡贤牵头，设有石印等十多个工种，凡贫民均可进所学艺，后移至高堪头的黄大宗祠，至1924年7月停办，历经十一个春秋，义乌第一张报纸《稠州周报》就是贫民习艺所承

稠城华章

印的。1949年后，湖清门街还设稠城粮管所、信用社、城阳供销社百货店、五金店和农具店，曾盛行一时。

社会发展过程中，湖清门担任过多种不同的角色。1954年义乌开始经营公路客运，那时只通东阳与浦江，故设客运站于义东路，称东站。1959年客运路线增加，在湖清门文化馆北部建了稠城站。1979年车站路南今义乌剧院对面建成义乌客运西站，东西两站同时营运。后稠城站撤销，改建为交通局。

义乌旧县城既是政治文化中心又是商业经济中心。除了街面上的店铺作坊，还有四乡农民和小商小贩利用空旷土地作场地定期摆摊经营的集市贸易的古代"墟市"。义乌人称这种市集为"市"或"市口"。民国时期摊贩渐次增多，城内的集市场地太小难以容纳，发展到沿街摆设。集市日期人们习惯称"市日"。旧城的市日古代是农历逢三、六、九日，与佛堂的一、四、七日和苏溪的二、五、八日岔开。抗战胜利后，商品交流频率增快，继佛堂把集市日期改为农历逢单即一、三、五、七、九日之后，县城相应改为农历逢双，即二、四、六、八、十日。沿街摆摊的市场也作了专业分工，湖清门街成为"山货市场"。

所谓"山货"，是指用竹木等材料做的农具和用具，如谷萝菜篮、扫帚畚箕、砧板锅盖、锄耙犁轭等等。这类山货店后来改称杂货店，农民还是习惯称为"山货店"，连湖清门、新马路的小商品市场也称为"山货市场"。

◆ 80年代的湖清门街店面鳞次栉比，人气很旺。
摄影/金福根　1988年摄于湖清门

　　"文革"结束，被禁锢多年的义乌敲糖帮，为了生存大胆走一条别人没走过的鸡毛换糖和小商品贸易之路。1979年初，廿三里、福田两地的十几副货郎担在县前街歇担设摊，出售小玩具和针头线脑等小百货以及家庭工副业产品。廿三里、稠城集市上出现了自发性、季节性小商品交易。至下半年，设摊糖担增至100多副。次年秋，县前街市场移地北门街，经营者迅速增加，米筛摊、门板摊、钢丝床摊也相继出现。

　　1982年8月25日，稠城镇市场整顿领导小组发布《关于加强小百货商场管理的通告（第一号）》，正式认可稠城小百货市场于9月5日开业。地址设在湖清门，当年摊位增至705个，小商贩800多人，多时购销人数近万，继而向新马路北段延伸，占地达4252平方米。这个小商品市场的惊人发展速度，拉开了义乌经济高速发展的序幕，以其特有的崭新态势，引起举世瞩目。

　　1984年初，县委县政府制定"兴商建县"的战略决策，把市场建设摆在义乌经济社会发展的龙头地位，把商贸业作为主导产业。同年年底，在新马路北端太祖田畈建成新马路小商品市场，湖清门小商品市场内2000个摊位，随之迁入营业，从此改变了以往"螺蛳壳里做道场"的状况。但湖清门街上仍保留修理钟表、拉链、电筒，钉鞋，配钥匙，刻图章等以修理为主的常年摊位，成了修理业专业街，多的时候有100多个摊位。街面上除了原有的粮管所、信用社、供销社的门市部以外，又多了几家白铁工艺铺和小吃店。小商品市场兴起，集市贸易衰退。

　　时光荏苒，随着建设浙江中部现代化中等城市号角的吹响，旧城进行改造，城市建设加快。人们早已忘记湖清门到底走过了多少岁月，但它已经完成了人类手工生产时代以"城"表示县治形象的历史使命。

　　改造后的湖清门街地段展示在人们面前的是商业步行街，高档的商品和品牌琳琅满目，街道形象大大提升。新建筑群将再现熊人霖所题《湖清门》诗中首句"西北高楼雄古都"的景象。"我识山川聚可图"——正是义乌山水钟灵毓秀、宏图可待的豪言预识。

（翁本忠　王曙光）

名士香盈南门街

南门街的人文故事和传说，是老义乌人无法舍弃的记忆。二十世纪六七十年代，义乌稠城的街巷本不多，像南门街、县前街、北门街、西门街、湖清门等屈指可数，其人文胜景、街巷风情却记忆犹新。

据嘉庆《义乌县志》载，自明朝至清嘉庆年间，县城主街道有三：县前街（东至金山岭脚，西至平桥，旧称"泗州境"），上市街（即北起平桥，南至西门街与新马路交叉口止，旧称"川桥境"），下市街（北起县署前南至西河巷口止，旧称"文明境"），形成一横二直之"冂"形。

南门是义乌古县城南面的一座城门，这一带古称"文明境"，明清时代的南门叫文明门。它坐落于县署正南，面对平如几案的天马山，和风吹拂，馥香南来，因此曾叫南熏门，被列为"老七门"之一。宋开庆（1259）年间，此地建有翠嶂亭。源于稠山的绣川河围绕南门前后，像一条护城河，连结城东金山和东平山而成形胜，因而曾称绣川门。

明代义乌知县熊人霖，曾有感于当时文明门的景色，赋诗对乌伤的济济文士寄予深厚的希望和美好的祝愿：

稠川如带绕南疆，百尺楼开面向阳。

几案遥来龙马气，窗疏近接斗牛光。

秋深粳稻香盈县，春晓云霞色满堂。

闻道金门方较赋，即看多士共翱翔。

时光如梭，四季轮回。稠城经历了几度兵燹，几番变迁，主街道也从三条变成六条。古城湖塘市集的墟市衰退之后，南门市渐兴。旧时，红糖市场在南门外河沿胡公殿前，小猪市场位于大桥头东徐陋巷，"六陈（谷米豆麦之类）"市场在赶婆桥横街，柴炭市场则坐落于毛大宗祠前空地上。街市是墟市发展起来的，故南门街古称"下市街"亦名符其实。

因南门旧街是结合古城南门而建起的街道，起先街心长约2米，宽约0.5米，用"路心石"连接而成，道路两旁则以鹅卵石铺砌，有南低北高的缓坡。1986年10月，该街原有县府至南门桥一段拓宽改建，过桥后经"川桥境"边缘延伸至城中路呈弧形，道路也延长到413米，宽约16米，系水泥路面，大大缓解了交通压力，视线上也避免了古人所忌的直溜溜一览无遗，而富有幽趣与含蓄。

秉承义乌古老历史之遗风，旧南门街这方土地人杰地灵，文化渊薮，文脉源远流长。

文昌弄通朝阳门，标志着古城的人文昌盛。巷中清末民初的陈榥，13岁中秀才，官费选派日本留学，先后参加光复会和中国同盟会。熊希龄任北洋政府国务总理时曾请他出任教育总长，后成为一名杰出的军工专家，谢世时却不到60岁。而黄国铭是解放前义乌中学任期最长的一位校长（1932年7月—1938年8月），抗战期间在恶劣的环境下办学，重视聘任名师，树立勤奋淳朴学风，培养了大批优秀学才。

街内盐店弄，因有两浙盐务管理局的源盛、源懋两家官盐栈而得名。在巷弄里，抗战胜利后有一家定江医院闻名遐迩，创办者为医学专家骆望潮。骆望潮系大陈楂林人，1930年毕业于南通大学，曾在杨虎城等部队后方医院任上校院长，接着参加徐州

◆ 矮旧的店面，怎么粉饰也难以掩盖其沧桑容颜。
摄影/金福根　1988年摄于县前街

会战，后因不满军政腐败愤而回乡。小小的定江医院之所以名重一时，是因为骆望潮做到不论何党何派，身份不分贵贱，皆以救死扶伤为己任，高超的医术在华东各省都有声名。可在"十年动乱"中，他却受到不公正待遇，含冤入狱。在他逝世一年后才得以平反昭雪。

毛家巷的巷子不深，却丹青能手迭出。前有自号"梅溪道人"的毛祥和，曾任塾师，喜作花鸟人物，有《绿萼轩画稿》出版行世。后有义乌中学美术教师毛文璧，与潘天寿、张书旗意气相投，能诗善画，工书法，著有《冷红室诗存》《百花诗草》《归田集》，曾任金华美协理事、县美协副主席，从事美术教学五十年，誉满义乌文化教育界。

南门古有绣川巷，是徐姓祖先从外地迁居义乌的首个落脚点。"文明境"的文光斋书店，清末民初开了三十多年，曾盛行一时。抗战胜利，义乌邮局回城，设于西河巷口临街的毛大宗祠，在当时发挥了邮政通讯在经济社会中的重要作用。邮局迁入北门后，稠城公社搬进了毛大宗祠，从此这里成为老南门街的文化中心。

西起朱店街南端、东到城中路的徐陌巷，是旧南门街的一条不起眼的巷子，巷虽不长，但颇有名气。徐陌巷东段河边有两座"十八间"。这两座旧宅，都是"湖清门陈"陈怡顺酒酱坊店主陈应任的私宅。

陈应任之子陈知庠，身为富家子弟，乐善好施，尤重视文化教育事业。1927年曾创办义乌县立初级中学，力献两千块银元；1940年又开办义乌战时初中学生补习学校（后名树德中学），捐田10多亩作校产；与此同时，他还在南门河沿的家里私办了存德小学，免费招收儿童就近入选。他一生好学，重金购置了《廿四史》《四库全书总目提要》《古今图书集成》等珍贵图书和大量名家书帖、碑拓。后所藏之物全部献出，今存于市图书馆。

"五四"兴起新文化运动，在《新青年》的影响下，义乌涌现了不少反映新思潮的进步民主报刊。其中，《稠州日报》《稠州嘉言报》的社址均设在南门街，一度成为颇具盛名的文化驿站和文化集散地。邑人陈积能、贾莘琅等出资办报，不遗余力地宣传新文化运动。此外，"文光斋""养正堂"等众多私营书店，亦为义乌的图书报刊事业和文化普及作出了努力。

南门街还有名士陶锡玙（1889—1942），曾享誉城乡。他幼年丧父，家道贫寒，1924年与胞弟借资开店，后信誉渐著，陶顺昌南北杂货店扩大为前店后坊，兼营批发。抗战前后，陶锡玙因信奉"实业救国"主张，被推选为县商会常务理事。1940年自从选为稠城镇镇长后，即在镇内革去"抓壮丁"恶政，改为招募乡勇应征，并与商界同仁集资帮助农民发展生产。1942年初夏稠城沦陷，他邀人在青岩傅村兴办农村集市，又促请县政府组织乡勇游击抗日，开展反敌伪斗争。后被汉奸指认，坚不屈从，血洒南门。

大江东去，南门街沧桑巨变，名流佳士薪火相承，代代相传。

毛文璧的嫡孙毛雁冰现为上海大学悉尼工商学院副院长、硕士生导师。这位"七

○后"1999年起留学、旅居德国，2010年学成回国，报效祖国。他一直主持文化部和上海市教委的科技创新项目，并参与了国家自然科学基金、教育部等课题研究工作。而陈楲的后裔、农民画家陈震则是义乌现代民间绘画的佼佼者。三十年来，他手握彩笔，创作了一大批具有浓厚生活气息的民间绘画，作品漂洋过海，被选送美国、澳大利亚、德国等地展出。他还应邀出访多个国家，央视二台特别制作了专题节目在全国播出，2004年曾被评为中国现代民间绘画优秀画家。

南门街的人文变迁，让人眷恋和感叹，也深藏着一种自豪。二十世纪六十年代，义乌拓展城中街道，文明门和拱辰门仅存门壁。1988年县前街改造，"老七门"中最后一座古城门——朝阳门也被拆除。

改革开放以来，义乌城市建设步伐加快，道路拓宽改造工程纷纷上马。如1984年下半年，南门街至县前街中段进行拓宽改造；1986年7月，工期近两年的南门街、县前街商业楼群竣工；同年10月，拓宽改造南门街，县政府前（县前街）至城中路工程开工；2000年12月中旬，南门街延伸工程（新义中路—环城南路）开工建设。

此外，城内主干、次干道路和桥梁也大量增加，市政设施日臻完善。如义乌江上相继出现篁园大桥、南门大桥和宾王大桥等现代化桥梁。城市扩建后，南门街穿越城中路和稠州路，跨过雄伟壮观的南门大桥（1998年12月竣工），向南延伸到江南新区。南门街亦有了新义中路、广场路、环城南路等延伸或拓展，义乌中学、市中心医院、妇幼保健院、残疾人联合会、邮政局、文广新局（体育局）、新华书店……似串串珍珠音符，演奏出一首首现代和古典交相辉映的协奏曲。

值得大书的是，1999年10月，旧城改造暨绣湖广场建设工程正式动迁，紧接着绣湖公园工程于2001年8月开工，旧南门街地段也成为了绣湖广场南北向的纵线主轴。名士乡贤们若地下有知，兴许也会唏嘘不已。

告别了南门街的旧景，或许也就告别了古城。

（王曙光）

蔚起人文荷花芯

　　荷花芯，是个美丽的名字。

　　原义乌城北（今市政府、北门街右侧地块），东临孟茂昌弄，南接天官第，西靠梅麓公祠，北壤王井头，有一大片的地方，就是饮誉城乡的荷花芯。这里古来浓浓书香，人文底蕴丰厚，深巷小弄曾处处飘逸着诗书翰墨的芳香。

　　据史料记载，荷花芯早在北宋时就已闻名遐迩。当时，孟茂昌弄西面和天官第北面各有两口池塘，东面如平月形的叫里菱塘（里灵塘），南面长方形的叫菱塘，边上有一河道叫后河（又称厚河），环绕其间。后在里菱塘中心造了一个高房水间楼，名为花岛。这里四周绿水环绕，风景秀丽，远远望去，犹如一朵盛开的荷花，荷花芯因而得名。

　　据说，当年在荷花芯，居住有一二十户人家，多以种田为业，荷花芯东北角和东南角各有一只小船，人们进出都要靠小船来回过渡才行。为防止失窃，小船每晚都划入岛旁宿夜，次天早时再划出撑渡。后来，荷花芯人口渐渐增多，有心人就在小船过渡处搭起了独木桥，以方便进出。

◆ 回望生长于斯的老屋，承载着多少故事和情感，如今已随风而去。
摄影/金福根　1991年摄于荷花芯

　　荷花芯景色优美，而且人文荟萃，学风盛行，名家迭出。明代万历年间得中进士的金世俊就是荷花芯人，其同胞弟弟金德义也在此生活较长时间。一代名臣金世俊正直无私，不畏权贵，曾任大理寺卿、工部右侍郎，著有《四书宗贯录》《宁我录》，其笔锋犀利，文章过人。而得中进士的金德义也是学识渊博，著述颇丰，著有《挹兰吟》《静穆斋集》《乐舞事略》。此外，还有金世俊侄子、殉节于敌营的金汉蕙，当年与族兄金汉鼎亦中同科进士，金门一科出了两个进士，被誉为"金氏二雄"。1919年回到稠城创办义乌医院的金祖铭，也医名一时。他曾在浙江医学专门学校学西医，后赴广州任黄埔军校军医，继而参加北伐，后履历不详。

据载，金世俊死后，皇上敕封他为"天官"之职，金姓居住处因此有天官第之说，以致后来，短短的北门金宅巷，有过天官府第的尊贵和牌坊林立的辉煌。可惜的是，由于岁月的变迁，加之城区道路的几经拓宽，建筑再三改造，北门街的金大宗祠被拆除，天官坊、进士坊、天官第等遗址，均荡然无存。

大江东去，风雨沧桑，荷花芯宜人的景色和辉煌已成历史，但不变的是世代沿袭下来的淳朴民风和人们勤耕好学的精神风范。

在弯弯曲曲的荷花芯弄巷，曾响起朗朗的读书声。正是这动人悦耳的书声，读出了一代代社会中坚，国家栋梁。数风流人物，首推中国铁道部科学研究院原金属及化学研究所所长、研究员金允文。这位1930年毕业于南京大学化学系、享受院士待遇的老专家，从荷花芯21号走向中国的铁路科研部门，为创立和发展铁道部科学研究院做出了卓越贡献。其次，已谢世多年的原《中国编译参考》主编孟圣德，曾多次赴美国考察讲学，多部译作轰动中国编译界，被家乡人引为骄傲。

荷花芯的名流前辈们历尽种种艰难，其治学精神也深刻影响了后辈，促使他们不断前行。受父亲的影响和熏陶，金允文的二儿子金祚康"子承父业"，进入铁道部科学研究院，成为该院标准计量研究所的研究员，女儿金苏华也早早晋升为成都理工学院的教授。当年，金允文多次给弟媳去信说，"要学到老"，并嘱托她给在美国耶鲁大学攻读经济学博士学位的孙女金赛男捎话，要"学成回国，为祖国效力"。

金赛男，果然"巾帼不让须眉"。被大爷爷赞誉为"天生聪颖，肯动脑读书"的她，1991年以浙江省高考文科第二名的骄人成绩进入北京大学学习，1999年从北大硕士毕业后，就读于美国耶鲁大学，因成绩优秀，连续三年获得该校基金会授予的杰出博士生奖学金。凭着中国人的出众才智，金赛男还提前为学校未毕业的本科生讲授美国福利、宏观调控等课程。

小小的荷花芯，以孟姓金姓楼姓为多，其中孟姓为孟子后裔。世代居住者都是过去农协村的农民。他们或开店、或摆摊、或种田，虽经济一度不很富裕，但他们自己勤奋好学，还肯培养孩子读书，学习风气浓厚。因此，学有成就者众多，一家三代从事教育工作的家庭也不断出现，可谓耕读家风，桃李芬芳。

孟圣模老人7岁到私立星拱小学读书（办在金大宗祠堂），后几十年读书吟诗，笔耕不辍，闲时为村民书写对联，生前留下一片翰墨清香，其乐融融。

98岁的楼德修一生执教四十余年，不仅痴迷教书育人，且以自己的品德影响、教育后辈，临百岁读书丹青以终。他和老伴有三个女儿，两个从事教育工作。二女儿楼小玲从教30余年，曾被评为义乌市"优秀教师""优秀班主任"，其女陈亭受长辈熏陶，也选择了教师的职业，执教于义乌工商学院。三女儿楼玫任教于浙江师范大学数学系，一生醉心教学，却惜逝教坛。大女儿楼洁瑷虽不教书，但夫妻俩言传身教，培养出的双胞胎女儿李鲜、李艳，成为浙江大学屈指可数的"70后"年轻女教授。

荷花芯人自古学习之风盛行，多以重视教育、推崇智力投资为乐，即便他们的孩子有了工作，也不惜送其上大学或出国"充电"。义乌之江大酒店负责人、孟子七十六代孙孟圣喜，大儿子孟腾当年从浙江工业大学毕业后已工作两年，现在政府部门工作。为了让其掌握更多的知识服务于社会，他鼓励大儿子报考了英国考文垂大学，再读研究生。另外，他的小儿子孟源当年也考入加拿大曼尼托巴大学，后为浙江大学研究生，现在就职于浙商证券投行部。

时光匆匆，岁月悠悠。古老的荷花芯在稠山绣水的版图上，一直闪耀着璀璨的光芒。如今，它因旧城改造被拆迁了，但我们犹能看到荷花芯人寒窗苦读的身影，这里培育出的一代代学子足以让人自豪和欣慰。

（王曙光）

历久弥新新马路

各类时尚名店云集，新马路公寓、绣湖文鼎公寓高耸，新马路菜市场雄姿再现，高8层、总面积27万平方米的"义乌之心"城市生活广场拔地而起……若不是亲眼见到，真无法想象如今新马路的雄姿。

忆往昔，四十年前，义乌还是名不见经传的小城时，新马路一带则是另一番景象：道路狭窄，房屋陈旧，路两旁的国营商店屈指可数。由于有街无市，遭人冷落。难得熙攘处，便是绣湖菜市场，以及百来米路段渐兴的大排面馆，后一度形成新马路大排拉面一条街。习惯日出而作、日落而息的农民，生活虽朴实简单，却让人眷恋。他们未改初衷，在乎那份真情实感，在乎生他养他的这方土地。

老新马路南起县前街，止于义乌酒厂，北至车站路与北门街交叉口，始修于抗日战争后期，全长1470米。

据载，建国前，稠城的街道仅有县前街、北门街、朱店街、西门街、南门街、赶婆桥横街（后改为红星街）。卵石路面，街道狭小，勉强可通行汽车。当时虽修了义东公路，有班车往来，却不进镇。建国后，稠城加宽修建了车站路和新马路，然后以新马路为主干线，修筑了健康路、绣湖西路。1977年12月中旬，金义公路加宽改造路基时，新马路同时铺筑了沥青路面。

记忆仿佛就在昨天。昔日新马路之侧有绣湖。绣湖又名绣川或绣川湖，它"群峰环列，云霞掩映，灿然若绣，湖因有名"。新马路毗邻的还有稠城镇中心学校（六改校名，今为绣湖小学）、义中大操场、义乌人民医院等，给人留下深深的回忆。

1959年11月，新马路湖清门设稠城汽车站。二十年后在车站路新建成义乌汽车西站，稠城汽车站随之撤销。义乌西站与义东路的义乌东站同为停发车站。自此，义乌的铁路和公路"齐头并进"，加之义乌运输公司、义乌客运旅游公司及个体联户共同经营客运业务，陆上交通网络日渐形成，为加快市场和商品流通做出了贡献。

改革开放前后，义乌的国营商业、企业发展较快，县百货公司、食品公司、石油公司、商业联合公司，及义乌酒厂设在新马路。其中百货公司，就下设纺织品、针棉织品、大小百货、文化用品、地方产品5个批发部。沿路一度还有商业局、交通局、乡镇企业局、燃料公司等单位。春江水暖，稠城被改革的春风唤醒。1981年上半年起，不少人在县前街、北门街摆起三三两两的摊位。后来市场容纳有限，又于1982年移至湖清门，继向新马路北段延伸，这就是被誉为"市场史诗般"的义乌小商品市场。

1984年12月6日的场景，我们用记忆再度唤醒：这天，义乌小商品市场在新马路北端太祖田畈建成开业。2847个固定摊位前人潮涌动，市场经营户和客商将1.35万平方米的占地挤得满满当当。参加交易人数日达数万，本地和外县公私厂商纷纷要求批准设摊，进场交易。繁荣兴旺的交易场面，一直延续至1986年9月新建好的城中路小商品市场（今义乌针织市场位置）开业为止。

新马路太祖田畈是义乌小商品市场的"福地"，可在"文革"前被称为"太祖殿畈"，是当地农民用来祈求丰稔、兼保平安的场所，系义乌城里四大太祖殿之一。后来，随着小商品市场的搬迁，这里又易为副食品市场。1995年11月，因政府市场规划调整，副食品市场迁到宾王市场。次年5月，改造后的新马路菜市场投入运营，1997年8月，形成于解放初期、当时义乌最大的蔬菜市场——绣湖菜市场因旧城改造关闭，经营户转入新马路菜市场经营。

新马路，见证了义乌小商品、副食品、菜市场三大市场的发展轨迹。它的岁月沧

桑，我们用感悟重新回味：因建设年代较早，新马路菜市场当初的规划设计相对落后，市场硬件设施也陈旧老化。于是，市政府于2004年在新马路市场附近规划建设义乌中心菜市场，并将此列为当年的市重点工程。经过多年建设，一个现代化、多功能、高档次的菜市场——新马路新菜市场于2015年春节前建成并投入使用。

从小生活在稠城，对新马路菜市场记忆犹新。老的新马路菜市场，钢棚铁瓦，设施简陋，冬冷夏热，除了买菜，谁也不想多待一会儿。新的新马路菜市场，现代建筑，设施完善，冬暖夏凉。市民也不用拎着菜篮子买菜了，推着车买菜就像逛超市一样。市民从丹溪北路、西城路、机场路等多条城市主要通道，均可方便进入这里。

光阴流逝，倏忽而过。得益于义乌改革开放的先发优势，新马路人或经商、或办厂，或开饮食店摊，或投入运输物流等行业，一直活跃在市场流通领域。随着稠城的商业兴盛，经济繁荣，一大批新建的住宅区陆续建成，原新马路附近的农民早已住进建设新村、绣湖新村，住房条件和生活环境也大大改善。

当今的新马路，历久而弥新。新的大街，新的高楼，新的精品超市，新的唯美公园……它傲居绣湖商圈的繁华中，却拥有一方静谧领地。

一代又一代义乌人陪伴着这座城市，旧貌换了新颜，用传奇挥写鸿篇。

（王曙光）

◆ 城市新了，可新马路往日的记忆，却久而弥新，
远而弥笃，涩而弥甘，回味无尽。
摄影/吴贵明　1999年摄于县前街

金山岭顶儒风盛

义乌钟灵毓秀，人才辈出，历来有"小邹鲁"的美称。昔日的金山岭顶，就建有多座义学和学堂，弦歌不绝，书声琅琅，飘逸着诗书翰墨的芳香。

在朝阳门、小东门（卿云门）范围内的金山岭顶，北起今工人路，南止文昌巷，东至驿墈巷。里面有直的后诸巷，横的庆云路、石鼓巷，弯曲的石鼓里、高墈头等。穿越时空，我们登攀朝阳门四十余级台阶，犹可沿着弯曲狭长的巷弄里行走，寻觅那高高的黄大宗祠，静静地与黄中辅、黄溍倾心交谈，饮酒吟诗。诗犹在，人离去……

义乌为婺之上县，素以尊师重教著称。自古历代地方官均十分重视教育，兴学重学之风盛行。县庠（儒学）肇始于元魏。两宋时期，县学、书院、乡学等遍及各地。元代又兴起社学。来自金山岭顶的元代大儒黄溍，就是从书院里走出来的俊杰儒流。

为明代始建做出贡献的宋濂、王祎、傅藻等名臣和诗人金涓、戏剧家高则诚等都是黄溍的学生。王祎赞誉他是"一代之宗师，百世之师表"。

黄溍（1277—1357），字晋卿，延祐首科进士，以《太极赋》驰名一时。《元史》称其与虞集、揭傒斯、柳贯一起列名"儒林四杰"。黄溍之"九世祖、八世祖，仍居婺之浦江"，自七世祖黄琳（？—1119），宋宣和年间始自浦阳迁居义乌城东隅金山岭顶，为义乌黄姓始迁祖。黄琳、黄中辅、黄伯信、黄梦炎（黄溍曾祖）……正如南宋国史院编修朱元龙所说，洞门黄氏一族"为诗书家最久"，无论是里居归隐还是仕显于朝，对文化的追求始终是家族重要传统。

"尚气节，不为苟同"的黄中辅，是抗金名将宗泽的外甥，曾经主管义乌庠序，著书授徒20年，以严厉教学著称，虽居草泽而忧念社稷之心弥笃；而黄伯信更是汲汲于"训子为学"；黄梦炎则是黄溍直系祖辈中唯一以进士登科第者，博学工文辞，为官"名节卓荦、立身不苟、惠民忧国"，一生有《诗文杂稿》10卷、《桂隐笔记》1卷存世。

受洞门黄氏一族尤其是元朝大文豪黄溍的影响，数百年来金山岭顶耕读传家，优学褒奖，读书风气浓厚，名家迭出。清康熙四十一年（1702）这里曾办义学，"义学之设，俾贫而无资者皆得有所成就"，校址就在黄大宗祠对面不远处，有正房三进，东西厢房各十间，学舍总共三十多间。

民国时期，金山岭顶的楼姓在祠堂里办有私立小学。黄大宗祠则办着私立江夏小

◆ 金山岭顶巷多而窄，偶见砖瓦延伸，徜徉其间，怀古念旧的心情会油然而生。
摄影/吴贵明　1999年摄于金山岭顶

学。元代黄姓族人黄潜，皇帝曾封其江夏郡公（江夏黄氏为黄姓分支之一）。学校取名江夏，是勉励少年学生以江夏郡公为榜样，认真读书，学好文化知识，长大后效力国家。

清末民初起，稠城大都聚族而居，大小宗祠众多，宗祠办学风气蔚然。较著名的宗祠小学有完小绣川小学（陈氏）、武陵小学（龚氏）；初小有江夏小学（黄氏）、求是小学（楼氏）、文明小学（毛氏）、星拱小学（金氏）等。有些族中贫寒子弟升学还可援例补助，本族子弟入学则不收费。像江夏小学是黄姓常产办的，黄姓子弟不收学费。由于学校办得出色，且对他姓子弟也一视同仁不收学费，附近学子也赶来就读，重教之古风可见一斑。

一个世纪以来，绣湖之畔书声琅琅，金山岭顶翰墨飘香。据载，稠城第一小学的前身是设于绣湖滨俞公堤上的绣湖书院，后改名为义乌高等小学堂（1904），学校屡易其名，几度迁址。抗战胜利，时称稠城镇中心国民学校，迁址至金山岭顶石鼓巷的黄大宗祠，与江夏初级小学合并。漫漫征途百余年，人文积淀，教育传承，数万乌伤学子从这里迈出校门，走向社会后一展才华。

义乌崇文重教的风气沿袭至今，办学讲学的传统很早为金山岭顶烙上鲜明的印记。1927年风雨飘摇之时，金山岭顶的黄钟瑞、楼良相（字梦粥），会同朱元松携手筹建义乌中学（开学时定名为"义乌县立初级中学"），出力出钱，奉献甚大。学校建成，两位先生并不谋取校长职位。黄钟瑞担任教务主任，挑起教学工作重任，后于1946年春出任义乌中学校长。1930年，楼良相受群众推举，放弃杭州宗文中学优厚待遇，与著名乡村教育家杨效春一起负责整顿义乌中学校风，次年起担任学校训导主任、总务主任，后兼任教学工作。由于他貌视威严，不拘言笑，对学生却严中有慈，大家戏称其为"城隍老爷"。

金山岭顶有位16岁中秀才的楼虎臣，能诗善文，一生喜书爱书，藏书极为丰富。清末民初，他身兼县劝学所所长、县商会会长两职，清廉自持，热心兴学，公正办

◆ 后诸巷弯弯曲曲，店家和诊所三三两两，而砖木和瓦的世界，是要用很长的时间来回味的。
摄影/金福根 1999年摄于金山岭顶

事，享年78岁。惜大量文稿和藏书毁于文革。街坊好友追念其人品，以"邑人共仰"挽之。

崇学校、养人才、誉先贤……叹千年沧海桑田，不少老金山岭顶人由衷敬佩的，是黄卿夔父子的学识风范和藏书经历。

黄侗，字晓城，清末科秀才，曾加入同盟会追随孙中山先生，一生著书立说宏富。满清推翻后任省议会议员、省统税局局长。1933年，他60岁时亲戚朋友向其送礼祝寿，他奉先父遗愿把祝寿礼金如数拿来印书，并请宿儒吴镜元堪校，印了他父亲黄卿夔的《石古斋诗文杂存》《文存》《杂存》各一卷，陈元颖的《栗园诗草》，以及自己编著的《义乌兵事纪略》等。在为前任知县楼杏春印《粲花馆诗》时，楼的后人起初不愿拿出原稿校对，可黄侗百折不回，经过多方努力，终将此书付梓。此举使这些清代著作流芳后世，飘逸书香。

黄卿夔（1851—1907），学识渊博，精研古籍，以聚书、藏书、著述为乐事。《骆临海集》10卷4册、《宗忠简公集》8卷2册、《黄文献公全集》等一批珍贵古书，经过他亲手校订，质量均属上乘，留与后人。黄卿夔幼子黄佃，民国初年亦任义乌县立模范小学校长，自编教材，力主"寓庄于谐"和"潜移默化"。后担任县立女子学校教师，以敦品力学消除社会歧视女学的偏见。

金山岭顶人执著文化、书香传家的耕读家风在延续，并发扬光大。曾任义乌中学校长（时称主委）的楼仁爱和大学教授黄关林等已谢世；清廉自奉、才华横溢的黄躬省，数学名师、誉满教坛的楼良茂（曾任义乌中学校长、党总支书记）等亦已家居养老，却尚在熏陶指导后辈，扬厉家族诗书世泽。而今奉献在教育岗位上的金山岭顶的后起之秀，更为群星灿烂，风华正茂，成为"邦国英俊渊薮"。仅楼良茂一家祖孙三代，就有6人从事教育工作，在浙江大学、浙江中医药大学、义乌中学任教，可谓地道的书香门第。

这一切，也正是乡人在故里设立"黄二贤祠"，以纪念黄中辅、黄溍两位"屹立为中流砥柱"的乡邦俊髦的缘由所在。

（王曙光）

黄大宗祠冠稠州

义乌虽小，文脉不绝。悠久的历史积淀，造就了难以胜数的宝贵文物古迹。义乌市级文物保护单位——黄大宗祠，便是一例。

黄大宗祠坐落于稠城街道县前街朝阳门外驿墈巷，主体建筑建于明末清初，门厅于清末重修。建筑原名星聚堂，乃黄氏后裔为祀先祖黄伯珪而建。"七派子孙今有禹，一门孝友古无双"，这副留存于民间的黄大宗祠联，就带有深深的"义乌印记"。

黄氏宗族瓜瓞绵延，婺州一系。义乌洞门黄氏一族自宋宣和年间迁于浦阳，初始无祠。自浦阳始迁乌伤，孳衍以至黄潜。自宋以降，黄氏作为浙东望族，簪缨世家，人文蔚起。七派子孙乃"忧国忧民；博学善文，节义宗风"，这无疑使后世弥增景行之慕，其家族文化传统亦得以绵延与传续。

据义乌县志记载，义乌洞门黄氏以乡先生之礼获立祠者有二：一为祭祀黄中辅（黄潜之六世祖）的特庙，称"黄细高居士祠"，旧在县东金山岭顶；另一为黄文献（黄潜）公祠，在绣湖之东，它由黄潜高足宋濂选址，并作祠堂碑记，王祎则作碑铭。

明末清初，二祠毁于兵燹，未能重建。后二人并重祀于乡贤祠，以气节文章著文于世。黄二贤祠为黄氏族人纪念黄中辅和黄滔之合祠，由黄伯珪派下子孙独任修建。工程始于清雍正七年（1729），次年告竣。后太平天国运动爆发，太平军占据县城，民房被毁者十有八九，唯黄大宗祠幸存。有道是，乱世中无完卵，兵燹之余，该祠还是难逃厄运。同治元年（1862）被兵拆毁。清同治十二年（1873）时，部分重修，祠成，题有"高山仰止"匾额。

◆ 当下的黄大宗祠已成为群文展厅，书画展览、曲艺专场，好戏连台……
摄影/金福根

20世纪80年代，朝阳门拆迁改造工程之后，唯存星聚堂，即今黄大宗祠。该祠分别在20世纪90年代初和2008年又经历了两次修缮。

黄大宗祠建筑始建于明永乐年间，缩堂与正寝大体保留明代建筑风格，门槛、川堂和两庑为清嘉庆年间重建。它分三进五开间左右连廊庑各三间，中间连川堂二间，前院天井方正大气。建筑用硬山顶，阴阳合瓦，檐口设勾头滴水，山面用五花马头墙。台基渐次抬升，蕴含步步高升之意。

其大门设在中轴线的最前面，原为"八"字形台门，现已改成"一"字形院墙门。门厅两层，为穿斗结构，装修较简。正厅为建筑之核心，明、次间敞开，用通柱，明、次间四柱，梢间五柱。柱下安石鼓、磉礅，三合土铺地。

出正厅后檐明间设穿堂通后厅，穿堂用四柱，五架抬梁，四周大额枋，地面用条石铺砌，两侧天井铺鹅卵石。后厅明间设两级台阶，明、次间敞开，梢间板壁隔断。明、次间五架抬梁前单步后两单步，单步梁下安穿枋，梢间为穿斗式。出檐用素面木条斜撑，挑檐檩下安垂莲柱，与檐檩间用单步梁连接。

说起黄大宗祠，不得不提及当时刻录于该祠大门的另一副楹联："宅相京东一留守，门第江南二大儒。"该联时代久远，少有人知。由何人所书，亦难以考证，然楹联寓意深刻，书体雄健。据载，黄溍七世祖黄琳（？—1119）娶南渡名臣忠简公宗泽胞妹，故宗氏与黄家两家有联，乡邑俊彦的影响更为直接，两家在气节操守上有相通之处。因而大儒之一的黄溍早年读到宗泽事迹时，曾被其"苍然国家意，委身干戈里"的节概深深打动，也致慨于"巨舟竟未焚，三语犹在耳"、赍志以殁的悲壮情怀。颜乌以孝、宗泽以忠，成为黄溍家族文化传统的潜在感召力量。

纵观黄大宗祠，建筑布局规整，结构简约，较多地保留了明、清早期江南建筑的地方做法，为研究浙中地区明清早期建筑的时代风格提供了实物资料。

如今，修缮后的黄大宗祠由义乌市文化馆管理，用于举办曲艺专场及文化活动，还成为了浙江省级"非遗"保护项目传承基地。为让文化遗产活起来，有关部门经常在此举行各类"非遗"展览，如在我国第九个文化遗产日之际，黄大宗祠内上演了精彩好戏——"非遗"图片展、"非遗"活态展示和曲艺专场演出，市民在现场深切感受到"非遗"带来的独有魅力，活动甚至轰动了整个义乌城乡。

（王曙光）

世泽绵长戚宅里

义乌兵是义乌人作为一个群体，在中国战争史上最光辉璀璨的一页。翻到这一页，人们看到的是当年浴血奋战抗击倭寇的义乌兵。当年的英雄赞歌依然在传唱，西门标志性建筑戚家公祠历经四百多年，如迟暮英雄立在稠城街道西门老街的小巷里。

戚氏宗祠位于西门街77弄一带，原名"大厅里"，群众俗称"戚宅里"。据当地居民回忆，早年的戚宅里有五进（也有说三进、七进的），现在只残存前进几间，屋前有魁星塘，四周设石围栏。戚宅里附近还有戚塘，据传它因抗倭名将戚继光在此屯兵练兵而得名。现只存该建筑群的门厅、仪门和部分边房，仪门较完好，面阔五间，进深五檩，明间分心造用三柱，前后各用双步梁与劄牵，内额用一斗六升和一斗三升两层襻间拱，板门无存，门档石尚在，其余各间为穿斗结构。

当年，戚继光就在他捐资200两黄金建造的戚家公祠招募义乌兵，应征者云集，英雄好汉共商御倭大计，一派热闹。

《定远派显祖武毅公传略》有一段文字，翻译成白话，大意为：戚继光来义乌招兵时，刚好碰到西门一位姓戚之人，相谈一番后获悉，原来两人同宗同支，在对方的诚邀下，戚继光带着家眷暂住其家，张罗招兵事宜。至于坊间传诵的戚继光在此"练兵"之说，有从事史料工作的人士认为，这是不靠谱的，这么小的空间不要说练兵了，就是把兵士集合在一起都站不下。

一些资料上说，戚继光上祖系义乌人，到义乌招兵，是带有家族性质。据乾溪派现存戚氏宗谱中《定远派显祖武毅公传略》一文记载："亲诸金华义乌一带征募建儿三千，严加训练。时嘉靖三十六年（1558）五月事也，我上戚派显祖孟满公正乔居义乌西门，与之相值，叨在族谊，随安眷属于其家。孟满公亦忠于戎装铁马，千里来归，两相邂逅，备极亲挚，为尽地主之谊，设宴于庭，凉月清风，盏杯联欢，与叙族谊，始知公乔迁定远已历十有三世矣。"说明戚继光上祖第十三代离开义乌。

◆ 沉寂在绣湖边的西门戚宅里，残存的建筑几十年几乎未变，仿佛在述说着一个个遥远的故事。
摄影／金福根

戚家军的成分主要是义乌人，第一次到义乌招了4000人。嘉靖四十年九月第二次又募义乌义兵3000人。嘉靖四十二年癸亥（1563）正月，以福建倭患剧起，复参政谭论讨之，福建巡抚游震请诣浙江后讨贼。二月令戚继光第三次与汪道昆来义乌招募精兵一万人，戚继光将以往，仍命赵然协剿，炳然亦请练福建土著。隆庆五年（1572）十月，戚继光第四次往义乌等地招兵6000人，其中有一部分是东阳、浦江、金华人。加上隆庆二年（1568）五月从义乌带来的3000人，四次共招兵26000人。稠城绣湖边建有抗倭亭，日军侵犯、义乌沦陷时此亭被毁。

戚继光为何要到义乌招兵？据清嘉庆《义乌县志》记载，嘉靖三十七年，由于传说义乌倍磊八保山一带有银矿，永康与处州人哄骗上千人到八保山抢矿，倍磊大户陈大成（后成为戚家军名将）等率领族人奋起护矿，于是发生了大规模的械斗。一开始义乌人失利，被打死了好几个人。随后，赤岸、毛店等地的人都参与进来，共聚集三千多人，双方的械斗持续数月。义乌人最终获胜，俘虏200多人，最后一次竟"击杀千余人"。

戚继光到义乌招兵，就是源于这场惊天动地的打架事件。他在《练乌伤兵议》中简要地说明了他到义乌招兵的原因："闻义乌露金穴，括徒递陈兵于疆邑人奋荆棘御之，暴骨盈野，其气敌忾，其习悍而自轻，其俗力本无他，宜可鼓舞。及今简练训习，即一旅可当三军，何患无兵也。"获得浙江总督胡宗宪同意后，1559年9月，戚继光往义乌招兵，并设置了重重规定，只吸收不投机取巧、不怕死的老实人当兵。

义乌兵也没让戚继光失望。经过严格训练，以义乌兵为主体的戚家军，成为中国历史上最能打的队伍之一。自成军起，转战浙江、南直隶、福建、广东，大小数百战未尝败绩。万历时甚至雄起起跨过鸭绿江出征朝鲜，打击日本丰臣秀吉侵略，保卫了大明北疆的安全。

岁月悠悠，如今的戚宅甲大夫第容颜已改，但人们仍可以联想到当年的群情激昂、慷慨壮志……

（林晓燕）

井深流水渊源古

经历漫漫数千年的义乌，在汉代甚至更早，有无形成人口相当密集的城市？也就是说，主城区的绣湖广场位置，是否属于古代人口相当密集的城市中心区域？随着2000年义乌旧城改造时发现春秋战国水井遗址和汉代古井遗址，这一谜底已被完全揭开。

2000年5月2日，在旧城改造绣湖广场建设工程中，施工人员首先发现春秋战国的一口水井遗址。该遗址坐落于原朝阳门南侧金山岭顶的小山坡下，现位于绣湖广场的东北侧。水井距离地表约4米，下层为岩石质井壁，呈圆形，上层为木质井架，呈正方形，建筑形制为"井"字形木结构半榫叠架而成。

"这是义乌市境内现存时代最早的水井。"据义乌市文物部门介绍，该水井表明在距今约2300年前的春秋战国时期，义乌人已熟练掌握了榫卯连接技术。从已碳化的"井"字形井干式木架井构造来看，当时的木构造营造技术已经相当成熟。这是义乌古老城市文明的见证，对于我们研究古代都邑、乡井、里邑等九宫布局模式，具有很高的历史和科学价值，同时对研究当时的社会结构、生活、木器加工工艺等也具有重要的价值。

◆ 金山岭顶发掘出春秋战国时期的十三口古井，此为唯一的一口木架井。
摄影/金福根

　　同一天，施工人员在不到1万平方米的同一区域内，还意外发现古井二十多口，其中汉代古井11口。这11口汉代古井，井与井间隔约8米，分两排整齐排列，井壁用古绳纹汉砖砌筑。据现场采集到的一块汉砖看，正面刻"有泉"两字，"有"字系甲骨文写法，"泉"字为篆体，笔意近古隶。砖的侧面有太阳纹纹饰，另一侧有动物线条阳刻图案。汉代井群的发现，足以证明义乌稠城早在汉代时，就已经形成人口相当密集的城市，而且可以推断今绣湖广场的位置是人口相当密集的城市中心区域，为乌伤古城的县治位置认定提供了佐证。

　　还有，当时出土的13口古井群，木架古井的木头已碳化，井底还有春秋时期制作的细条印花陶罐。市井交易是商业的滥觞，如此密集的水井的发现，确实表明春秋时期，古乌伤地区商品交换已较为活跃。

　　义乌古井中最著名的"富、贵、贫、贱"四井，旧传为晋著名方术士郭璞所凿。据史料记载，郭璞选凿的四个井方位，还应该是晋时乌伤县城大致范围的坐标。

　　义乌文物办专家黄美燕的观点十分鲜明："由古制'八家为一井'，可以认定，古井密集之处，即有古代井群的出现，必定是人口密集的城市中心。"

　　秦时乌伤一县，得今金华、义乌、永康、武义四县，及兰溪之东北、仙居之西、缙云之北、东阳之西、浦江之南诸乡之地，其治在义乌。新莽时（公元9年）改县名乌孝。故宫博物院保存至今的新莽时期的铜铸"乌伤空丞印"，是见证乌伤文明的最早实物证据和浙中地区最早的文字形象。

　　东汉建武初复称乌伤，曾为会稽西部都尉治（可见乌伤县当时确实为政治、军事防务重地）。都尉治的设立，一方面使乌伤县政治、军事地位提高，另一方面，也为日后乌伤分县、东阳郡开设等埋下了伏笔，显示了历史发展的必然趋势。

　　唐武德四年（621），曾割乌伤一县，别立绸州，绸州以稠山（德胜岩）而得名。六年，分置乌孝、华川二县。华川城城址，在今赤岸城山，距义乌县治30里。七年，乌孝、华川二县合并，更名为义乌县，隶婺州。乌伤县从此退出历史舞台，消失在茫茫的时空中。

（王曙光）

古城祠堂"忠孝义"

元明以后，义乌城里的宗教力量渐渐淡薄，但是宗教观念浓厚。城里
人口由于消长变化，宋朝以后多从外地迁入的居民，逐渐成为城里人口的
主体。各姓各族聚族而居，如东门黄、陶，南门毛、刘，西门陈、童，湖
清门李、陈，北门金、楼。为了同姓同族宗亲的生存发展，各姓各宗都建
立自己的同宗祠堂，作为团结的纽带，义乌古城祠堂多，这是一个原因。

祠堂是古代的人文文化，主要受儒学思想的影响。义乌古人特别重视
孝德，定居义乌的，不论哪姓哪族，都继承了这一美德。"孝"的表现形
式很多，除了孝顺父母，尊敬长辈，还要追思祖先。古人追思祖先的主要
形式是祭祀，祭祀成为人生最后归宿的精神安慰，活人对死后的精神寄
托。祠堂就是祭祀祖先的场所。

住在义乌城内的各姓各族，都有一座本姓本族的祠堂，这种祠堂一
般称宗祠，还有大宗祠、小宗祠之别。这种宗族祠堂，不过是城内众多
祠堂中的一种类型。城里，还有为义乌人民的县官而建的恩祠，也是为
了追思和不忘。除合祀的名宦祠，还有为个人建的专祠。奉祀义乌先贤
的乡贤祠，也有合祀祠和个人专祠。

◆ 义乌古城祠堂多。
嘉庆《义乌县志》图录

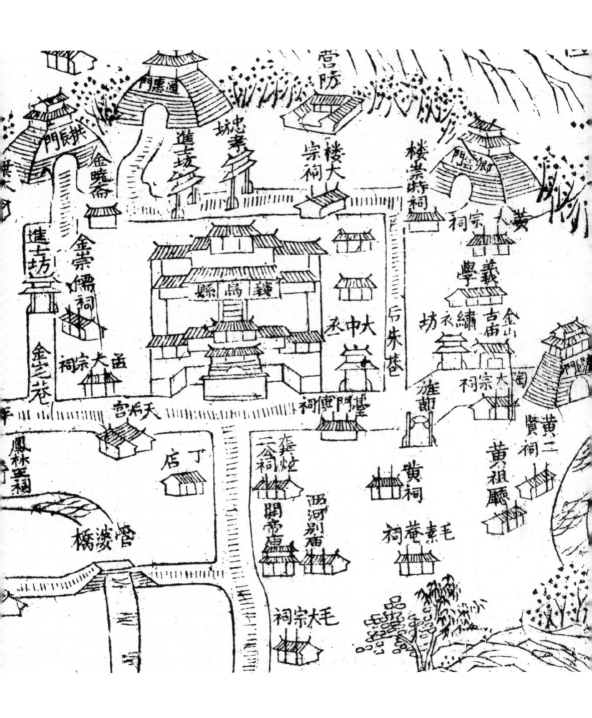

城内追祀祖先大小宗祠，黄二贤祠即是宗祠。楼大宗祠在县治后。龚大宗祠祀宋侍郎龚实，在赶婆桥河滨。毛进士祠祀宋宝谟阁学士毛炳，在南门内。台门傅祠在县治南。孟大宗祠在县治西北五十步。陶大宗祠在金山岭内。龚炫二祠、毛素庵祠、毛西河别庙都在南门内。陈进士祠、陈诚宇祠，都在绣湖西。童大宗祠在前河滨。陈节孝祠在城西。蒋元正祠在塔溪巷。陈西派祠在南门外。陈义和祠在绣湖心（今绣湖小学右前部）。王德二祠在西门。李大宗祠在湖清门内。王凤林祠在县治西南新吴桥。金南湖祠在县北上花园。原金宅巷还有金氏宗祠，拆迁前为建设银行营业所和金完四公祠。

这些祠堂的名称冠以姓氏的，如楼、龚、孟、陶、童、李、金等，多以大宗祠相称。有的以定居义乌后最有名望的祖先相称，如陈进士祠、毛进士祠。同一姓氏有多座祠堂，有的属于不同宗派，如陈进士祠与陈义和祠，前者为西门陈；后者称湖清门陈；有的则不是，如陈进士祠与陈诚宇祠，都是西门陈。

县官有任期，受民众敬爱的县官调离，百姓往往极力挽留，但自然无济于事，于是就给好官撰写"去思辞"，将其德政、行谊刻于石碑，名曰"去思碑"，以示人去恩存，百姓不忘恩德。古代《义乌县志》上，载有多篇这类去思碑的碑文。还要给他在"名宦祠"中，立个木制牌位，享受县人祭拜，特殊的则给他建立个人专祠。

为历代好县官建的名宦祠，建于孔庙棂星门乾门之左，祀明代义乌知县王允诚、张永诚、吴祐、李玉、刘同、方介、汪道昆、潘允哲、欧阳柏、周士英、朱显文、俞士章、吴尚默、许直、熊人霖，清知县孙家栋，明县丞刘杰，教谕王汝源、李汰，总督范承谟、李之芳，巡抚朱昌祚、马如龙，提督李塞白理，共24人，后5人是浙江全省统入名宦祠的。可是立有"去思碑"就不只这些。

还有专祠11座，分祀知县潘允哲、欧阳柏、范俊、金继霄、周士英、张维恒、朱显文、周廷侍、吴尚默、贡修龄、许直，他们都有事迹记载，如写潘允哲"冶乌（古代人对乌伤、乌孝、义乌都简称"乌"，现代才称"义"）不为夸炫"，"惟求民所不便者而去之"。写欧阳伯"召邑中父老问疾苦，察民所不便悉更之"（不受百姓欢迎的措施全部废除）。写周世英上朝廷进疏，要求禁止到义乌募兵（时义乌人口锐减，已靠老弱耕种）。

明末知县熊人霖，还为县官七贤，造了一座讲仁祠，奉祀张永诚、刘同、刘杰、罗柏、欧阳柏、范仪、熊鸣复，熊人霖写了祠记。其中知县刘同，曾上疏朝廷，请谥王祎为忠王。王忠文公的谥号，是王祎死节云南多年之后，义乌知县刘同向朝廷申请来的。

城内为追思义乌先贤建的合祠有多座，如建于孔庙乾门之右的先贤祠，儒学孔庙之东的忠孝义祠，明朝嘉靖二十二年建的四贤祠，建于忠孝义祠之左的节烈祠。忠孝义祠，受祀者中的城里人，忠有童必大、刘仕龙，孝有颜乌、龚昙，义有骆宾王、陈昭、黄中辅。四贤祠，则祀宗泽、徐侨、黄溍、王祎、黄溍为城里人。到万历初，加了龚泰，成为五贤，而改名忠贤祠，意谓"忠者必贤，贤者必忠"。

此外，城内专祀先贤的，亦有多座。永慕庙，即孝子祠，祀颜乌。宗忠简公祠祀宗泽，在文庙左。童忠义祠祀童必大，在西门街。黄细高居士祠祀黄中辅，在金山岭顶。朱左司祠祀朱元龙，在城湖东。叶通斋先生祠祀叶由庚，在县北槐花门（北门）。黄文献公祠祀黄溍，在县治西。金本先生祠祀金娟，在县西崇儒坊巷内。龚忠节公祠祀龚泰，在城南河滨。黄二贤祠祀黄中辅、黄溍，在城东朝阳门外，即今驿墈巷黄大宗祠（原名浙东望族祠）之左，1943年被日寇焚毁。梅麓公祠祀朱之锡，在东宫岳之左，其址在今人民医院门诊大楼东部。

祠堂是祭祀的场所，是修篹谱牒的场所。祠堂产业的收益，除了用于祭祀和修缮祠堂，还用于举办公益事业。县城各姓各族，最突出的公益是助贤和办学。县城不少祠堂，常被地方政府借用，主要是设置机构和供过境军队驻扎。

（翁本忠）

稠城马行寻马迹

稠城马行是何时开始盛行的，这要追溯到辛亥革命时期。在有火车汽车之前，义乌用什么交通工具代步？据了解，辛亥革命以后到1931年杭江（现浙赣）铁路通车前，主要靠马代步。

马房业中的乘马，盛产于长江流域，浙东亦盛产之。经营马这种交通工具的户叫马房，相当于现在经营汽车的专业户。义乌县城经营马房行业最早的叫孟章秋。当时他家最多养过七匹马。城里先后经营过马房的有陈大瑞、楼长春、叶茂合、王文达、胡仲昌等户头，全城最多时将近有40匹马。这些马多是从新昌、嵊县买进，也有从杭州引进。

各马行喂养的马体型都较小。公马母马除使役外，也供繁育。马以耳直，形如削竹，眼突而大如酒杯，腿长，蹄厚为好。腰束脊平，后来蹄上钉铁掌，这样可以提高马匹在乱石中的行驰能力。经营马房行业的孟章秋会相马驯马，人家称他为"义乌伯乐"。马匹成交时，也往往以他讲的价格为准。

马房走的路线大体上北到诸暨或临浦，西到金华、兰溪，南至佛堂，东达东阳。这些地方除东阳外，大多为水路转运口岸。

租用马匹的多为学生、教师和其他公职人员。租马要付租费，一般1华里（今约500米）要收3分钱，相当于1市斤（约500g）谷价；满20华里者则按每华里3分钱计算，不足20华里者收费5角。租马由牵马者跟随。牵马人（亦有称为"马保"的）走在马前，一是为了安全，防止马狂飞乱跑，二是控制速度。牵马人都身强力壮，善于竞走，他可给旅客带少量行李并收取一定酒钱。

马房的马在夏令和仲秋前，入夜多披牧衫。由于饲料精良，马匹多数养得膘肥健壮。一个带马人有时可带5至6匹马外出，老马在前，马与马之间连以缰绳，远走外地而不会出事。有时迷路了，老马能找回家，这就是古语"老马识途"之谓也。据说，孟章秋马房的大青马很通人性，还能辨别家人呼唤的音调而自动返蹄马厩，在牧地不需缰绳不打木桩，不会偷食庄稼，有时遇到小孩伏在窄狭的路段上也会跨越而过，不会踏伤小孩。

1931年杭江铁路通车，马房生意从此一落千丈，马房也就先后倒闭。

（孟希伦　孟海谊）

仰德追远说牌坊

义乌城内，以往没有府第大院，缺少亭台楼阁。寺院宫观寥寥无几，唯独牌坊林立，祠堂棋布。清朝后期，城内还有47座牌坊。所谓城内，以现在的地名来说，其范围在工人西路以南，城中中路西北，新马路之东。牌坊多数骑跨街巷建造，少数建于街巷旁边。小小一个县城，建着47座牌坊，自然是随处可见。清朝后期，如将已倒塌的33座牌坊全部复原，就有约80座，可谓壮观无比。

老县城的牌坊林立，有多种不同的性质，颇具一定的文化内涵。如表彰乡里的忠简里坊、忠文故里坊，前者彰扬宗泽，后者旌表王祎。宗、王虽不是城里人，但义乌是二贤故里，城里立这两座牌坊，使县城倍增光彩。

也有砥砺民风的，如振纲坊、肃纪坊、里仁坊、兴文坊、明德坊、澄清坊、新民坊、崇儒坊、廉平坊（由宣化坊改）、节爱坊（由正己坊改）、遵道坊、成德坊等等，相当于随处可见的"县民守则""县民公约"。乡下人到了城里，看到这些牌坊，定能振奋精神，决心勤耕苦读。

牌坊还有引导努力追求德行与才学的，如阜通（博识之意）、中和、文星、登俊、真儒等等牌坊；又有祈勖青少年奋发向上、正心修身以取得学识与才能成就的。

表彰功名的，都为一定的对象建造，如城内两座进士牌坊，一座在县治（即县衙）北（今工人西路境内）为当地的楼斗南、楼子固、楼子晏立，他们都是南宋进士；另一座在金宅巷（后拓宽为北门街南段），为当地明代进士金士俊、金德义立。兄弟进士坊，是为华溪的明代进士虞守愚、虞守随两兄弟立的。为宋末状元王龙泽立的称湖清坊，以应"绣湖清，出状元"之谚。为明赵胜立的绝魁坊，为明宋湘立的会魁坊，也都是进士牌坊。此外，还有不少系科举功名牌坊。

旌扬显官的牌坊，有直表官名的，如为宋虞复立的尚书坊，为明金世俊立的天官坊。虞复系华溪人，金世俊则为城里荷花芯人。还有为明吴百朋立的天台上卿坊，旌

◆ 古时义乌县城曾建有80座牌坊，主要功能在于表彰，旨在向上向善，随着历史的兴替，它已成为一段记忆。
嘉庆《义乌县志》图录

表吴百朋的朝廷忠臣身份，天台就是指朝廷。为明虞守愚和吴百朋各立一座都宪坊。吴百朋曾任右都御史，虞守愚曾任副都御史，都俗称"都堂"，左右都御史均是明朝最高监察机关都察院的主管。为龚一清立殿中执法坊。龚一新有"执法不饶"之誉，他力主王阳明从祀孔庙，心学与理学并尊。为明李鹤鸣立雄飞坊，为明楼镇主立鹏雷振翼坊，为曾给皇帝讲解过经传史鉴的明学士虞德烨、虞怀忠立经筵同侍坊，均分量不轻。

废稠州后，建义乌县，义乌是建过州的全国性甲等县。明代和明代以前，从府治金华进入义乌县界航慈溪，从会稽郡治绍兴、京都临安府、省城杭州，自北方经诸暨进入义乌县界善坑岭，这两个义乌县界的大道口，都立有一座"文武忠孝之邦"的牌坊。莅临义乌的官员通过牌坊，须得武官下马，文官下轿。另外，义乌县知县办公的衙门外，有一座"稠州甲邑"的牌坊。稠州州域，包括现在义乌、东阳、磐安、浦江四个市县的全境。稠州甲邑，不是指这个区域的甲等县邑，而是指唐初朝廷将乌伤县提升为县以上的州建制，曾经升州的县，才是全国性的甲等县。"稠州甲邑"牌坊，所表的，是义乌历史。

义乌县衙（其址在义乌市府大院内）大门口，古代还有一座"越右通都"大牌坊。"越右通都"表明义乌老县城，是於越时代的通都大邑。可树"越右通都"牌坊的，除了义乌，恐怕只有诸暨和山阴（今绍兴）两个老县城了。古代立牌坊，并不能随心所欲。凡见过牌坊的，必能见过牌坊正中上首的"圣旨"两字的直式匾额，说明立牌坊要有皇帝圣旨。至于为何这类牌坊到了清代就没有了，当时统治者不允许它的义乌知县老是记着前朝统治的历史，是其主要原因。

立牌坊的主要功能在于表彰，表彰范围这么广，对象又这么多，说明古人的教化，是从多方面着手的。教化之旨，在于安邦。古代采取激励的机制，统治阶级为世人开辟了多条奋斗道路，而以获得律牌坊作为最高级的荣誉。牌坊是荣誉的标志，又是向上向善的路标，在这种浓厚的人文环境里，"轨道以定其趋，崇德以昭其化"，有功于城里社会秩序、习俗风尚，自然成为四乡的表彰。

（翁本忠）

进士风采著朝端

初唐神童骆宾王的出现，离不开文化教育的哺育。义乌老县城也在婺州"小邹鲁"的美誉中，崭露头角。

在汉朝，乌伤已有学习场所，东汉时期出现了杨乔、杨璇兄弟和骆俊、骆统父子等杰出人才。县学办于孔庙，因孔庙称文庙，县学故而又称庙学。北宋时，城内的孔庙在县署之南，宋仁宗庆历中（1041—1048）县令在孔庙中开始创办县学。宗泽系哲宗元祐六年（1091）进士，可说是义乌县学培养出来的第一位人才，自他之后，县人在北宋还出了王永年等13位进士。孔庙的重建增建，都是为了有利于办学和完善规章制度。

南宋一代的一百五十多年间，义乌县人中了多位进士，其中还有一名状元，一名榜眼，成为义乌历史上科举最盛、进士人才最多的时期。推其原因，不外乎两个方面。其一是南宋都城临安，离义乌不远，赴京赶考成本不高，推动了县人致力于科举。其二是义乌徐侨曾受教于理学大师朱熹，他向理宗当面提出定理学为儒学正宗，将理学大师朱熹、张载、周敦颐、程灏、程颐从祀孔子，将牌位供于孔庙，自己又回乡教了十七年书，将程朱理学首先传授给义乌学生。科举命题侧重理学，使成义乌人在答卷方面具有一定优势。

◆ 文化遗产的精华，砖砖瓦瓦都蕴含着历史。　　义乌中学提供

　　南宋的众多进士中，义乌城里人所占的人数不少。第一位是元代黄溍的上代黄畊，与永康陈亮同榜。陈亮是头名状元，他是第五名，做过郡丞，职务大致像近代的副专员，事迹不详。中进士的时间比徐侨晚6年。

　　第二位童必大，是嘉定十年（1217）的进士，任安定（在今甘肃境内）知府时，指挥部队与攻城的蒙古骑兵作战中遇害。他是义官，是在保卫全城的生命财产安全中牺牲的，后尸体运回安葬。县人在他的出生地西门，骑街造了一座"崇祀名贤"木牌坊。清乾隆间人们把童忠义祠从西门外胡公庙东迁，建于西门街边上市心，作为童必大与童子明两人的专祠。这说明爱戴忠臣义士是义乌的文化传统。

第三位进士是西门陈林，嘉定十三年（1220）中进士，这年陈亮刚好80岁。陈亮第四子陈免定居西门，陈林可能是陈亮的孙子。新中国成立后，西门还有两座并排的陈姓大祠堂。右边这座称陈大宗祠，左边这座称陈诚宇公祠。陈大宗祠原称陈进士祠，是祀陈林的。陈诚宇名道益，是明代人。

三年时间内，西门那个很小的范围里面，出了两位进士，这是了不起的大喜事，别的县里很少见。中进士被誉为"蟾宫折桂"，两位进士就成为"双桂"。西门街一条向南的弄堂就称为双桂巷。进士可以做大官，进士和大官被义乌民间称为贵人，因此双桂巷也被称双贵巷或双贵途。这给义乌县城添了不少光彩。

婚嫁是古人大事，义乌人讲究吉祥，心理上获得满意的感觉，生活就充满信心，鼓足干劲。城里人迎娶新娘，都从东门进，因为祥瑞的紫气从东方而来（"紫气东来"），加上进朝阳门是步步登高的，因为朝阳门的城门外，有多级石阶。新娘步步高升进门，预示未来的贵子也步步高升。这给城里人迎娶创造了欢乐喜悦的环境氛围。

可是城里人嫁女是不能向朝阳门抬出去的，要向西方出去，而正西方又是被称为险恶的凶地，古代行刑的刑场就在西门外。西门出了童、陈两位进士后，聪明人把那条朝南的巷子定名为双贵巷或双贵途，也就不足为奇了。城里姑娘出嫁，经双贵途出去。双贵意味着娘家、夫家两家都贵。办喜事能从心理上获得愉快，这是十分要紧的文化心态。朝阳门和双贵巷的人文环境，给义乌城里人造就了幸福的场面，城里的媳妇和姑娘，因而身价百倍。

再说南宋时代城里人中进士，当然要归功于县学的近水楼台了。在陈林中进士之后的第二十一年，也就是理宗淳祐元年，与县署数十步之隔的南门刘仕龙也进士及第。刘仕龙的高祖刘辉、刘熹兄弟，却是宋孝宗乾道元年（1168）的同科进士，而且都是金华学派的鼻祖吕祖谦和理学集大成者朱熹的学生。刘辉做过南康知府，刘熹只当了登仕郎。南门刘家本是西汉高祖刘邦的后代，由于东汉光武帝把太孙封在乌伤，后来封号取消，子孙就成为平民百姓了。

刘仕龙一直在西南做地方官，景定元年（1260）奉命去雷州任知州。雷州在广东南部的雷州半岛。那时"寇""敌"甚多，他尤重视城防。景定五年，"会敌犯疆"，刘仕龙率将出战。百姓见了说："御敌在将，你是文官，怎能上战场呢？"刘仕龙回答："保卫疆土，文臣也有责任，我怎能贪生怕死，忍心百姓受敌人蹂躏的痛苦呢？！"于是指挥部队上阵应战，结果被敌人流箭射死。其遗体被运回义乌，安葬于倍磊、毛店一带一处山上。十六年后，南宋末帝赵昺流亡到广东新会，户部侍郎季镛将刘仕龙的守疆牺牲事迹加以禀报，赵昺封赠刘仕龙为武节侯。后人在青村银树园造了武节侯祠。

南门毛炳，中理宗宝庆二年（1226）中进士，官至天章阁待、待制，宝谟阁学士。他赞成理宗推崇义理之学，受到权相摒斥，奏疏不能上达，忧郁成疾，致使辞官回家，卒于富春江舟中。

县学又培养出城内一位黄姓进士黄梦炎，于淳祐十年登进士第，他是黄畴的族子。先任地方官，曾致力减轻农民租赋负担。度宗继位，奉诏进宫担任管理农业的司农丞，在回答皇帝的咨询中，痛陈时弊，建议削减不必要的财政支出和杜绝浪费。度宗觉得很对，升任他为枢密院编修官，兼权户部左曹郎官，管理财政。而他的举措，却得不到当权的宰相支持，最后以年老为由，辞官回家。他的曾孙黄溍，是元朝的进士。

元朝统治者实行种族歧视，限制南方汉人进入统治集团，科举举行得很少。元朝百余年时间内，义乌仅有黄溍一名进士。黄溍很有学问，与当时的柳贯、虞集、揭傒斯齐名，号称"儒林四杰"，声誉很高。宋濂、王祎、刘基、高明、傅藻等都是他的学生。

在明朝，义乌人中进士的不多，可是城里人也有两位，一位是正德十二年（1517）的李鹤鸣，李姓本来住在湖清门㧑，后代发展到皇园村。李鹤鸣由太常博士升吏科给事中，又任会试分考官。他小事不避权贵，升兵科右给事中，拥有上报章疏、考察政令得失的大权，因而中忌被降职到金坛当县丞，巡抚将他改任上海知县。因名声很好，他又官复原职，随同朝重臣安抚安南，回来后又升大理事右丞，担任最高审判机关的副首长，仍兼兵科右给事中，治事刚直，与权臣不和，辞官回家。后李鹤鸣在县北四十里，造了一座"九台门"，就安居此地，那个村子就叫做"李宅"。

湖清门内灵（莲）塘，还出了一位天官金世俊。他是万历三十五年（1607）进士，在吏部做了主事、郎中等官，古代习惯称管理官员的吏部尚书为"天官"。因而义乌人敬称其为天官，他做官时在城内建的府第人们就称为天官第。那时魏忠贤专权，刚正的义乌人自然与奸佞合不来，金世俊就称病告假回家。崇祯元年，魏忠贤伏诛，朝廷升金世俊为大理寺少卿，又升大理寺卿。崇祯六年（1633），他辞官回家，进一步研究理学。传说金世俊逝世后出殡时，18口棺材从多个方向抬出。由于名声太盛，怕人盗墓，因此义乌有多座金天官坟墓。

清代，义乌人中进士的更少，未见城里人的进士，可是县城饱学之士还是很多，像楼虎臣与黄晓城，十几岁就中举人。

县学是举人、进士的基础教育阶段，虽然不能说中了进士才算人才，只是南宋以后办县学的目的，就是为科举服务，因此只有进了县学，成为秀才，才有参加乡试、考取举人的资格，中举以后（除了在国子监读书的以外）才能进京参加会试殿试，考取进士。

（翁本忠）

教谕营建"小邹鲁"

办县学的目标在于"宣布德化，教育人才"。柳贯在《义乌新庙学碑记》中说："义乌为孝子过化之乡，表孝第而兴于学，宜不在它郡邑后。"为此，有识之士在县学的东部，前后建有忠孝义祠和忠简公祠，以义乌先贤作为学习的榜样。

明正德十三年（1518），县学旧孔庙从县署之北迁至原唐初绸州州府旧址（唐贞观间其地一度兴过满心教寺，建孔庙时已成为当地民众的耕地）。当年有位清军御史（侍御）李华巡按义乌，县学教谕、训导和生员，请求把学宫迁建到县署西北的绸州州府旧址去。该地背负古绸，前瞰绣湖，四山宫环，胜绝一邑，确实是建学宫的好处所，遂向县内富户筹资，然后征用赋役，动工兴建县学孔庙。后一直保存到新中国成立。

举办县学的目的要求，清政府有明确规定，义乌县学中将其内容写于一块称为"大卧碑"的匾额，悬挂于堂上，晓示生员，大意说：朝廷建立学校，对诸录入学的生员免去赋税劳役，并提供食宿，设学官进行教育，各级衙门官员须以礼相待，目的在于养成人才，以供国家选用；生员们应当上报国恩，下立人品。

县学内还有一块制作于明朝宣德间的"儒学箴碑"，"箴"是劝诫的意思。到了清朝，这块"箴碑"形式虽然保留，但实际作用已被"教条"所取代。

◆ 音容笑貌宛在，学士英才感怀。　义乌中学提供

　　县学设学宫，宋代称主学，元、明、清各代设教谕，负责主持文庙祭祀，另设训导，协助教谕教育生员。其多是举人出身，由上级政府派任，任期长短不等。元朝初年先后有16名教谕，其中义乌人9名。明代初年第一任教谕是义乌人，一至四任4名训导亦是义乌人。

本地的教谕训导较为有名的，要数刘应龟、石一鳌、陈中立、傅藻、宗浚、王初、朱栋等。南宋义乌人石一鳌系王世杰学生，后徐侨再传弟子。通过县学教授，理学就在义乌广泛流传。这一切对黄溍也产生影响，明初史学名家宋濂、王祎，皆师事黄溍。

刘应龟，黄溍的老师。黄溍小时，刘应龟见其聪明颖悟，就带到家中教其读书。宋咸淳间（1265—1275）刘应龟进京师太学读书，丞相马骥爱其才貌，要将女儿许配他为妻，他婉辞不受。南宋灭亡，刘应龟回家隐居石门山之南，因此人家称他为"山南先生"。最后，元朝统治者一定要请他出山，他才出任县学教谕，任满调浦江月泉书院山长（主教），升杭州学正，不久返乡。黄溍说他"谈辩绝人，又任性，爱谈论是非，难免招怨于人"。

明洪武十四年任县学训导的宗浚，是宗泽八世孙，许谦和黄溍都是他老师。宗浚的书房名曰"默斋"，请方孝孺给他写《记》。《记》中有这样的话：有德行的人治事处世，不宜言而能达到教化的目的，不强迫，人家也都能跟从。

陈中立，西门人，陈亮的后代。元朝末年，朱元璋领兵攻打金华，期间在义乌礼访贤士，陈中立直言献上十篇建议性的《策论》，受到赞赏。明朝建立，朱元璋命他出任义乌第一任县学教谕。

自明朝起，义乌老城兴社学、办义学，教育事业红火，县城的优秀人才渐次崭露头角。明洪武八年（1375），全县设了三十所社学。崇祯十一年（1638），知县熊人霖在全县建了九所龙门大社，其一就是绣湖社学。而县城义学，则建于清康熙四十一年（1702），地址在金山岭顶最高处。

绣湖书院和社学一样，同县学并存。清光绪三十年（1904），原绣湖社学旧址的绣湖书院，改建为义乌县官立绣湖高等小学堂。接着，县城各类学校兴起，包括县立初等小学、绣川小学、县立幼稚院等。婺州的"小邹鲁"之誉，在义乌自然以县城为代表。

（翁本忠）

历史遗存老义中

稠城不愧为一块人杰地灵的福地。它让这方土地的子民享受到的最大福祉莫过于教化。虽然，最早设立教化场所的年月已无从考究，但"义乌为孝子过化之乡，表孝悌而兴于学，宜不在它郡邑后"。而留存至今的明朝、清朝所纂修的《义乌县志》，均记述义乌县古有学，肇自元魏。唐末五代，在县南建庙祀拜孔子。宋庆历中，即庙建学。历元、明、清诸朝，孔庙（或称文庙、先师庙、大成殿）、明伦堂（宣明政教、聚会办学的场所）虽屡经兴废、迁徙、扩建，但始终是宣扬尊敬师长、读书明理、报效邦国道义的文明之地。

大成殿是祭拜先师的圣地，除设孔子的神位外，先后悬挂康熙、雍正、乾隆、嘉庆年间御制的"万世师表""生民未有""与天地参""圣集大成"等匾额；而在大成殿东西庑屋均列历朝先贤先儒神位，在明伦堂悬挂礼部题奉钦刊立晓示生员"上报国恩，下立人品"的卧碑，刻立宣示建学重教、成德达材、以资邦国的"儒学箴言"石碑。稠城子民近水楼台先得月，享受明人伦、守孝悌、重立德的教化时间数以千年计。

清末民初，废除旧学，改建中西兼习的学堂。在这办新学的潮流中，民国16年（1927）夏，义乌有志之士以当年县治之西、绣湖之畔的大成殿为主，筹建义乌中学。筹建中，原议办学为纪念孙中山先生，命名"中山中学"，后以"义乌县立初级中学"定名。首任校长朱式欧四方奔走，筹集校舍建筑经费后，即在大成殿后面的明伦堂前建起西式两层教室四间，加上明伦堂左右两间，共有教室六间。明伦堂后面则建造师生员工宿舍一幢。按通常的礼制，大成殿只有在义乌有人得中状元时才能开正门，所以师生员工只能从殿的东面旁门进出。当年，门前置一石碑，正面镌刻"文官下轿，武将下马"，背面镌"义乌十三都柳村杨畅斋立"等字。据说前座文庙是杨畅斋家独资建葺，清道光年间曾在柳村赐建"乐善好施"牌坊以示褒奖。

民国19年（1930），义中第一届学生毕业，因升学率低，教育质量不够理想，有人提出整顿。是年冬，适教育家

◆ 一阕荡气回肠的老歌，
一首炽热深情的长诗……
摄影/金福根 1982年摄于义乌中学操场

杨效春因父母病亡从四川成都大学回家，义乌在杭教育界人士劝其以桑梓教育为重，杨效春先生遂于民国20年春来校整顿。先生莅校后破除迷信，拆开文庙正门，在门楣上横书"义乌县立中学"，除去"初级"两字，并在左右装饰前进车轮，以示前进不息。杨效春先生说："义中要前进，要发展，要办完全中学，所以不用'初级'两字。"整顿中，大成殿东面的节孝祠也扩建为校舍，并开辟湖塘为大操场和农场。课余傍晚，杨效春先生和师生员工常在校园叙谈，曾说："我不是捧一张东南大学毕业文凭，来混饭吃的。一定要把学校办好，教育大批有用人才，为国出力，为县争光，使义中成为义乌的最高学府。"因杨先生的言传身教，师生员工感染极深，不数月，教师勤教，学生勤学，校风得以好转。

1931年抗日战争爆发，上海、杭州、南京等各大城市相继沦陷，原在这些城市中学任教的义籍教师，先后回乡，义中聘请了一批优秀教师，人才荟萃，济济一堂。学校还办起了简师班，以简师班学生为骨干，在城里及郊区创办民众夜校十余所，宣传抗日，扫除文盲，民校学期结束时，七百多名夜校学生还齐集大成殿礼堂举办联欢，学校给每人分发四个肉馒头，以示招待，尽欢而散。

时光流转，岁月沧桑，风雨兼程九十年，当年的大成殿早已淡出了人们的视线，老义中的历史遗存也被淹没在一幢幢现代化的教学大楼和生活设施之中。老义中所传承的钟秀毓英、厚德载物、教学相长、师道著彰的精神，却一路在稠城、在义乌乃至全省、全国传扬。

附：清顺治年间始设，礼部奉钦旨而刊立，至嘉庆年间依然悬挂在大成殿明伦堂，用以晓示生员的卧碑：

朝廷建立学校，选取生员，免其丁粮，厚以廪膳。设学院、学道、学官以教之，各衙门官以礼相待，全要养成贤才，以供朝廷之用。诸生皆当上报国恩，下立人品，所有教条，开列于后：

一、生员之家，父母贤智者，子当受教；父母愚鲁或有非为者，子既读书明理，当再三恳告，使父母不陷于危亡。

二、生员立志，当学为忠臣清官。书史所载忠清事迹，务须相互讲究，凡利国爱民之事，更宜留心。

三、生员居心，忠厚正直，读书方有实用，出仕必作良吏。若心术邪恶，读书必无成就，为官必取祸患。行害人之事者，往往自杀其身，常宜思省。

四、生员不可干求官长，交结势要，希图进身。若果心善德全，上天知之，必加以福。

五、生员当受身忍性，凡有司官衙门，不可轻入。即有切己之事，只许家人代告，不许干与他人词讼，他人亦不许牵连生员作证。

六、为学当尊敬先生，若讲说皆须诚心听受。如有未明，从容再问，毋妄行辩难。为师长者亦当尽心教训，勿致怠惰。

七、军民一切利病，不许生员上书陈言。如有一言，以违制论，黜革治罪。

八、生员不许纠党多人，立盟结社，把持官府，武断乡曲。所作文字，不许妄行刊刻；违者听提调官治罪。

（施章岳）

烽火岁月

稠城历来是令人敬仰的热土，革命活动星火燎原，无数英烈志士捐躯献身。载入《中共党史》首卷的义乌声援五卅运动，以稠城为中心开展活动；血雨腥风前的阜亨酱园联络站成立于稠城，标志着义乌首个党组织的正式建立；冯雪峰将革命火种播撒稠城和义中校园；"农民领袖"吴溶品任首届县委书记，在全县建起14个党支部，英勇就义湖清门……革命火焰在义乌大地熊熊燃烧。

被后人追怀铭记的，不仅是他们的名字，更有一种信念，一片丹心。

点点星火也燎原

翻开历史长卷，不难看出，五卅运动沉重打击了帝国主义，对中华民族的觉醒和国民革命运动的发展起到巨大的推动作用，大大提高了中国人民的觉悟，揭开了大革命高潮的序幕。而安居一隅的义乌，也以稠城为中心，用自己微薄的力量，振臂呼出自己的喊声，点点星火遍地燃起，为以后党领导大规模的群众斗争奠定了基础。

1925年5月15日，上海内外棉七厂的日本资本家枪杀工人顾正红（共产党员）。中共中央及时引导工人把经济斗争转换到民族斗争。5月30日，上海广大工人和学生为声援棉七厂工人的正义斗争，在公共租界内举行大规模的反帝示威游行活动。租界的英巡捕在南京路上突然开枪，酿成打死学生、工人等13人，伤者不计其数的五卅惨案。

五卅惨案顿时激起了全国人民的极大愤怒。消息传到义乌，群情激愤。在杭州省立第一师范读书的方元永、季达才、季外芳，在绍兴女子师范任教的共产党员赵平生，在建德省立第九中学读书的学生会理事朱鸿儒，在金华省立第七中学读书的刘礼生等义乌籍人员，先后回到义乌组织旅行宣传队，在绣湖小学操场召开稠城各界人士参加的声援五卅运动大会，揭露日、英帝国主义制造五卅流血惨案、屠杀中国人民的罪行，并募捐千元，汇寄给上海蒙难人员的家属。

赵平生等人还率旅行宣传队去佛堂、苏溪、廿三里、上溪、东河、前洪、吴店、义亭等集镇宣传五卅惨案真相，发动群众进行募捐，支援上海工人和学生的斗争，并动员民众以抵制日货、英货的实际行动，声援五卅运动。

当地进步知识青年，在旅行宣传队的影响下，也组织各校师生成立了宣传队，深入居民区和乡村进行宣传发动。一时，反帝运动在义乌成燎原之势。

瞿秋白在《新青年》月刊第3号上发表的《国民会议与五卅运动》一文中赞扬义乌说："五卅后，民众运动的发展，一直波及于穷乡僻壤，山西太原等处都有工会的成立，江浙则甚至于小小村镇如双林、义乌等处，都起来响应。"这足以说明当时义乌声援五卅运动的声势之大、影响之广，而义乌的声援运动也被载入《中共党史》第一卷。

（贾胜男）

血雨腥风响春雷

义乌的不少中学这几年曾开展"红色之旅"清明节系列活动，旨在缅怀革命先烈，激励学生沿着先辈的足迹争做"四有新人"。活动之一，就包括探访位于稠城街道的代号"袁当铺"的中共义乌阜亨酱园联络站。

可以说，当年中共义乌阜亨酱园联络站的成立，标志着义乌第一个党组织的正式建立，似"腥风血雨前的一声春雷"。

1925年5月，上海酿成五卅惨案。在杭州、金华等地读书的义乌籍学生先后组织旅行宣传队，回到稠城、苏溪等集镇揭露日、英帝国主义的罪行，声援五卅运动，使广大民众了解五卅惨案的真相。这一切，都在义乌播下了反帝的革命斗争火种。

1926年暑期，杭州省立第一师范学校应届毕业生、中共党员方元永，遵照中共杭州地委的指示，回到原籍义乌，以东河乡香山小学教员身份为掩护进行革命活动。方元永是在义乌本地活动的第一位共产党人。

继他之后，在金华省立第七中学师范部附属小学入党的马新超，以及丁有容、毛宗骈等义乌籍共产党员也先后从金华等地回到家乡开展党的活动。

同年11月，在绍兴女子师范学校任教时参加共产党的义乌籍人士赵平生，受浙江省党部中共党团书记潘念之的派遣，从绍兴回义乌进行革命活动。赵平生经与方元永等人联络、研究后，于12月在稠城镇阜亨酱园孟允庆家成立了中共义乌阜亨酱园联络站（位置在现在的绣湖广场），对外通讯联络的代号为"袁当铺"，负责人赵平生。这是义乌第一个党组织的建立。

不久，党组织发展了孟允庆（又名孟心波）、孟荷珠（女，香山小学教师）、何朗然（又名何廉）加入共产党。孟荷珠则是全县第一位女共产党员。

1927年1月，赵平生派绣湖小学老师方城顺去杭州城头巷总工会学习。学习期间，方城顺由季达才、季外芳介绍入党。同年10月，已在杭州市总工会任秘书的方城顺回到义乌。

至"四一二"反革命政变前，义乌全县有13名共产党员，2名共青团员。这样，星星之火渐成燎原之势。从此，革命烈火在义乌各地熊熊燃烧，各项革命活动也随之蓬勃开展起来。

（王曙光）

雪峰魂牵校园情

1919年，从义乌小山村赤岸神坛走出去的农民儿子冯雪峰，先后在金华省立七中、杭州省立第一师范就读后，又于1925年往北京求学。想不到共产党人这时遭到国民党的大屠杀。社会的种种不平，坚定了他改变旧世界的决心，就在一片白色恐怖中，他毅然加入了中国共产党，在北京从事革命文化活动。不久，因翻译宣传共产主义的著作，受北京当局通缉。

1928年夏，离乡十年的冯雪峰又回到了家乡。他的落脚点是县城稠城，任中共城区支部书记，做地下工作，公开身份是设在稠城的义乌县立初级中学国文教员。

与十年前离开家乡不同的是，这个勤奋、善良、聪慧的放牛娃，屡遭艰难反而更不循规蹈矩，思想开放尤不拘封建旧律。他的到来，给稠城、给义乌中学带来了新鲜舒畅的空气。稠城街道上，义中校园里，明显有了新气象。

雪峰的与众不同，首先体现在穿着服饰与生活小事上。校园里的教书先生，虽然多是大学毕业，但衣着打扮仍和前清的秀才、士绅们一样，穿着长衫马褂，至多也不外乎中山装。而唯独冯雪峰，穿的是一身灰色西装，一双黄色皮鞋，系一条红底带格子的领带，有时也换一条，不过据说是借人家的。对待生活小事，冯雪峰比较随和，不拘小节，反对学校那种守旧刻板的纪律。课后，学生有事要出去一下，学校是不允许的。雪峰就说，课余时间，学生有事总要出去一下，按时回来就是了。当时，紧靠学校边上的节孝祠里一户人家，在墙上挖了个大窗口，开起了一片小店。当学生下课或晚自修结束，就偷偷摸摸去买点心吃。但校规很严，不准学生去买。雪峰得知就说，饿了总要吃的，钱又不是偷来抢来的，买点吃吃有什么关系。偶尔，他也会去买

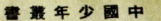

◆ 部部书籍传真理，字里行间，有深深的惆怅和浓浓的依恋。

了点心，干脆就靠在柜台边吃。一个西装革履的年轻人，在祠庙的小店里，靠着柜台吃零食，简直成了稠城街头民众眼中的一道风景。课后，他还常到街上，买了水果，用手帕包起来，一路走，一路吃。和他较接近的学生，还会伸手向他索要："冯先生，给点我。"而在自修时间，他总会主动到教室和学生聊天，给学生讲有趣的事，鼓励学生努力学习，将来为国家出力。冯雪峰的开放，与学生的亲密无间，让学生们也无拘无束，打破了学校沉闷的空气，校园格外地活跃了起来。

冯雪峰的上课也非常轻松活泼，不像其他先生板着脸孔，一本正经。在讲台上，他不是规规矩矩地站着，而是一会儿走到学生座位边，一会儿走到讲台上，还时不时地斜坐到讲桌上，并且不像其他先生那样用义乌官话讲课，他讲的是"标准"的北京话，新鲜有趣，很吸引学生。他的课本除了教科书以外，全是自己编的一些进步文艺作品，有鲁迅的《药》《纪念刘和珍君》《阿Q正传》；还有外国文艺《石炭王》《炭画》等；再有一些是揭露地主压迫农民的，如《谷债》等。他的作文课，经常叫学生自己命题，提倡有感而作，自由发挥，布置题目也是针对当时形势或某种现象，让大家谈看法。批改作文，也不用那种干巴巴的文言套头，他认为不对就划掉改上，有时一篇作文竟会被他改得"面目全非"。

学校里有个图书馆，曾让冯雪峰去购书，学生看到的图书中，有不少进步书刊，那是政府禁发、私底下传阅的。是冯雪峰通过邮局向人要来的。当时县城邮局只个把员工，也不易查出。学校中有个文艺研究性质的组织——试鸣社，在冯雪峰的组织领导下，除研读一些进步书刊外，还做了许多有社会影响的工作。当时，义乌伪县政府为了进一步向人民搜刮，无理增加屠宰猪只的肉捐。雪峰表示愤慨："农民生活这样苦，还要派肉捐！"人们早就对此不满，而试鸣社中的一个学生叔伯家在稠城开着肉店，十分了解政府无理增加肉捐税的企图，他回校把情况一讲，激起了大家的义愤，很快组织起了以试鸣社成员为骨干的学生队伍，配合义乌地下党，提出"打倒赃官污吏，反对苛捐杂税"的口号。他们走上稠城街头，上街宣传、散发标语，反对政府无理增加肉捐，鼓动市民罢市。稠城西北的湖清门，是靠近义乌中学的群众赶集的必经之地，学生们就站在湖清门一座牌楼边的石头上，做讲演、发传单。市民觉醒了，纷纷起来关闭店门，罢市斗争取得了胜利。

冯雪峰除了以教员的身份向学生宣传革命思想，领导学生进行革命斗争外，更重要的是配合中共义乌县委领导做好发展、整顿、巩固党组织的工作，开展对敌斗争。他以义中为据点，不仅在校园发展了一批党团员，还经常到稠城周边的村庄寻找联络地点、开会场所，物色进步青年、发展党团员。当年稠城一小的教员杨哲民，就是冯雪峰介绍入党的。稠城一小的刘礼生、蒋碧成与冯雪峰同为一个党小组，由冯雪峰任党小组长。

一次，党组织派刘礼生到驻扎在稠城的省防军做"策反"工作，宣传"穷人不打穷人""你们的枪杆子要对向压迫你们的官长"的道理。不料刘礼生的活动被省防军的士兵发觉，刘礼生回到学校的第二天早上就被捕了。形势相当危急。不过，冯雪峰有一个有利条件，他在社会各阶层都有联系，上至义乌县政府、县党部，下至稠城基层。如当时由雪峰取店名的稠城朱店街"赤大"麻饼店的老板，就与警察局等部门有内线联系，能很快把消息送出来：伪政府要来抓他了，他在义乌待不住了。过了两天，学校里空气很紧张，学生们也在焦急地盼望冯先生。可是在头天深夜，冯雪峰已逾墙而出，由一体育老师护送悄悄走了。

雪峰虽然离开了义乌中学，离开了义乌，但一批在雪峰教育下成长起来的革命学生，没有屈服于反动派的高压政策，不但在学校里散发进步书刊，还多次带头进行罢课斗争。冯雪峰播下的革命火种，在义乌中学，在稠城，在义乌熊熊地燃烧了起来。

（本文史料参考金允烈、王宏理《冯雪峰在义乌中学的岁月里》一文）

（施章岳）

一片丹心载史册

每一个名字，都是一腔热血，一段苦斗，一个时代。

作为义乌党组织的早期领导人之一，县委书记吴溶品与千千万万的仁人志士一样，为了革命事业抛头颅、洒热血。最后，他英勇就义在湖清门，其名字永远载入义乌党史的史册，为后人所铭记。

1901年，吴溶品出生于前洪村一个贫苦的农民家庭，幼年时曾在本村蒙馆就读一年半，后因与同学游戏时被竹箭射伤眼睛而休学，随父在家劳动。

失学后，吴溶品盼望着能有再上学的机会。数年后，前洪村来了一位姓骆的老师，办起了农民夜校。于是，吴溶品白天在田间劳动，晚上就到夜校里学习。夜校的启蒙教育，为他后来走上革命道路打下了思想基础。

1927年10月，被公认的"农民领袖"吴溶品，由方城顺、方元永介绍加入中国共产党。11月，在前洪村建立党支部，吴溶品被选为支部书记，成为义乌党组织在农民中发展的第一位共产党员。

次年10月，吴溶品当选为第一届中共义乌县委委员，不久便接任县委书记。此时，义乌党组织迅速发展，全县已建立起14个支部，革命火焰在义乌大地燃烧。

1929年7月，中共中央巡视员卓兰芳指示义乌县委，为了保卫江西苏区和红军根据地，必须不失时机地发动当地群众，进行阻滞国民党杭江铁路（即浙赣铁路）筑路进度的斗争。为此，吴溶品主持召开县委会议，专门进行研究和部署，亲自草拟阻挠筑路斗争的传单，提出农民群众的要求，要求反动当局立即停止毁坏即将成熟的粮食作物。同时县委派人组织湾头下、中山背、上西陶等村农民开展现场斗争。斗争持续了三天，达到了预期目的，阻滞了当局的筑路进程。

该月下旬，县委在岩南乡大头殿由吴溶品主持召开党员大会，动员全体党员行动起来，开展大规模的减租斗争。前洪村有个叫文昌会的封建组织，拥有大量的租田，为地主吴子祺等霸占收租，听说要减租，就把这些田产以变卖的名义分散给各富户收租。其中吴溶品的叔叔吴淇讴也分得一部分，农会要减租，他却坚决不同意，说一粒也不能少，并责问农会会员："这减租是谁规定的？"农民们说："这是共产党规定的，是你家溶品规定的。"吴淇讴仗着自己是叔父，竟找吴溶品责问。吴溶品坚定地站在农民群众一边，向吴淇讴进行说理斗争，坚决支持农民把叔父的租减下来。

1930年7月下旬，上级党组织派人来到义乌指导工作，并在柳村主持召开全县党员活动分子大会，要求义乌县委立即组织暴动，并把党的各级组织改为武装暴动行动委员会。在县委会上，吴溶品分析了客观形势，认为条件不具备，不同意立即组织暴动，并说："暴动搞起来，没有完全胜利的把握，建德暴动失败就是前车之鉴。"为此，县委会上展开辩论，最后会议决定组织暴动。吴溶品则保留自己的意见，被撤职派往金东的塔江山、大路沈一带做党的基层工作。吴溶品毫无怨言地服从组织决定，埋头做党的工作，以自己革命的坚定性和勤劳朴实、平易近人的模范行为，与当地群众亲密相处，教育培养了一大批党员和群众。

后来由于叛徒的出卖，此次暴动失败，党组织遭受严重破坏，反动当局加紧捕人，以三百大洋悬赏通缉吴溶品。当时有同志劝其离开这个地区去外地躲一躲，他却以"革命不怕死，怕死不革命"的理论，继续坚持党的工作。

1930年10月初，县委临时负责人杨兴海根据绝大多数党员意见，专门赴畈田朱，请吴溶品回来主持县委工作。吴溶品返回血雨腥风的义乌，途中却被东河反动民团盯上被捕。

吴溶品被捕后，反动政府把破获地下党组织的希望寄托在吴溶品身上，严刑拷打。但他强忍剧痛，横眉冷对刽子手："野兽！这点东西算什么？只能搞痛我的筋骨，绝对改变不了一个共产党员的意志！"

1930年10月14日，吴溶品神色坦然地走向刑场——湖清门县文化馆前广场，沿途高呼："打倒土豪劣绅！打倒贪官污吏！工农革命万岁！中国共产党万岁！"罪恶的枪声响了，吴溶品倒在血泊中，时年仅30岁。

一个鲜活的生命倒下了，千千万万的志士站起来，追寻他的足迹前行。

每一次追溯，都是一个信念，一片敬仰，一种永励。

（贾胜男）

硝烟弥漫三"金花"

抗日战争和解放战争期间，稠城大地上活跃着一批铁骨丹心的巾帼英雄。她们跟着父辈和兄弟一起，甘愿上刀山下火海，热血洒在硝烟弥漫的战火中，其事迹可歌可泣，烈火中锤炼出三朵"金花"。

吴坚毅，又名吴兰碧，1915年2月出生在稠城石鼓金，1938年9月加入中国共产党，次年3月任中共义乌县委委员、妇女部部长，1940年6月调浙西从事地下工作。从此，她深入敌后开展工作，搞侦查，送情报，掩护伤员……一次次面对敌人的严刑拷打，她始终坚贞不屈，没有吐露任何实情。

1944年5月，吴兰碧到达苏北解放区，在新四军后勤总兵站工作，历任山东军区汽车修理总厂副政治指导员、党支部书记等职。解放战争时期，她冒着生命危险，为前线输送军需物资，在弥漫的硝烟中一路穿行。

新中国成立后，吴兰碧辗转大江南北，积极参加祖国建设，为我国的水电、园林事业努力工作，曾担任中央二机部六一五厂干部科长、杭州植物园党支部书记等职，直到1982年10月离休。2009年1月23日她因病逝世，享年95岁。根据她的生前遗愿，不开追悼会，不进行遗体告别，遗体交医学研究机构，骨灰撒入钱塘江。

另一位女英雄叫黄潞，1925年出生于稠城驿坞巷。在战火硝烟的岁月里，她是一位不为人知的女战士。

◆ 吴坚毅

◆ 黄潞

　　看上去，黄潞文文弱弱的，但她革命意志坚强，抛却了女性的柔弱，1940年10月就加入了中国共产党，次年任中共义南区委宣传委员，继而任中共义北区委书记，义南区委书记。

　　经受住战火的考验，黄潞于1946年毅然考入湘湖师范学校，1947年春末离开学校回到金萧支队，参与《火把》报的编辑工作。当编辑的生活是枯燥的，但黄潞乐于驰骋文海，把一篇篇充满部队生活气息、有战火硝烟味的稿件及时刊登出来，有力激励了前方的将士奋勇杀敌。新中国成立前夕，她从定海回到义乌从事教育工作，后担任义乌中学教师，1951年任义乌县首任文化馆馆长，后被调至金华供销学校，直至离休。

第三朵"金花"叫孟姗春，也是稠城镇人，系一名爱国的热血女青年。当年她受抗日武装坚勇大队大队长楼觉指派，是最早到北山根据地宣传抗日救亡的坚勇大队战士。

那时，诸暨的何步耀土顽部队驻扎在九都山府村。为安全起见，孟姗春住在北山附近的山岙——楼竹坞的一个山铺内，平时只与北山联络站的楼春元单线联系。1943年11月，坚勇大队运来一批军用布匹存放在孟姗春住的山铺内，这山铺也就成了坚勇大队服装厂的仓库，她也成了仓库保管员。

有一次，不知何故，夜间山铺突然起火。这时山铺中仅孟姗春一人，她竭尽全力扑救，眼看这批用来给革命战士防冻御寒的军用物资要化为灰烬，心如刀扎。幸好天无绝人之路，及时下了一场大雨，浇灭了刚窜起的火苗，布匹被完好地保存下来。而此时的孟姗春已是灰头土脸，几近虚脱。她坚强的革命意志，认真负责的工作作风，深受北山人民及部队领导的赞扬。

部队北撤后，孟姗春加入到新四军队伍中，继续战斗在抗日战争和解放战争的最前线。新中国成立后她在宁夏自治区工作，直至离休。

尽管，当年风华正茂、叱咤风云的女英雄不少已告别人世，但她们留在漫漫征途上的那些故事依然那样荡气回肠，动人心魄。

（贾祥龙）

社区文化

谈义乌，必谈义乌文化；谈义乌文化，离不开谈社区文化。

稠城是文化之渊薮，有汲之不尽的民间艺术乳汁，这里的社区文化可谓精彩纷呈，色彩斑斓。连续十届的街道社区文化节，以及孝子祠邻居节、向阳菊花艺术节等文化品牌的培育，胜利社区的"西隅龙祖"、通惠社区的"大头娃娃"、银苑社区的"彩船"、车站社区的"小花棍"等表演节目的熠熠生辉，无不浓缩着本土文化的精华。

社区文化展新姿

　　龙腾虎跃、欢声笑语、掌声雷动、精彩纷呈……对于已经举办了十届的稠城街道社区文化节来说，再多的赞美已无法完全涵盖这十余年来与土地、人民结下的深深情缘，文化节已经成了很多稠城人的念想。

　　2005年，稠城街道举办首届社区文化节，此后，又培育了街道社区文化节、孝子祠邻居节、向阳社区菊花文化艺术节等众多文化活动品牌，带动了群众性文化活动的蓬勃开展，不仅规模越来越大、演出团队越来越专业，且形式也日趋多样。今天它已从街道走向全市，成了一年一度的全民欢庆节。

◆ 百姓大舞台。　　　摄影/金福根

　　"你们是第几个节目,练得怎么样了?" "下个就轮到了,帮我们多拍一些照片。"在文化节的后台,常常可以听到诸如此类的对话。他们都是各个社区推选上来的"平民"演员,之前并不相熟,然而一次文化活动,让拥有共同兴趣爱好的她们俨然成了相识多年的老友。在专业老师的指导下,演员们的表演技艺越来越精湛,在舞台上游刃有余。

　　在文化的发展之路上,稠城街道社区文化节一马当先。规模上,除了在绣湖广场有大型的文艺演出外,还在各个社区设立多个分会场,如孝子祠社区、江滨社区、雪峰社区等。文化节在场地的选择上也越趋于广泛性和多样性,居民足不出户便可以融入到文化节的氛围中,真正做到"文化共享"。

　　文化种类、表演形式上,孝子祠好邻居节、新丝路中老年演唱会、健身运动会、各社区文化节，各具特色。在霓虹闪耀的绚烂舞台上，"迈克尔·杰克逊"逼真演绎，"拆迁"小品深刻动人，歌舞独唱沁人心田……体育活动中，有体现邻里同乐的吹气球、趣味套圈比赛，强身健体的乒乓球、登山比赛，等等。在体育活动里，身边的物件都是最佳的运动器材。

时代触感越来越敏锐，踩着城市建设热点的主题规划，是街道社区文化节的一大特色。如第十届的"大力推进有机更新，建设精品城市"主题，便将当下的政府号召与人民需求融合在载歌载舞的演出、酣畅淋漓的竞技中。通过文化的熏陶，动员广大市民来助推城市建设和发展，2016年的文化节完美地完成了该任务。

"以前是关上门，大家就不会来往；现在是远亲不如近邻，大家和睦相处，走到哪都舒心！"75岁的居民罗阿姨对此深有感受。十年社区文化节，连接了多少陌生人的友谊桥梁、实现了多少人的文艺梦，同时也让文化走进了多少人的心田，这些都是难以计数的。

如今在城区，每天都有更多的居民参与到社区文化的活动中来。清晨和傍晚，随处可见跳舞、慢跑、散步、打腰鼓、练太极拳的人们。通过多年孜孜不倦地努力，文体活动已经成为人们倡导健康生活的一种需要，一种自觉行为。

对于街道社区文化节的下一个十年，稠城街道将创新载体，通过群众喜闻乐见的文化活动，加大城市政策宣传力度，普及相关知识，强化大众参与，营造积极向上的社区文化氛围，用自己的力量努力推动义乌城市建设迈上新台阶。

（张静恬）

乌邑劲吹科普风

2016年10月中旬，金华市委常委、义乌市委书记盛秋平，金华市副市长、义乌市市长林毅率四套班子主要领导，以及部门（镇街）党政主要负责人一行150多人，视察义乌市民主路科普文化街区，并给予一致肯定。

据老人们回忆，稠城街道民主路一带，原先是房屋陈旧，道路狭窄，街面拥挤，文化设施落后，与周边的绣湖广场、优美环境的新建社区形成明显的反差。如今这里街道宽敞，店面清新，环境整洁，面貌焕然一新。这与"中国科普文化第一街"项目的实施密不可分。

2016年，义乌市政府将民主路一带列入城市有机更新的重要内容。精品街区建设是重点工作之一，其定位是"中国科普文化第一街"，由中国科普作协科普文化交流委员会和金华市科普作协于2015年年初提出。据中国科普作协科普文化交流委员会负责人介绍，义乌是全球最大小商品市场所在地，南来北往的客商给这里带来丰富多彩的全球异域文化，它的包容性和互补性为打造"中国科普文化第一街"注入了活力。

义乌建有国内数一数二的出版物市场，可以打造全国一流的科技图书批发零售一条街。过去信息不对称，作者找不到读者、读者找不到需要的科技书籍。中国科技图书批发零售一条街的打造，为作者和读者的无缝对接创造条件，也为义乌市场的转型升级和创造市场新业态、新常态提供样板。

义乌筹建"中国科普文化第一街"的计划已得到中国科普作家协会理事长、中国科学院院士刘嘉麒等专家团队的支持。他们认为，这个想法有创意和地方特色，同时，可以利用好全国科普作协和各省市（自治区）科协、科普作协、科技馆大平台，引进全国各地最好、最先进、最实用的科学技术和装备，聚沙成塔，全方位提高国民的科教文化素养，进而打响品牌，使科普文化街享誉中国，走向世界，使义乌科普文化一条街成为中国的第一和世界的第一。

2016年"两会"上，义乌市人大代表、稠城街道下车门社区党委书记周华跃提出

"建精品城市、打造科普特色街区"的议案。他觉得，在义乌建设"中国科普文化第一街"，是加快智慧城市建设、实现科教强市战略的一大举措，能够增强义乌经济社会发展的软实力，让公众更好地享受科普文化教育成果。

根据规划初步设想，"中国科普文化第一街"将建科普吧、健身房、院士墙、学子榜、大书院、小讲坛、养生屋、智慧坊，放映厅、书画廊、e工厂、梦车间、外语角、音乐场等，让公众在这里停留、休息、学习。还要展示义乌本土文化，如非物质文化遗产——义乌"三宝"（红糖、火腿、南蜜枣）、义乌道情、丹溪酒，还有小锣书、东河肉饼、佛堂拉面，等等。这里还将花大力气打造书画长廊，充分调动和激发全国各地义乌籍书画名人、书画收藏家的优势和热爱家乡的情结，合力建设科普文化第一街。

民主路及周边云集了稠州中学、江滨小学、青少年宫、新华书店以及各式文化小店、书吧等，有改造成科普街区的基础。科普元素的植入，可把深奥的科学知识变成简单易懂、生动活泼的演示和形象逼真的展示，如北斗卫星、手摇发电、光的折射、摆球原理、桥梁构造、汽车刹车原理、动物解剖原理、宇宙来源等，可以培养青少年动手动脑能力，激发青少年及广大市民的科学兴趣。"中国科普文化第一街"建成后，在成为全国最大的科技图书批发零售一条街的同时，还将利用成熟的玩具产业和市场，打造全球最大的"科普益智玩具街区"，建立中国科普益智玩具博物馆。

目前，民主路街景改造工程已基本完成。由浙江工业大学工程设计集团有限公司设计，施工范围从城中路至稠州路长约450米，施工内容主要有违章建筑、防盗窗及原有店招拆除，墙面线缆整合，空调机位调整，外墙涂料及真石漆、店招及门面等改造，投资约500万。

挥别过去，挥别老民主路。乌邑劲吹科普之风，民主路的未来，会演绎出一个个精彩而美丽的故事。

（吴优赛）

文创产业绘宏图

2015年下半年，在城中北路135号，义乌稠城出现首个"慢生活区"——老车站·1970文创园。过去，此地是破败落寞的老厂房，如今已成为一家家文艺小店、时尚餐厅、设计工作室、美术创作工作室、书吧、匠人工坊、书画研究院……十分引人瞩目。

进入文创园，迎面可见一座代表性雕塑老式火车头，标有"老车站·1970"字样。往里走，道路整洁，旧厂房经过入驻企业的改造，展示着个性，能时时感受与众不同的复古文艺气息。2017年5月下旬，在义乌十大地标建筑评比中，老火车站·1970文创园，以其"代表性、独特性、承载性、美誉度"等特点，与国际商贸城、义乌港携手，荣幸被列入义乌十大地标建筑。

"简·拾光"，光听名字，或许你会停下匆忙的脚步。这是一家集燕窝、甜品、咖啡和美酒为一体的店，美式的装修，简约又不失精致。"玩家/ME²俱乐部"，这种集VR体验、电竞、轻食、游戏、社交为一体的经营模式很新潮。在"品品香白茶"体验馆，坐在里面喝着茶，听着禅音，甚是惬意。"时年文化主题餐厅"，这个散发文艺光芒的餐厅，藏匿于小巷子里，静静地吸引着志同道合的朋友。在这里，一切可以承载许多浪漫休闲的时光……

创意产业正作为一种新兴的经济形态，与城市的更新、发展联系紧密。北京798文化产业园、上海田子坊创意产业园、深圳华侨城文化产业园等异军突起，引领着我国创意产业的发展。但义乌目前具有旅游、文创精品展示、文化体验等功能的地块分散，缺乏一个文化衍生功能集中的地方，在此背景下，老车站·1970文创园应运而生。

老车站·1970文创园，包括原登峰机械厂、老车站迎春巷3号、邮电弄堂周边配套等3个区块，前身是义乌的老火车站。建于1970年前后的厂房、仓库保存完好，留下了一个时代的印记。贫穷落后的年代，义乌及周边地区的人为了生计，在外奔波、辗转，很长时间内以承载梦想的义乌老车站作为归去来兮的目的地。老义乌人通过老车站搭上了时代的列车，融入更广阔的天地，信息流、人员流、货物流……老车站成为连接外地的重要桥梁。此外，位于义东路上的义乌汽车站，连通外地与城乡。迎春楼、白天鹅宾馆、车站百货商店、群益饭店、邮电所、五金交电商店等，都为百姓生活带来极大便利，驻留在人们的记忆中。

老义乌人回忆说，原登峰机械厂，大都是破败的独幢厂房，落寞的工人宿舍，再加上触目的"残垣断壁"，这里是城区很难找到存在感的老厂区。该厂前身为义乌起重机械厂，曾经系义乌的二轻骨干企业，1987年有职工349人，主要生产卷扬机、电动葫芦、振动机、振动棒、结晶管等起重机械，产品主要销往北京、上海等28个省、市、自治区，电动葫芦曾出口巴基斯坦。

◆ 一座城市的风景和荣耀，一座城市发展过程的集体记忆。
摄影/吴贵明 2016年摄于老火车站·1970

虽然留恋，但总是要说"再见"。没有人喜欢等待，而未来，指日可待。

由义乌老车站创意文化产业发展有限公司投资，将"时尚·创意·生活·美学"与70年代老厂房紧密结合，打造全民的"天工之城、梦想之城"，成为新型文创产业综合体、义乌首个民营文创园、4.0版花园式步行文化街区。义乌市委书记盛秋平在多次参观园区后表示，这里曾是老火车站人们送往离别的地方，是这座城市的美丽"城愁"。

该园区占地面积60亩，计划总投资达2亿元，分为工坊区、会客厅、文艺弄堂三大区域，还可容纳200家文创业态的企业入驻。此外，它以"老厂房里的愉悦新生，都市里的美丽城愁"为引子，以改造发挥老厂房的新功能为目的，在不改变老厂房结构的前提下，通过"修旧如旧"的理念对原有建筑进行修整，同时保留厂区内的古树和部分绿植，把工业遗产转化为文创产业的新载体，力图成为一个文化艺术氛围浓厚、创业气息独特、创意概念新颖的花园式"互联网+"文创中心。

走访的结果，让人惊喜：文创园一期改造工程已于2016年7月开业，二期工程则于2015年年末开工。目前，园区吸引了美女会馆、韩国品牌集成中心、无限空间（电商创新设计中心）等一大批优秀企业入驻；各类活动亦精彩纷呈，夺人眼球。中国创意设计峰会·4.0文创产业园发展论坛、浙江省创意设计协会义乌分会成立仪式、中欧时尚月2016A/W·义乌系列活动等相继亮相，后者由中欧设计师协会与中欧创新中心联合发起，义乌市政府主办，活动围绕"传承"与"黄金时代"两大概念主题元素，开启一段文化艺术、时尚及市场无缝对接的国际大型时尚丝路之旅。

文化创意产业被认为是21世纪全球最有前途的产业之一，有着巨大经济效益和社会效益。老车站·1970文创园，既是义乌当地文化衍生的载体，也是文化体验和商业延伸的地标，成为了城市居民的精神家园。

（金靖　吴优赛）

异彩纷呈"邻居节"

每年冬季，稠城街道孝子祠社区都会举办一个独特节日，那就是"邻居节"。

城市现代化发展日新月异，钢筋水泥围起一片片优雅小区。推开窗来能感受到鸟语花香，但走下楼来却感觉环境陌生。孝子祠社区面积大、居民多，一方面邻里间的陌生感是长期存在社区中的一个问题，另一方面社区内也拥有足够的场地和人群，来举办一个独属于自己的节日。

"鼓励大家走出家门主动认识身边的左邻右舍，在天南海北的聊天中建立一种信任、一种友谊，一种对共同生活环境的热爱。"2006年，孝子祠社区在全市首创"邻居节"。

"冬季里的一把火"。"邻居节"的组成队伍逐渐壮大，活动项目越来越丰富，参与人员越来越多。载歌载舞的开幕式、集思广益的趣味运动会、热热闹闹的百家宴、巧妇的饺子宴、和乐的邻里欢唱、主题性讲座、居民书画展……上至七八十岁的老叟，下至蹒跚学步的孩童，在天气渐寒的日子里，"邻居节"为居民送去阵阵欢乐，就像一种粘合剂，将社区的兄弟姐妹们凝聚在一起。

孝子祠"邻居节"最值得一提的是趣味运动会、百家宴和邻里欢唱活动。

参加趣味运动会的，清一色的是老年人。"邻居节"在居民共同欢度的同时，为老年人提供了一个展示自我的舞台，亲自设计游戏、动手制作器具、全程投入参与，老年人在这里扔飞镖、盲人贴画、投篮，他们的身影穿梭在各个项目中，纵情欢笑与驰骋，重新焕发出了青春。

社区总体分成香港城、义纸、义化（星光）、孝子祠四个片，每次举办百家宴前，要求各片各出20个拿手菜肴，争取每家落实一、两道，各家大厨烹制的拿手好菜集结在一起成了"百家宴"。宴会上人们闻香而来，带着饮料酒水，或立于长桌两侧，或相围而坐，台上轻歌曼舞，台下觥筹交错，享佳肴、叙家常，其乐无穷。

邻里欢唱，作为每届邻居节闭幕式的主活动，由社区居民自己组织，布置场地、准备音响、安排人员、排练节目，是一场真正来自居民、为居民服务的演出。演出人员在孝子祠公园内或演唱自己的拿手好曲，或表演自己排练已久的舞蹈，普通的演员在普通的场地上呈现了一出出不平凡的演出，引得围观者连连称赞。

除此之外，与各项文体活动同期举行的还有社区最美人物评选。经过多轮评选，最美邻居、最美婆婆、最美孝子、最美妻子、最美媳妇相继出炉，一张张动人的笑靥绽放在展示台上，他们的事迹如春雨一样，细无声地洒进社区的每一个角落，润化人们的心灵。

（张静恬）

向阳绽放"菊花节"

仲秋，是菊花大面积绽放的时节。稠城街道向阳社区每年都会在此期间举办菊花展，老人兴致盎然、精力充沛，随着菊花的悄然绽放似乎又再次回到了青春的岁月。

在向阳社区的菊花展里，你可以看到各种各样的菊花品种，如绿牡丹、帅旗、墨荷等等，不仅有温和飘逸的传统名菊，每年还有大量饱满艳丽的菊花新品种加入。走入设在社区老年之家大厅的会场，菊花铺设成的花海携带着丝丝香气扑面而来，沁人心脾。凑近一看，颜色更加绚丽多彩，红似火、黄赛金、白胜雪……各有千秋、光芒四射。

这些菊花大部分是由社区里的退休老人亲手浇灌、精心培育。2002年，他们组成了花卉班，学习花卉栽培常识，交流种花心得。从那年开始，大家不约而同地喜欢上了种菊花，并自发举办起社区菊展。79岁的黄昌泳被称为是社区养菊"达人"。他坚持养菊17年，每年都要栽培三四百棵新品种的菊花，因菊花形态各异，引得很多邻居前来取经。每年6月，黄昌泳就开始扦插菊花苗，一个月后将扦插成活的菊苗移盆，浇水、施肥、整枝、抹芽疏蕾……十多项细活，环环相扣。

十几年来，社区里老人的生活和菊花密不可分，和菊花相依相伴产生的情感早已根深蒂固。所以对他们来说，每年的菊花节不仅仅是单纯把菊花捧出来供大家观赏的程序，而是包含了从栽种开始，到浇水、修剪、施肥等点点滴滴的过程。随意问起一个老人关于菊花的习性、成活条件、栽培方法等话题，他们都能和提问者侃侃而谈，这些知识他们早已如数家珍。

向阳社区的"菊花节"可不只观赏这么简单，有兴趣之士还可去找出菊中的珍品——绿牡丹、帅旗、十丈株帘、绿衣红裳、墨荷的身影。据说，墨荷是世界上最黑的菊花，即便是最黑，人们能看到的也只是深红色。除了以颜色稀有取胜的品种，散发着梨香、薄荷香的梨香菊和薄荷香等香味菊，也蕴含着趣味。在观赏菊花的同时，孩子们也能感受到生活中养菊花带来的乐趣。

菊花不仅富有深厚的文化底蕴和极高的观赏价值，还与敬老息息相关。亲情与孝道是中华民族优秀美德。因此向阳"菊花节"，一方面是大众共聚赏花的节日，另一方面也是向阳社区的老人节。场地的选择、菊花的栽培、会场的布置，"菊花节"的每个环节都有向阳社区老人全力参与的身影，为的是将自己热爱的事物展现给大家观看。

（张静恬）

喜庆乐团闹商城

在下车门社区，一支名为婺剧艺术团的文艺团队一直活跃于义乌城乡。它不但以坐唱活动于民间，还用彩妆形式在场地演出小型剧或折子戏，做到古装戏与现代戏的融合，表演形式趋向多样性，满足了广大群众的各类文化需求。

婺剧艺术团的前身为喜庆乐团，成立于1984年。当时人员主要由原业余剧团成员、义乌婺剧团退休人员、喜爱戏曲的经商人士组成，故雅称"老板乐团"。平常，他们空闲时聚集在一起，评评戏、唱唱曲，对乐团工作有着极高的热情，其演出水平不逊于一些专业的戏曲团体。每逢演出门庭若市，不仅群众拍手欢迎，甚至引得省文化厅的领导慕名前来观看，名声非常响亮。

其实，喜庆乐团更早是以锣鼓班的形式而存在的。锣鼓班起源于明末清初，作为一个纯民间文艺演出组织，在当时的县域内遍地开花，"一幅箩担装十响，吹拉弹唱喜洋洋"，就是锣鼓班的写照。清代末年，华溪、杨畈田、夏演、桥头、柏峰、木城、下王、西何、稽亭、下崇山等村都有锣鼓班。民国时期全县有83个班。福成会锣鼓班在南乡较出名，迎神赛会，必请其作头。《花头台》和《踏八仙》是每个锣鼓班必会节目。奏唱剧目以传统历史剧为主，常见的有《琵琶记》《火焰山》《铁灵关》《百寿图》《打金枝》等等。

下车门社区的"老板乐团"便是锣鼓班在本地的衍生形式。1986年"老板乐团"正式命名为"喜庆乐团",在规模和形式上开始走向专业管理的道路。以前的演出没有专门固定的舞台,以坐唱为主,都是走到哪演到哪。少了舞台灯光和绚烂场景的烘托,就需要演员声情并茂的表演去弥补……虽说这些是喜庆乐团表演时的弊端,但另一方面也成了乐团发展的催化剂。演员们开始更为努力地练习基本功。在简陋的环境下,演员的动作、演唱的表情、贯穿的情感在观众眼中都被放大了数十倍。因此唱、念、做、打,一招一式都要反复地练习,力求达到完美。

正是因为场地的弊端,也把表演者和观众的距离拉得更近。一般戏曲表演时,演员在台上,观众在台下,两者间或隔着高度,或隔着距离,在互动方面总是缺少了些什么。当时喜庆乐团的表演则完全不存在表演者和观众间的隔阂,舞台即是观众席,观众席也可以成为舞台。喜庆乐团因其演出的亲民性和灵活性,深受老百姓欢迎,商城迎神赛会,庆贺丰年,操办红、白喜事,自我娱乐时总少不了它的身影。

◆ "草根"登场演大戏,婺剧艺术放异彩。
摄影/金福根 2010年摄于婺剧团

喜庆乐团表演的主要曲调为婺剧徽戏,西皮、二簧、芦花、乱弹、三五七等等,并带有流水或紧皮唱腔伴和,还有滩簧、时调及高腔。代表剧目有《三请梨花巡迎》《打拷》《牡丹对课》等。历史长河中的真实人物、文学角色在乐团成员的表演中被赋予了新的生命,一个个如数家珍的人物,一段段耳濡目染的故事,演员们的生动表演将观众重新带入了那些动荡的时代,那些大气磅礴的故事。每到一个场所,首先在中间摆放一张八仙桌,周围摆设靠背椅和四漆凳,桌上摆水果、糕点、茶水等,全体人员围坐四旁便可开唱。

经过一年年扎实的发展,2003年以喜庆乐团为基础成立了婺剧联谊会,2011年又更进一步,成立了婺剧艺术团,文艺团体有了长足的发展和创新。如今婺剧艺术团的组成人员已达三四百人,专业演员也有了50人,这些年来曾多次代表稠城街道参加各类大大小小的比赛,包括大锣鼓大赛、文化节……奖牌、锦旗挂满墙面,成为了过往辉煌的印证。

(张静恬)

"西隅龙祖"喜重生

义乌迎龙灯历史悠久，在民间就流传着"先有木龙头，后有乌伤郡"的俗语，说明早在乌伤县形成（前222）之前就已经有这项活动。它就是稠城街道胜利社区的"西隅龙祖"——人称"西门老龙"。

在西门老街上，有一座城隍庙，城隍庙的上头安放着一条老龙，全身呈棕红色。城隍庙的始建日期仍有迹可循，可老龙头却难以述说清楚。大家只知现有的龙头、龙尾是20世纪80年代取材于稠城街道丁店村、现是稠州中学操场边的一棵老樟树。如今，百年老樟仍是亭亭如盖，西隅老龙也成了义乌历史的象征。

大抵有人的地方便有传说，关于西隅龙祖，也有着一个神奇的故事。从前有一年发大水，从上游漂来一棵樟树，被西门陈姓人家看见，就把它打捞上来。这时，不知从何处来了一位鹤发童颜的老者，看了此樟树后，大为震惊，随即对围观的人道："此乃西隅龙祖也。"人们遂把樟树根雕成龙头，树身雕成龙尾。西隅龙祖就这样诞生了。据说西隅龙祖非常灵验，老百姓都很敬重它。不仅是老百姓，义乌十里八乡的龙灯，到了城里也要向西隅龙祖朝拜，先拜龙祖，以示敬重，来年才能风调雨顺。

传统迎龙灯习俗始于唐代，原为京官与民同乐、欢度元宵佳节的一种庆祝活动。迎龙灯，洋溢着亲情、人情和乡土之情。早先，人们迎龙灯是出于图腾崇拜意识，后演变为祈求丰收、平安的民间民俗活动。同时，龙灯还象征着旺盛和繁衍。义乌的龙灯大多为板凳龙，龙头、龙身、龙尾和"宫殿"用樟木雕刻而成，大小形状根据当地传说来设计。迎龙灯习俗一代代传承下来，在每一地都赋予了自己的特色。西隅老龙更是迎出了自己的精彩。

以往的每年正月初八，都是西门老街最热闹的时候。这一天老叟孩童、乡里乡亲，远嫁的女儿、在外的亲人都会相聚在一起，一眼望去人山人海，人群中一面是锣鼓喧天，一面是笑语连天。准备、前导、迎龙灯、巡灯、放铳、拆灯，六个过程在表演者游刃有余的步子中和谐地联结，引得围观者一阵阵喝彩。西隅龙祖最浓墨重彩的表演部分便是盘灯，其中盘五梅花阵尤其让人惊艳：夜幕下，红色的长龙在众人的齐心协力下变化着花样自如舞动，似在夜空中腾云驾雾，龙头自在穿梭，龙尾摆动有力，整个场面浩浩荡荡。

◆ 龙头自在穿梭，龙尾摆动有力，"西隅龙祖"表演的场面让人眼花缭乱。
摄影/金福根

如何达到如此的观赏效果，有很大的讲究。大局上，首先2只排灯在中央位置站定，形成中心，随后10只堂灯分成5组围着中心2只排灯排成"五梅花状"。具体步骤上，需要相互间有序地配合，龙灯循着2号至1号堂灯的顺序先绕一圈，再从1号以"∽"形绕回2号堂灯，接下来过4号堂灯绕3号堂灯，以此类推。绕过最后的9号堂灯后，再沿1号排灯绕2号排灯，至此一朵绽放的"梅花"便形成了。五梅花绕成后板灯上下舞动，有如波浪翻滚，场面非常壮观。不过此种形式需要较大的空间，只适合在大型广场表演，因此相比较为少见，西隅龙祖也是义乌唯一能盘五梅阵图的龙灯。

"文革"期间，西隅龙祖也曾遭受劫难，沉寂良久。直到20世纪80年代，随着民间文化活动的复苏与蓬勃开展，为群众所喜闻乐见的西隅龙祖才重获新生，并在2001年市里组织的元宵节"九龙闹春"时大展雄风，再次抓住了世人的眼光。这些年，由于"三禁"的深入人心，城区"三禁"红线内的中心街道各社区、村居很少有申报迎龙灯的，故西隅龙祖一直处于休息状态。这也说明，市民意识到燃放烟花爆竹对大气的污染，越来越多的人采用外出旅游的方式过大年，使得人们淡化了迎龙灯的观念。

（张静恬）

大头娃娃舞起来

伴随着喜庆的音乐、悦动的舞姿，表演者头戴大头娃娃道具，以秧歌、小跳、平布等步伐舞动其间，表现出人们满满的幸福和红火的明天。这便是稠城街道通惠社区大头娃娃舞表演的特有场景之一。

该社区的大头娃娃舞，由流传于北门的十八姑娘舞演变而来，经过一代代老艺人的不懈努力，摒弃低级庸俗的部分，继承传统的精华，造就了今日符合时代潮流、适应群文艺术健康发展的舞蹈类型。

十八姑娘舞作为一种民间艺术活动，起源时间已难以追溯。据老一辈人讲述，这门艺术和老北门相伴相生，自有北门街以来，就有了十八姑娘舞。说起十八姑娘舞的源头，可以追溯到更为古老的大头和尚舞。该舞起源于民间故事《月明和尚度柳翠》，《旧唐书·音乐志》记载："上元佳节，百戏之雅驯者，莫如南十番，其余装演大头和尚。"宋代《东京梦华录》和明代《古今小说》《西湖游览志》《帝京景物略》以及清代《百戏竹枝词》都有相关记载。义乌大头和尚舞的历史由来已无从考证，在口头相授与代代相传中逐渐演变成流行一时的十八姑娘舞。当时每逢节日，农村组织迎灯、做戏等民间文艺活动，该舞蹈节目就会赶往助兴，烘托节日气氛。

　　这门来自农村、扎根于农村的艺术，因拘泥于当时农民的文化层次和生活水平的局限，难免在表演形式和动作上多少带有低级庸俗的成分。为了促进该门艺术的健康发展，解放初期义乌县文化部门对十八姑娘舞进行修正改编，在内容和形式上都做了很大改进，并在1965年参加了首届金华市民间文化艺术节，曾轰动一时。可惜的是，"文革"期间该项舞蹈遭遇冷落。

　　如今，为大众所喜闻乐见的大头娃娃舞，经过老艺人的不懈努力，终成正果。1995年，即义乌首届国际小商品博览会召开之际，北门金月姣老人把十八姑娘舞改编成大头娃娃舞，在服装、道具、形式上"追随"时代作了创新，参加了当时首届小商品博览会的踩街活动，大受市民青睐。近年来，杨水珍老师又在表演动作和形式上加以改编，使舞蹈在保留原有优秀特点的基础上，人物的队形变化、动作表演上更趋优美。在角色造型中增加婺剧因素，改进笨重的面具，使其更加轻便与安全，又配合以木兰扇、寿桃等道具，寄寓健康长寿、兴旺发达、吉祥如意的美好祝愿，受到市民的欢迎。

　　大头娃娃舞以其特有的、独一无二的表现形式，在义乌当地小有名气，老一辈中提起基本都能谈上一两句，新一辈的则略有耳闻。观看大头娃娃舞的表演，瞬间便会被现场欢快、活泼、喜庆、吉祥的氛围所感染。

　　目前，大头娃娃舞的舞台广场表演有24人左右，踩街有19人，继承状况良好，服饰、道具也从过去的随意性转向了专业化，服装逐渐改制成中式对襟大褂，更具民族传统气息。头饰由大头娃娃面具取代，配合以木兰扇、金元宝、寿桃、花伞、向日葵等道具。大头娃娃舞在与时俱进中一路前行，坚持给群众带去欢声笑语。

（张静恬）

◆ "大头娃娃"舞姿之美，美在灵性，美在自然。
　　摄影/金福根

银苑彩船启远航

稠城街道银苑社区的彩船表演队这些年声名鹊起，队员们身穿统一服饰，配以"丰收锣鼓"与创新的民歌、民间曲调，舞动其中，为观众带来了一场场精彩表演。

"银苑彩船"今日的辉煌与老年协会的一群妇女骨干分不开。2005年5月，银苑社区（赵宅村现归属于银苑社区）的一些"彩船"艺术爱好者聚集在一起，重新拾起了封尘已久的旱船艺术，并在传统的表演基础上加以改编，将其改名为"银苑社区彩船"。

旱船历史悠久，是一种模拟水中行船的汉族民间舞蹈，在唐代已经流行（见《太平广记》），不仅在民间表演，还经过改造成为宫廷舞蹈。据宋朝田况《儒林公议》上说，五代时前蜀皇帝王衍曾做"蓬莱山"，以绿罗画水纹铺在地上，上置莲花，让跳舞的人乘彩船在绿罗上转动。宋朝时仿效这种方式，宫廷舞队中有采莲队，跳舞的人身乘彩船，手执莲花而舞，名称叫做"采莲队舞"。与此同时，民间划旱船也很盛行，不少记叙宋代风俗的著作，都写到节日街头民间舞队中有划旱船演出。而银苑社区彩船始建于解放初期，当时全国上下掀起秧歌舞高潮，民间艺术得以挖掘和发展，北方的旱船随之引入南方。

◆ 柔美多姿的"银苑彩船"表演，将民间舞蹈演绎到极致。　　摄影/金福根

　　赵宅村兴起的旱船表演，老百姓对此参与度很高，既有夫妻双双"划大船"、一展弯凤和鸣；也有姊妹情深，一起"划船"，柔美多姿。银苑彩船在综合了北方旱船大气磅礴的基础上，柔和了江南的缱绻似水，形成了自己独具一格的特色，以载歌载舞的崭新形式展现在人们面前。新型旱船表演在赵宅盛行了四五年，受到村民欢迎。

　　现在的"银苑社区彩船"主要分为广场表演和踩街两种形式。广场表演形式适合较为大型的场面，以传统表演形式为主，表演者置身其间，时而似百舸争流，时而似鱼水悠悠，时而似金龙腾跃，时而似海浪涛天……蛟龙戏水、双龙吐水、三叉划水、四排出水、五五发水、六六顺水、七巧对水、八卦摆水、九九潮水、十面伏水，在人工营造的翻飞碧浪中，十种阵式依次铺开，彩船在其中或潜或藏，场面壮观、气势恢宏。踩街形式则较为简单，表演者分为四纵队，各司其职，中间两队是重头，担"划"彩船之职，两边两队执彩灯，负责烘托氛围。表演时彩船与彩灯交叉走阵，时缓时急，舞步有的细碎如鼓点，有的飞扬似燕舞。

　　改革开放以来，"银苑彩船"随着百姓的文化生活一起熠熠生辉，融入了普通民众的生活。表演队已多次赴杭州、金华、丽水等市地的文化节进行演出。生动有趣的表演，深受当地群众喜爱。

（张静恬）

美轮美奂小花棍

　　队形变化大，舞蹈节奏快，艺术形式多样，内容丰富多彩，美轮美奂的小花棍表演一度成为稠城街道车站社区文化活动的优秀节目。该社区2002年8月成立文艺宣传小队，即小花棍分队，连续参加第十二届、十三届市农村文化节（后改为市文化艺术节），广受市民的欢迎与喜爱。

　　随着经济的快速发展，人民生活质量日趋改善，对精神生活的要求也随之提高。一方面为了丰富群众的文娱生活，另一方面为达到强身健体的目的，车站社区的小花棍分队应运而生。小花棍的创始人欧阳光葆在学习各地花棍艺术的基础上，取其精华，去其糟粕，成功地将运动的韵律与舞蹈的柔美相结合，最终形成一种以健身形式为主体，而辅以舞蹈的新的艺术表现形式。

　　花棍是中国古老的民族传统体育项目，在多个民族中广为流传，具备深厚的文化底蕴，因各地典故不同，称谓也各异，有"打花棍""打连厢""将军棒"等多种叫法。花棍舞至今已有三百年的历史，这种对打舞蹈丰富多彩，在各地的发展中汲取了当地极富特色的风俗文化，呈现出一种百花争艳的盛况。

车站社区的小花棍分队表演形式欢乐祥和，富有时代气息。表演者们身着统一服装，左右手各执一根花棍，个个精神抖擞。演出时，她们手持特质花棍手，在转动的同时接连上演打、盘、挑、抛、接等难度动作，花棍如同彩色大圆盘，五彩斑斓，令人炫目，引得观众齐声叫好。此外，演出队伍还要交叉变换队形，边走边舞，人棍"合一"。花棍表面涂以金色的漆作装饰，棍两端系扎若干彩色绸布细条为穗，细密的绸条组合在一起，就像两朵鲜花绽放在棍子两头，极为生动。

车站社区的小花棍队员，表演时的音乐多选积极向上的欢唱舞曲，有传统的喜庆乐曲，也有歌颂时代、歌颂生活的流行歌曲。朗朗上口的曲调为现场营造了一个欢乐喜庆的氛围，置身其中，表演者随着节奏有韵律地踏动，伴着观众的喝彩声，尽情舞动，自然顺畅。

这些年，社区小花棍分队贴近大众的表演形式和内容，使得它成为广场表演、舞台表演、踩街表演活动中的不二选择。热闹、大范围、自由是这些活动的最大特点，小花棍吉祥喜庆的氛围、难度与乐趣兼具的动作、接地气的演出者很好地契合了这些活动的要求。因此，每逢小花棍表演，人们总是争先恐后地赶向场地，或围成圈状，或纵向排开，等待着好戏开演。

（张静恬）

个性张扬农民画

义乌历史悠久，稠山绣水孕育了深厚的民间艺术底蕴，丹青迭出，民间艺人薪火传承。

20世纪80年代中期起，伴随着本地经济和社会的快速发展，富裕起来的义乌农民舞文弄墨，通过画笔，用真挚的情感、朴实的画面，描绘新时代新生活，义乌农民画应运而生。农民画代表人物有楼兆辉、杨佐人、陈震、吴广巨、骆潮勇、马彩有、傅志义、朱锡水、杨日清、吴琅文、叶洪桐、黄国强等，其中为数不少来自稠城街道。

义乌农民画是一个特殊画种，承载了地域文脉，系诠释人文义乌的民间读本。它以长期流传于农村的实用民间绘画为基础，由磨漆画演变而来，后发展成现代民间绘画。有着30多年历史的义乌现代民间绘画，是在江南民间艺术的土壤里成长起来的一朵美术新苑，其绘画作者主要分布于稠城、后宅、江东、上溪等地。

1984年12月，稠城街道楼兆辉、陈震率15位农民，自发成立了中国首个农民画社，得到了上级文化部门的高度重视和支持，创作队伍不断扩大，创作出了一大批优秀作品，分别在美国、俄罗斯、德国等几十个国家和地区展出、交流。

◆ 痴迷农民画创作，来自对家乡山水的眷恋。
摄影/金福根　1987年摄于文化馆

　　首任农民画社社长楼兆辉来自稠城建设村，因为熟悉农村生活，热爱民间艺术，对农民画产生了浓厚的兴趣。1986年5月，经过义乌文化馆汪苗等老师的长期辅导，在楼兆辉的带领下，三十多位农民画家的91幅画作赴京参展，这是"义乌现代民间绘画展览"在全国首次以一个县的作品到首都展出，引起强烈反响。楼兆辉的作品《鸡斗》也一举成名，被中央美院收藏。

　　陈震是农民画社第三任社长，稠城南门街人。他从小酷爱美术，中学毕业后曾跟随父亲养蜂，走遍祖国的大江南北，后进印刷厂当美工。加入农民画社后，他凭着自己的生活经历和审美爱好，不断地、专注地画了起来，于是有了《斗蟋蟀》《小摊》《做红烛》《四季春》《打稻》……其作品在赴美国、德国、西班牙、澳大利亚等国展出时，博得专家好评。随着一幅幅作品获国内大奖，陈震名声在外，在俄罗斯

◆ 率真挥洒，直抒心灵，这也是对生活的最好诠释。

举办了展览，还出版了个人新民间画集，2003年12月加入了中国美协。他和艺术同行们所作的努力，为人文义乌增添了一份文化内涵，也于1988年2月为义乌赢得了"中国现代民间绘画画乡"的美誉，磨漆画（后演变成农民画）还被列入市首批非物质文化遗产项目。

与舟山、嘉兴等地相比，义乌市的现代民间绘画作者队伍并不庞大，但能坚持创作的人不少。他们把剪纸、刺绣、灶壁画等传统民间艺术的特色，巧妙地运用到绘画创作当中，又把今天的现实生活和浪漫的想象力融入艺术语言，形成了一幅幅饱含乡土风韵的现代民间绘画。其题材大多以风土人情为主，兼及现实生活，内容体现普通人的精神面貌，描绘当代民间生活，继承和发展了中国传统民间艺术和审美特质。

在这当中，稠城街道这些年走出了杨日清、吴琅文等一批艺术个性十分强烈的新生民间画家，他们将独立创作贯穿于日常生活中，乐此不疲，即便遇到农民画的低谷徘徊期，也矢志不渝地沉浸于艰难的创作。《非遗继承》《义新讴歌》《果甜时节》《迎鱼灯》等民间绘画作品，亦都表现出了构思奇特、造型稚拙、色彩饱满等特点。绘画创作成为伴随其人生的精神生活。他们不会因为相关部门较少组织艺术活动而放弃艺术创作，他们的存在和成熟使得现代民间绘画不会像风一样在历史上一刮而过。

在义乌农民画家的眼里，乡间的各种民俗技艺和农民生活的情景，就像一幅幅饱含江南风韵的图画，任凭自己发挥想象挥洒笔墨。本来，每个画家的画风都不同，应该有一定距离，这才显得艺术丰富多彩。

从农民画活动发展起来的义乌现代民间绘画带着泥土的芳香，带着普通人的艺术精神，带着中国民间文化传统的审美品质，向世人展现出一个阳光灿烂的艺术世界。这个世界直率、天真、自由地表达着对幸福、圆满、吉祥的强烈祈求，一切都那么和谐，那么纯粹。

（王曙光）

民间传说

千余年的岁月流转，在稠城这片土地上流传下来的名人先贤故事及民间传说如恒河沙数。掩没于绣湖畔的夕阳红树，大安寺塔的风雨传奇，闪回于货郎担的依稀背影，义乌兵鏖战的金戈铁马……这些看似渐行渐远又从未远离的记忆，一直留存在义乌这座城市的时空之中，在市井小巷的烟火里，在雕梁画栋的马头墙上。

民间传说的字里行间，能感受到千年稠城的跳动旋律。而记忆与传承是人们对美好家园的追寻与纪念。

孝德感天溯乌伤

义乌，历史悠久，建县至今两千余年。这里民风淳朴，兴忠扬孝，以孝为核心的伦理文化绵绵流传。上古时代，义乌的口述文献以孝子颜乌为祖，义乌地名就是源于孝子颜乌的传说。

据传，颜乌的先祖是从鲁国（今山东一带）迁居而来。他的父亲叫颜凤，一家人独居荒野，以耕作为生。生活虽清苦，日子倒过得舒心。可是，灾难偏找穷苦人，不久颜乌的母亲因为操劳过度离开了人世，扔下年幼的颜乌和父亲相依为命。

颜乌的父亲颜凤，因受祖上安贫守道思想的影响，对儿子言传身教，既当爹又当娘，辛苦地把颜乌拉扯大。家境的贫困，生活的磨难，培养了颜乌勤快、孝顺、善良的品格。

颜乌体贴父亲年老体弱，不让父亲干重活。从田头回到家里，总是抢着做饭烧菜，而且每次都等父亲吃好了才拿起筷子。夏天，蚊子肆虐，颜乌给父亲打扇驱蚊；冬天，颜乌用自己身体温暖被窝后再请父亲安睡。

有一次，颜乌发现有一只小乌鸦因腿伤落在地上，不住呻吟着。颜乌将它抱回家，精心地治疗、喂养。把它的伤治好了，养大一点以后，就放它飞回了蓝天。从

◆ 读读颜乌孝父的故事，体味孝文化的价值观，很能发思古之幽情。 摄影/吴贵明

此，鸟儿们将颜乌当作好朋友，这只乌鸦常领着一群群乌鸦在他家房前屋后盘旋，久久不肯离去。颜乌父子俩不但不骚扰、驱赶它们，有时还特意撒些粮食喂它们。

就这样几年过去了，颜乌逐渐长大成人，而父亲却更加衰老了。天有不测风云，颜凤终在一场大病后，撒手西去。颜乌悲痛万分，哭了三天三夜，哭得死去活来。

泪哭干了，颜乌准备父亲的后事。他家贫如洗，附近也没有什么人家，只得靠自己给父亲筑坟。他拼命地挖，工具坏了，用手挖，整整挖了三天三夜，直挖得双手血肉模糊……过度的伤心、劳累，饿着肚子的颜乌终于晕倒在地。

颜乌的孝心深深地感动了乌鸦。那只被他救过的乌鸦领着一大群乌鸦飞了过来，它们衔着泥来帮颜乌筑坟。乌鸦们的喙在啄泥时都被磨破，流出了殷红的血，只见坟上堆起的竟是一个个紫红色的泥团。

第四天，坟筑好了，乌鸦渐渐离去。可是不久，乌鸦突然又多了起来。过路行人甚为奇怪，过去一看，原来颜乌由于过度悲伤和劳累，竟死在父亲的墓前。乌鸦又在衔土掩埋他的尸体。

颜乌纯孝格天，乌鸦帮助他衔土葬父，他死后乌鸦又衔土葬他，人们奔走相告。这件神奇的事情很快传扬开来，传遍了大江南北。

后来，有关颜乌的故事在流传中有多种说法，但故事的基本情节都大同小异。

历史上关于颜乌的最早记载，见西汉经学家、文学家刘向所编《说苑》："颜乌，乌伤人，亲亡，负土为大冢，群鸦数千，衔土相助焉。乌既死，群鸦又衔土葬之。"明崇祯《义乌县志》也说："颜宗流风熏被，民多尊长孝亲，忠心为国。"

秦王嬴政二十五年（前222），秦将王翦平定江南，在吴越两国旧地建会稽郡。郡内建县，其中以颜乌墓所在的稠城为中心设邑。由于孝子颜乌因葬父而死，血诚格天，影响很大，因而根据颜乌葬父而献出生命这一事迹，将县名命名为"乌伤"，旨在旌表颜乌孝德。

事实上，颜乌的故事一开始并没有这么具体，从只有孝这个意思，到有关孝德的具体事情，再到孝的结果，颜乌的故事是随着时代的推移才渐渐丰富的。传统孝文化不断深入和发展，孝成为义乌文化精神的内在基因密码，乌伤以孝为名，也反映了儒家思想在这一地区的深入人心。

上溯秦汉，八婺皆以乌伤得名。由唐及今，或名乌伤，或名乌孝，或名义乌，世变而"名"不变，其意无别，以其孝道之恒存于孝子。孝文化的价值观、伦理观根深蒂固，源远而流长。

沧海桑田，随着政局交替、社会政治变动，义乌地域变化极大，县域逐代萎缩，今之义乌地域仅及古乌伤的十分之一。但以"乌"命名的并延续下来的地名，在浙江恐怕只有古城义乌了。

随着城市的进一步发展，20世纪90年代，义乌市在城中心颜孝子墓遗址建起孝子祠公园（由稠城孝子祠住宅小区旁迁入），昔日的孝子墓如今已成该公园一隅，每天瞻仰、凭吊者无数。

颜乌孝父的故事，为义乌的文化奠定了重要的伦理基调。"义乌为孝子过化之乡"，从古至今，以孝义为核心的伦理观，一直影响着义乌节义之士的思想，"富贵不能淫，威武不能屈，贫贱不能移"，努力践行着忠孝仁义之德。浩然正气和忠肝义胆，足以让人敬重与佩服。

从初唐传檄天下"绝唱"的骆宾王，宋代爱憎刚直的理学名家徐侨，临终三呼渡河"泪满襟"的宗泽，元代文史巨擘黄溍，到明朝父忠子孝撼天地的王袆和王绅、勇猛刚烈的抗倭义乌兵诸将士、调和汉宋的"忠臣淳儒"朱一新，等等，这些名留史册的忠臣义士，遗赠给我们的是崇尚忠孝节义的传统。这些传统，充分体现在他们的行迹著述中，也体现在新时期的义乌精神中。

（王曙光）

湖光塔影大安寺

　　绣湖公园内，古老沧桑的大安寺塔巍然矗立。湖塔相连，景色相衬，引来游者络绎不绝。

　　大安寺塔也称绣湖塔，这里有个古老的传说。

　　很久以前，义乌城里有个大湖，不知什么缘故，湖里经常发大水。湖水冲毁堤岸，淹没四周大片大片的田地，常弄得十年九无收成。老百姓吃不饱穿不暖，只好携儿带女四处逃荒。

◆ 人事有代谢，往来成古今。　　　摄影/李永

　　一天，湖边来了个肩背葫芦的白发道人，绕着湖堤走了一圈又一圈，然后对人说：“你们知道湖水为什么会经常泛滥吗？这是因为湖底的水牛精在作怪啊！大家要想过好日子，就必须设法把这这妖精除掉。”

　　原来，东海牛魔王有个幼子，从小娇生惯养，仗着父王的威势，到处横行霸道，寻衅闹事，牛魔王一怒之下把它赶了出来，大湖就成了其安身之处。它旧性不改，经常作怪，害得多少人家妻离子散，家破人亡。

　　道人说：“水牛精罪恶多端，只要大家齐心协力，一定能把它除掉。”于是大家汇集了临近几村的所有水车，架在湖四周堤岸上，黎民百姓不分昼夜地分批轮流车水。十天过去了，一个月过去了，人们还在不停地车。脚底踏肿了，谁也不喊一声痛；眼睛熬红了，谁也不叫一声苦。日里车，夜里车。车啊车啊，一直车了九九八十一天，眼见湖水只剩下了一个底。这时，道人又开口了："水牛精中午要打盹，我们一定要抢在它醒来之前把湖水车干，把它烧死。"

人们从四面八方涌来。过路的小青年，出嫁的大姑娘，该享清福的老爷爷，要上学堂的小宝宝，有的用水桶抬，有的用面盆舀，有的挑干柴，有的拿火油，车水马龙，人山人海。到午时三刻的时候，湖水终于车干了。湖底，一只形状吓人的水牛精盘着头，缩着脚，正呼呼睡着呢。

道人解下身上的葫芦，把里面的神水洒在水牛精身上，一遍遍地念着咒语，众人忙着用干柴把水牛精盖住，倒上油，点着火。转眼间，火光冲天，"噼里啪啦"响声不停，烧了三天三夜，水牛精终于被烧成了灰。有人担心水牛精的精灵不散，日后还要兴风作浪。于是，你出砖瓦，我出木料，有钱的出钱，有力的出力，人们在水牛精的骨灰上面堆上泥土、压上石块，造了一座七层宝塔，叫它永远不能再危害百姓。为了纪念道人的功德，乡亲们又在塔旁修建了一座寺，称大安寺。因此，这座塔也就叫做大安寺塔。

从此，义乌城里风调雨顺，五谷丰登，黎民百姓男耕女织，安居乐业。湖边，杨柳成行，花香扑鼻；湖中鲢鲤戏水，鹅鸭成群，风景如花似绣。人们就把这湖取名为绣湖。因此，大安寺塔也称作绣湖塔。

岁月流逝，沧桑变迁，多少年过去了，绣湖不知比原来的样子缩小了多少，大安寺也消逝在了历史云烟中，而先前在湖中的七层宝塔，如今只剩下五层，矗立在湖边。然而，绣湖、大安寺和大安寺塔的故事，一代又一代，一直流传到了今天。

（王樟奶 杨志明）

稠城古迹鸡鸣墟

资料显示，浙江范围称鸡鸣墟的地方只有现今义乌稠城一处。

◆ 鸡鸣墟今日胜景，让人为之沉醉。　　摄影/吴贵明

墟，是指在小山坡上的村子，也叫墟里、墟落，鸡鸣墟就是鸡鸣山附近小山坡上的村落，就是现在的稠城。墟还有墟市的意思，即隔三日一集市。正因为有墟市，所以才需要许多井。

"从绣湖广场新建时出土发现的西周前木架井和十一口砖井，即为明证。"义乌市文物部门的同志说，在古代常把市和井联系起来，称市为"市井"，市井交易是商业的滥觞。发现如此密集的水井，可以说明秦汉以前稠城这块土地上经济已比较繁荣，尤其是商业发展已达到相当高的水平。

稠城形成墟市，还有个有利条件，就是水陆交通方便。当时，义乌江从鸡鸣墟东经过，有盐埠头、下埠头。陆路还可以北通越、杭，南通衢，东通丽、台、温。稠城的墟市在20世纪80年代初还是隔日一市。古代义乌以墟命名的还有蒲墟，即现在的赤岸。义乌北有鸡鸣墟，南有蒲墟，说明古代二墟亦十分繁荣。据此，业内人士认为春秋时稠城之地叫鸡鸣墟。

（张金龙）

富贵贫贱话四井

　　明万历《义乌县志》载，县城有富、贵、贫、贱四大井。富井在原绣川门外百步，即现在下车门八角井，水位常年不变；贵井为金井，在原朝阳门外五十步门前塘边，遇旱不涸；贫井为黄井，在原北门街荷花芯附近；贱井在原凤林巷内河沿，为王金祠井。

　　关于黄井和金井，民间有诸多传说，旧志也笼统作了记载，因而给古老的黄井和金井蒙上了一层神秘的面纱。

　　据说，很早以前，南门驿墈下（又名驿墈巷）有个姓黄的财主，平时不肯施舍，一枚铜钱看成笠帽一样大，但他嫁女却十分慷慨，嫁妆很体面。这一年，他把二女儿许配给北门一个财主人家做媳妇，为了摆阔气，出嫁时嫁出了"全房间"嫁妆，抬了"十里红"，各种金银珠宝、衣裳鞋帽样样嫁齐，观看嫁妆的人十分热闹，喝彩声不断。这时，一个年轻人素来聪明，知道稠城方圆几里没有一口水井，百姓常年喝着黄泥水，何不趁这机会，给这个吝啬鬼来个激将法，叫他出钱挖一眼井呢？于是便有意抬高嗓门说道："黄家的嫁妆虽然体面，但每天还是离不开要吃金姓家的水。"黄财主听了心里不是滋味，但也不无道理，便连夜请一帮师徒，查看地形，挖了一口井，取名"黄井"。过了几年，北门一个姓金的财主的女儿嫁到南门驿墈巷，姓黄的财主反唇相讥，姓金的财主也在驿墈巷挖了一口井，取名为"金井"。于是，"黄井""金井"就一直沿用至今。

旧志称：贵井又名金井，传说为金姓女陪嫁井；贫井又名黄井，传说黄姓女陪嫁井。此说疑为后世讹误。

据《洞门黄氏宗谱》卷一《贵井铭》载，贵井为东晋郭璞所凿。井既浅又小，井壁以小石环砌，年代久远，井壁颓圮。宋宣和元年，黄氏始迁祖黄琳（字世珍）娶宗泽胞妹，与宗泽结为姻亲，遂自浦阳迁义乌朝阳门外。"宋政和间，岁旱，取汲争先而斗。"黄琳试其泉源深且长也，就命人对井重加疏浚，井深挖至20尺有余，井口加宽原先的一半。"复命匠氏伐巨石，周方为砌，下以及泉，上可容四人并汲，由是乡人德之，又名琳公井。"南宋志士黄中辅曾为之记。由此看来，贵井实为东晋郭璞所凿之古泉井，宋时黄琳重加疏浚筑砌，由原先的小圆井改成了方井，井壁也改为大块石砌筑。因百姓感恩挖井的人，遂名贵井为琳公井，实非金姓女陪嫁井。

清康熙二十年（1681）春夏，大雨成涝，至六月，天才放晴。接着又连月干旱，四个月内未下滴雨，其他诸井都干涸了，唯独贵井汲干了又充盈，过一宿即水满如初。每天来此汲水的人有上千，摩肩接踵，大家因争水而引发斗殴的事时有发生。不久，井口倾圮，汲者不便。黄之琰会同叔侄鹏九等，出资重加结砌。旧石失之过半，又添石以砌井壁、井台。干活人累了，又拿酒饭菜肴以犒劳他们。"垒固其外，用坚其内。"为使后人饮其泉能思始凿继浚此井之人，故作《贵井铭》。

四井一直沿用至20世纪90年代。由于城市建设等原因，四井如今只剩下一口作为富井的八角井。贫井（黄井）、贱井（王金祠井）在2000年的旧城改造中消失。作为贵井的金井，由于影响交通，也已被城中中路所覆盖。

（王曙光）

绣湖水清出状元

　　"绣湖清，出状元"的传说，源于绣湖独有的文化，这反映出中原移民一种久远的情怀。义乌历史上曾盛行"绣湖清，出状元"一说。这一说法深受中原文化的影响。"黄河水清，圣人出，天下太平"的说法最早源于晋王嘉《拾遗记》等书中，而义乌现住的居民大都是中原移民。"义乌民族凡八十余姓，大率徙自唐宋以后。"[民国丙戌（1946）重修《义乌梅溪夏演楼氏宗谱》]

　　到了两宋之际，中国出现了一次规模巨大的北人南迁过程。建炎三年（1129），"渡江之民，溢于道路"（清·徐松辑《宋会要辑稿》），"四方之民，云集而浙，百倍常时"（宋·李心传《建炎以来系年要录》卷一五八，十九页）。义乌的很大一部分姓氏，如湖清门陈、龚姓、赵姓、李姓、贝姓等，均于此时随宋室南渡，定居于义乌。因此，在义乌有"绣湖清，出状元"的说法也就不奇怪了。

　　嘉定十年（1217），许复道与长子许墈于本年并登文武两科，居绣湖。

　　嘉定十六年（1223），绣湖清。是年邑士擢第者虞复、朱云龙、龚应之、楼大年、方应龙五人。

咸淳十年（1274），绣湖清。是年邑士王泽龙魁春榜。相传"绣湖清，出状元"，果应。

　　景炎元年（1276）九月，绣湖清。时邑人黄铸妻童氏怀妊二十四月不产，湖水忽清，三日后或闻婴儿声，遂生潜。"夫人妊先生时，绣湖水清，历世有四日。"（元·杨维桢《东维子集》"故翰林侍讲学士金华先生墓志铭"）。

　　元延祐元年（1314），绣湖清。明年，黄潜成进士。

　　明永乐九年（1411），绣湖清。是年邑人隽乡举者冯大纲、刘安、陶永成、吴大用四人。

　　绣湖水清，不仅与科第功名相关，而且还与各自吉兆相连。

　　针对"绣湖清，出状元"的说法日盛，王祎在《湖清辩》一文中，提出："其言之无稽，亦诚不足贵矣。予窃鄙之，因志吾言以为妄言者之戒。"因王祎在明清时期的重大影响，此后这种观念日衰。

（傅　健）

"遇驾"山中忆传奇

　　义驾山村地处中国小商品城宾王市场东边，东濒义乌江，西靠稠州北路，属于稠城地域。原来，义驾山村的东西两边都有小山，东边小山至今犹在，西边的小山名叫义驾山，已推平建宾王市场。

　　义驾山，有一个美丽的传说。

　　相传朱元璋率兵与元兵交战，朱军失利，溃不成军。朱元璋一人落荒而逃，元兵穷追不舍。朱元璋逃到义乌江边的一座小山上，只见前面一江相隔，江水滔滔，无法过江。他急中生智，就爬到山上的一棵大树，躲在树叶丛中，一动不动。

　　元兵追至山上，见无数蜜蜂围绕朱元璋躲的大树上下左右飞舞，发出雷鸣般的嗡嗡声，却不见其踪影。有的元兵怀疑朱躲在大树上，有的元兵说，这么多的蜜蜂他怎么爬得上，即使爬上去还不被蜂螫死？大多元兵怕被蜂螫，不敢靠近大树，就走下小山到村民屋里搜捕了。元兵走后，蜜蜂也飞散了。

　　朱元璋一直躲到晚上，听不到动静，看不到元兵，才从树上爬下来，此时已饥肠辘辘，精疲力竭，便背靠大树休息，竟不知不觉睡着了。他一觉醒来已是后半夜，就沿江向南而行，过了东江桥，走过田野，才与失散的随从会合。

　　朱元璋做了皇帝后，百姓们就把他曾藏匿的这座小山称遇驾山，村名也以山命名。"驾"是"古代帝王车乘的总称"，引申为对帝王的尊称，"遇驾山"意即皇帝到过的山。

　　随着时间的推移，遇驾山逐渐变成了"义驾山"，并一直沿袭至今。

（王曙光）

播扬义举西江桥

　　东江桥和西江桥，原属于老稠城的地域。在老义乌人的记忆里，它仿佛是值得回味的橄榄。西江桥的故事，至今流传在民间。

　　古时，义南百姓进城都是在荷叶口和下傅村的中间地段摆渡过江。由于经常洪水泛滥，渡船三天两头停摆，百姓进城十分不便。

　　崇祯十一年间，时任义乌知县的熊人霖带头捐献薪俸，筹资于渡口处造了一座浮桥，名西江桥。

　　世道沧桑，到清乾隆年间，西江桥由于年久失修已不复存在，人们只得靠涉水过江。自此后，在黄昏时分，常见有个没有下巴的人面对西江桥旧址哭泣。一传十，十传百，西江桥有个没下巴的精怪就在民间传开了。一到黄昏，谁都不敢在此过江。

　　有一天，义南供店（今江东街道供店村）乡绅吴周士进城办事耽误了时间。他虽也听说过西江桥闹鬼一事，但素来不太相信鬼神，故仍取道西江桥涉水过江。待他匆匆来到西江桥头时，红日已经西沉，他望着比上午涨高了许多水位的江面不知所措。这时，过来一个农夫模样的人："先生可要过江？"

　　"对，这江水不知何故一天之间就涨了这么多……"

　　"先生别怕，我来背你过去。"

　　"要多少银子？"

　　"行善积德？不要钱。"

农夫背着吴周士下水了。他们边趟水边谈了起来："你家哪里？"

"就桥头。"农夫答道。

"桥头？"吴周士吃了一惊，桥头根本无房可居，要不真碰上鬼了，"桥头可没有房子呀！"

"先生听说过西江桥有个没下巴的精怪吗？"这时已到了江心，农夫停步问道。

"听说过，这只不过是传闻而已，哪来什么精的怪的。"吴周士嘴上虽这么说，心里却慌了起来。

"请先生摸摸我的下巴。"农夫说。

吴周士往其下巴一摸，真的没有下巴。顿时，浑身如筛糠般地发抖。

"先生别怕，我就是没下巴的精怪。生前我是义乌知县，见百姓过江困难，就带头捐资筹建了这座西江桥，可它长年不修，竟已毁无存。我死不瞑目，阴魂就附在桥头望江而泣。今闻先生乃开明士绅且家中豪富，特设涨水之计以帮先生过河，望先生能以民生为重，牵头修复西江桥。"

"一定一定，我回家马上就去筹措资金。"吴周士已吓得魂不附体。

吴周士有良田千亩，是义乌首富。自从没下巴的精怪背他过河后，他决心修复西江桥，便带头捐良田百亩。乡民见吴周士慷慨解囊，都纷纷捐款。在吴周士的带头下，在乾隆二十一年（1756）又重修了西江桥。

为日后维修的资金来源，吴周士又助田四十亩，设立了西江桥会。这四十亩良田的收入悉数用于西江桥的维修。为告慰亡魂，人们在西江桥西头造浮桥屋一幢，请人代管浮桥。后管桥人就在此繁衍生息，形成了一个小村落。这个小村，人们就称它为西江桥。

下傅村口于1970年建起下傅桥，后又重建为气势恢宏的今之丹溪大桥。往昔的西江桥不复存在，已退出历史舞台。西江桥头这个小村子也因旧城改造而拆迁了。

（贾祥龙）

雨泽水润八角井

在稠城街道南门外下车门，即现在城中中路与下车门路的交接处，有一口东晋时开凿的古井——八角井。千百年来，它历经风雨，静卧在这个不起眼的角落，遇旱不涸，水位几乎常年不变。可以说，这口"隐居"在绣湖边的古井，如同一位智慧的老者，见证着乌伤大地上的沧桑巨变。

作为最古老的文物之一，八角井是民间俗称，官方记载叫"富井"，是旧时义乌城内最著名的"四井"之一。它井壁呈八角形，井深5.1米，每层用8根等长的条石平砌，宽为1.2米，井口为正方形，用4根等长的条石压在井壁上，井现水深3.4米，为人们的日常生活带来了极大的便利。

"处商必就市井。"市、井相连，说明市与井关系密切。从地理位置上分析，四井很有可能是古代的"里井"。古代五家为邻，五邻为里，邻里相称，代表住家相邻，又喝着同口井的水，因而相亲，叫"相里相亲"。从四个方位和其中的距离关系推断，这四个地方均为古代义乌人口密集的居民区。四井所处范围，极有可能是晋时邑城所处的范围。而八角井被人看作是义乌的"龙穴"，乃藏风聚气、凝聚生气之处。

另有资料显示，县城有富、贵、贫、贱四井，传为东晋郭璞所凿。郭璞被传是当时著名的风水师，八角井即包含有很多风水内涵在内。它的位置是用罗盘定好的方位，也符合下车门附近的山向和水口。此外，郭璞设计采用的是八卦的形式，八卦是用来化煞和辟凶，所以井有八角，也就是八角井了。

在民间，八角井的知名度较高，知道它叫富井的人却为数不多。据说，这与义乌江有关。历史文献记载道：从唐咸亨四年（673）至新中国成立前，义乌江曾患水灾

◆ 沉淀着历史深远，蕴藏着文化丰厚。八角井，见证了下车门的古今。　　摄影/吴贵明

有34次之多，尤以民国11年（1922）的水灾为百年不遇，史称"壬戌水灾"。古人迷信，认为水灾的泛滥是江中的蛟龙在作怪。为压镇水患，人们就借用禹王锁蛟的典故，将出来兴风作浪的蛟龙锁在禹国都城里的八角井中，使它不能再出来危害百姓。从此，八角井就有了压镇水患的神力，这在其他史书中也可以找到事例。

当然，关于八角井，也有传说是当时一位太婆的陪嫁。这已无从考证，对于该传说也很难鉴别其真实性。但无论如何，人们还是把这口井保留下来。它保留的不仅仅是一口井，而是一种文化，一种历史，一种文明。

2010年6月，八角井被列入义乌市级文物保护单位的范畴，并明确了保护范围和建设控制地带，与孝子祠、大安寺塔及绣湖一样，它成为了古老义乌的象征。

（王曙光）

虎皮化人共含悲

义乌市这二十年来发掘的古井不少，一些井的名称蛮有意思，如"富贵贫贱"四井、孝子井、虎皮井等等。

虎皮井的由来，却有一个怪诞的传说。

相传唐代有个文人叫崔智韬，旅途中路过义乌，投宿城东的双柏驿（宋代改为义乌驿）。一天晚上，月白风清，庭院里树影婆娑，崔智韬漫步赏景，忽见一石凳上睡着一位少女，身旁放着一张虎皮。想到《搜神记》一书写到虎变人的故事，他便轻手轻脚地走过去，偷偷地取走了虎皮扔入井中。少女醒来不见虎皮，显得非常慌张，只得垂头丧气地呆坐在石凳上。崔就安排好少女的住宿，离开时将其带走，后结为夫妇，生了三个孩子。十多年后，崔智韬做了官，因公差又到了义乌，仍住在双柏驿。

旧地重游，崔智韬与妻子说起了往事。在妻子的要求下，他从井底捞上虎皮。虎皮虽在井中浸泡了十多年，色彩仍然不变，妻子晾干后收拾起来。深夜，崔智韬梦中醒来，听到咬嚼的声音，只见月光下一只吊睛白额老虎正在吞噬孩子，三个孩子只剩三副骨架。崔大惊失色，立即拔剑刺虎。虎奔跑出门，崔奋力猛追，老虎逃过兴桥、穿过田野，窜入丛林中。崔只得望山兴叹，怏怏而返。此时，村鸡齐鸣。后人就将此山取名为鸡鸣山，把井叫做虎皮井。

与崔智韬游义乌时演绎的这段凄怆故事不同的是，民间还传说着另外一个故事。

相传远古时代，金山岭顶有片树林，林中住着个后生，三十多岁了，尚未娶妻，一天到晚只晓得在田里干活。那天他一早起来，见西窗外小山坡下那口木架井里，忽然跳出一只老虎，隐入树林。"老虎怎么会从井里跳出来？"后生没去细究，早饭后出门去，见一腰围虎皮裙的姑娘正在扒松毛柴叶，还对他莞尔一笑。后生回家吃午饭时，这姑娘背了一箩筐松毛柴叶到他家门口："大哥，我这箩筐柴换你一碗粥好不好？"

后生并不惊奇，并爽快答应，把玉米羹热了热，两人分吃了。姑娘说声谢谢，倒下柴火就走了。

谁知第二天傍晚，那姑娘又背了一箩筐柴在门口等他，说要再换一碗玉米羹吃。后生二话不说，又搅了两碗，同她一起吃了。这时天色已晚，姑娘要求借宿。后生为难极了：借吧，孤男寡女，怎能同住一屋？不借吧，天色渐黑，山岭下没什么人家，遇见野兽强盗怎么办？于是，他心一软把床让给了姑娘睡，自己则抱了一捆稻草睡在地上。

天亮时醒来，后生见自己睡在床上，竟与姑娘同床共眠，大吃一惊。姑娘却说："大哥，我是个无依无靠的人，你心好，我们就在一起算了。我会扒柴，烧饭，洗衣服。"后生见姑娘自愿，十二分喜欢，也就紧紧抱住姑娘。

夫妻俩男耕女织，日子倒也好过。一年多后，妻子生下一男孩。"虎皮裙"女子有个癖好，喜欢到岭下那口井里打水冲洗，大冷天也不停歇。儿子出生后，她也打井水给其洗澡。后生怕儿子着凉，妻子说："你摸摸，这水是温的。"他一试，果然不冰，远看井口还在冒热气。几年之后，他们的日子更好过了，岭下的街市亦渐渐兴旺，后生常常晚上出去赌一把。

这天，日上三竿，妻子叫了两三遍，后生也不起床。后来，家里常来一帮人喝酒、赌博。妻子劝了好几次不听，一怒之下掀翻赌桌，丈夫竟挥拳打她，逼得妻子背着儿子出走，最后跳下木架井。后生连忙去救，可为时已晚，此后只能独自一人生活。

谁知过了几年后，儿子突然回来了。人长高了，变得虎背熊腰，力大无比。后生问："妈妈呢？"儿子说："她回去了，嫌这儿没肉吃。""这几年你在哪儿？怎么回来的？""妈把我送出井……"儿子指着岭下的木架井说。

后生这才回忆起，原来妻子是只雌虎，成了精，化成人与他成亲。后来，诸侯国混战，国王悬赏招武士，虎儿应召，勇猛无比，成了赫赫有名的武将。

（楼益圣　张金龙）

风物民俗

因孝而冠名，因市而蜚世，市治所在地的稠城，不乏众多的风物民俗，赋予了这片土地丰厚的人文积淀和灿烂的文化遗存。

那些独特的风物民俗，融合在隔山变音的方言腔调里，流淌在民间善举的打"抽丰"中，演变为孝文化的敬老习俗行为……如今，不少风物民俗已渐行渐远，目光尽头是先民生活的足迹，脚下印记则演绎着新文化的辉煌，深深渗入城市的品格，浸染出一道道古典和现代相融合的风景。

"十八腔"里辨乡音

一提起义乌口音，当地人就会脱口而出："义乌十八腔！"十八，并非确数，而是言其繁多。的确，丘陵起伏、溪流纵横的义乌，其语言也是隔山变音，过水异调。同一方山水间，东南西北音调大相径庭，各有特色。西向话柔软，北向话刚硬，东向话充满泥土味，南向话透出一种若有若无的傲气。而县治稠城，高居金山岭顶的朝阳门内，其语言则略带衙门官腔了。

一地方言有一地官话。用白话音说出的是义乌土话，用文读音说出的是义乌官话。有些字在方言口语里文读与白读共存，便形成文白异读。如，义乌话里大小之"大"和大蒜、大殿之"大"异读，前者白读"duo"，后者文读"da"。又如，围裙之"围"读"yu（音余）"，围巾之"围"，"yu""wai"二读并用，而围墙之"围"几乎都用文读"wai"了。再如，"人参"和"当归"，是中药，开药方的郎中口中念的药名，"人"读如"神"，"归"读若"规"，此处的"人""归"均为文读音，在口语中流传开来自然也是文读的。但"丈人"和"归家"，"客人"和"出六归四"，此处"人"和"归"就是纯正的土话音，读若"宁"和"居"了。这种由于词语使用所造成的读音层次差异，一经形成，就体现为一种相互的竞争关系。义读音往往占着绝对优势，不断侵蚀着白读音系统，甚至于取而代之。

稠城，作为历代政治、经济、文化交流中心的老城区，其口音和用语，相较四乡八向，似乎存在更多文白异读现象。仍举前面"归"字为例，表示回归、进入时读"ju"，如归家、归门、出六归四，表示归属时读"guai"，如归功、归罪、归侬（你）

了。文读"归"(guai)和白读"归"(ju)，桥归(guai)桥路归(guai)路，是万不可混读的。此字到了金华府，白读完全消失，无论是"归来"还是"当归"，一律读作文读音"gui"了。而在远离稠城的义乌乡村，"归"多为白读的"ju"音，而少有文读"guai"音，即使在表示归属之意时也不说"guai侬""guai我"，而是"侬ju门""我ju门"。

义乌古地名，由于代代相传，往往保留白读，如全备（bi）、吴（n）店、上吴、吴坎头、吴大元、供（jiong）店的"备""吴""供"至今保留白读，在防备、供儿囡等少量词语里也尚存，但随着时代的发展，在诸如准备（bai）、老吴（w u）、供（gong）应等更多的词语中，文读音已被广泛使用。历史上，文读音往往先在作为老城区的稠城话里频繁使用，并向四乡辐射，尔后形成文白异读。

表现在方言声调上，义乌城里话虽然也和四乡一样保留着完整的四声八调，但其阴阳入声已没有各乡那么分明。其阴调入声的调值接近于阳调平声，若不是阴阳之别，会很容易混淆；而其阳入的调值则和阳上的调值几近相等，已经很难区分了。事实上，义乌老城区话里的入声，也正在消融于其余三声六调中。不仅如此，城区话的入声丢失了中古音系中的喉塞音，这一现象也表明向现代官话靠拢的趋势。

如果说稠城话里的"官腔"在语音上的表现还不算明显，那么在词语里存在较多现代通用语成分的现象，则颇能显示出它的倾向性。如江湾以南的南部地区谓责骂为"嚣"，而稠城话为"骂"；义亭以西的西部方向称茄子为"落苏"，稠城则称"茄儿"；青口以东的东部地带管嘴巴叫"口鸽"，稠城叫"口嘴"；前店以北的北部乡村将桌子呼作"台盘"，而稠城呼"台桌"。其中骂、茄、嘴、桌等语素所显示的意义令人一目了然，组合成词语更接近通用语。

新中国成立后，国家大力推广普通话。改革开放后，外来建设大军蜂拥而至，当地方言不再适应迅猛发展的经济社会。因而在义乌人口最密集的稠城，普通话迅速渗透在人们的交际语言中，不知不觉取代了稠城话，成为这座城市的主要交际语言。而且，无论是文读的官话还是白读的土话，腔调都发生了明显的变化。那独具韵味的老稠城语音在时代浪潮冲击下正在走向式微。

（赵晓青）

千秋孝义播新风

义乌古以孝义闻名，今以诚信兴商。"颜乌葬父、孝感天地"的故事传颂两千多年，世变而"名"不变。忠义天下，耿介之气，经世济民，勇武报国……义乌的孝文化内涵丰富，孝文化之风尤以政治、经济、文化交流中心的稠城为最盛。

在义乌稠城民间早就流传着各种各样的敬老习俗。民俗民风，伴随着时代的发展和人类的进步，会发生不断的演变，尤为一些敬老民俗悄然变化，但仍蕴涵着一份传统与地域的情愫，从某种角度折射出一种民族精神。诸如，让老人开心出门旅游，为老人演大戏祝寿，赴敬老院与老人同吃年夜饭，给长辈送压岁钱……而人们普遍认为，孝敬老人，在于平时对父母的关心，常回家看看，聊聊天，这是最重要的。

逢年过节，义乌城区各大旅行社生意火爆，尤为家庭散客拼团出游的居多，其中不少是有孝心的子女，为父母亲特意安排的旅游派送节目——"老两口温馨浪漫行程"，"团圆旅游"已成为一种流行与时尚。老年火车专列、邮轮专列，以及香港游、台湾游等系列旅游活动，让老人们出游有了更多的选择机会。他们走向大自然，领略祖国和世界风光美景，学会健康时尚的生活，这也是一种新民俗的"景观"。

老人给孩子压岁钱，这是城乡传承了千年的民俗。而今市民却逐渐兴起给长辈送压岁钱的新民俗。据载，城区的义乌实验小学退休教师、曾获"全国教育系统劳动模范"称号的退休教师马逸芳和爱人，每年春节都会收到儿子、女儿一份沉甸甸的"红包"，且已延续十余载。他们身边不少同事和朋友，每年春节均有如此"待遇"。给父母送压岁钱，除了期待老人健康长寿之外，还传递了一份子女对父母的深切感恩和回报之情。

此外，在义乌稠城街道各社区，为给"寿星"和父母祝寿，社区、村内连演几天大戏，已是寻常事。依托农村文化礼堂，举办道德模范、好人好事等评选活动，开展"五好家庭""好媳妇"的评比和表彰，设立"善行义举榜""最美人物榜"，引导市民接受"最美"、学习"最美"，打造"信义商城"文化品牌，成为新民俗民风之常态。而逢年过节，去义乌敬老院与老人同吃年夜饭、向老人拜年，敬老院里越来越多的老人被子女和爱心人士接回家团聚，等等，充分体现了整个社会敬老氛围的日益浓厚，在一定程度上反映了传统习俗和现代文明的进一步融合。

秉承忠孝之德的传统，义乌人讲义气，讲正义，讲孝道、公道的忠孝道德观被继承并发扬光大。这些年，街道市民学习孝子美德，争做现代孝子，在家尽孝，出门重德，乡邻和睦，团结互助，尊老爱幼……讲孝道、重孝义这个传统美德在全市蔚然成风。

作为义乌孝文化的发源地，稠城街道孝子祠社区把孝文化与社会主义核心价值观教育相结合，深化孝文化在孝子祠的实践，开展了征集"三家"格言活动，广大党员和居民积极参与，共征集到家风、家训、家规近千条。当下，很多家庭都形成了良好的家训、家规、家风。古孝子祠和颜乌父子墓遗址上建有孝子祠广场，内设孝子墓和永幕景墙等，使孝文化得以保存、流传。

义乌博物馆有关研究员走上五爱小学讲台，向学生们讲述乌伤县名的来历。学生们听了之后，以"孝"为主题在樟木上展开美术创作，用绘画语言留下自己的感动。义乌婺剧保护传承中心创编了一台根据义乌历史故事改编、着重反映"孝文化"的新编婺剧《孝义乌伤》，让广大观众从中感受到了一种传统文化带来的震撼。

据清嘉庆《义乌县志》载：在颜乌孝行为楷模的影响下，才有了骆宾王的节义，宗泽、王祎及龚泰的精忠报国，徐侨、黄溍等人的理学成就，吴百朋的功业，朱之锡的治河业绩，等等。不管是义乌人的忠义还是义乌人的学术，之所以能取得不凡伟业，都因为他们在潜移默化中受到了孝文化的熏陶和感染，都源于他们血液中流淌着的孝文化。

敬老民俗出现新演变，孝义文化在义乌代代相传，是义乌传统文化中最有特色的华彩篇章，为"信义商城"积淀了深厚的道德底蕴。一代又一代的义乌人言传身教，形成了"勤耕好学、刚正勇为、诚信包容"的义乌精神。

（王曙光）

广行善举打抽丰

稠城的传统"打抽丰",是民间善行义举的一种表现形式,指的是约定俗成的广取薄收、乐予施惠、彼此受益之行。旧时民间谓之"打抽丰"者,有下列二端。

一是致送《春牛图》。每年腊月的习俗,从喝腊八粥开始,扫房、请香、祭灶、贴春联、度除夕……大地一片寂静,人们的活动却丰富多彩。除了这些,每年城隍与东岳二"殿"都会印制《春牛图》(32开)来挨家挨户致送。《春牛图》是旧时日历的一种,常用单纸印制,上有象征农事的春牛图案,一旁附有24个节气。古时老百姓在劳作、出行时,常用它来预知天气、降雨量等自然状况。进入腊月,意味着人们迎来一年中最冷的时节,农户将《春牛图》贴于墙壁,一目了然,为来年的耕耘提前做足准备,祈求又一年的丰收,因而此图在百姓中甚受欢迎。每到致送之日,百姓会早早立于家门之外等待着卷挟《春牛图》的来人。

二是致送《钟馗图》。百姓悬挂钟馗像,寄托了劳动人民祛邪、避灾、祈福的美好愿望。每年端午节前,为了将美好的愿望寄送给普通民众,"殿司"即绘制或印制钟馗图与符箓,分送各户,有时盛情难却,收回一角二角钱币,或半斤一斤小麦。张贴《钟馗图》，有特定的时间要求，端午节是每年最适宜的时机。农户上午将钟馗像贴在门上，怒目圆睁的钟馗于门外守候着温馨平常的小家，虽对比强烈但也温暖可爱。

上午张贴《钟馗图》，至中午则家家喝雄黄酒，喷洒雄黄酒，房前屋后，绝不遗漏。在端午的风俗中，雄黄酒扮演了一个不可或缺的角色。雄黄酒的制作需经长时间的曝晒，因此端午节前五天，每个院落门前都会放置着雄黄酒，阳光暖人、酒香袭人。这一过程实际上等于在家中进行一次大消毒。全面喷洒雄黄酒后，将房中积压的垃圾整理送至郊外焚烧，门窗室外，都贴上符箓，民间生动谓之"煞妖怪"。此行为虽属于民间封建迷信之术，为了形态上不存在的鬼怪大动干戈，有诸多不可取之处，应该摒弃。然而事物都有两面性，坏与好相对而生，有糟粕，也有可取之处。这一节俗中所含的整理房屋、动员搞好夏令卫生，以提高居住环境质量之立意尚可取。

（张静恬）

清醮旧俗犹未远

每年秋收后，也就是农历的七八月间，稠城四隅都要分别做清醮，祈求来年的五谷丰登。

所谓"清醮"，就是道教的一种祭祀仪式。道教，发源于中国本土的传统宗教，经过历朝发展，逐渐充实与完善，在中国传统文化中占有重要地位。道教的祭祀之法有斋、醮两种，斋以肉食为主，醮则以素食为主，以完备的礼仪形式、系统的祭祀理论、深邃的文化意蕴，在世界宗教中独树一帜。作为道教文化的重要内容，清醮具有浓厚的东方宗教特色。

做清醮有祈福谢恩、却病延寿、祝国迎祥、祈晴祷雨、解厄灾、祝寿庆贺之意，而稠城四隅的做清醮以驱灭火妖火鬼为主要对象。"须臾火发天为红，岜屋疾卷如飞莲。炎精鼓荡势愈猛，风伯推车驱火龙。"惟安进士丁寿昌作的《纪灾行》一诗中，记录了大火的惨烈情况。火对老百姓来说既是恩赐又是灾难，火既可以带来光明、温暖、鲜美的食物，也会带来使人闻之变色的火灾，熊熊大火摧毁了精美的建筑、鲜活的生命……为了利用好火这把双刃剑，老百姓做了各式各样的努力，做清醮便是其中一种。

关于做清醮，建醮必要设坛，称为"醮坛"，又称"法坛"。在平坦的土地上，用土筑高台，即成"坛"。祭祀之前，场地、人员都要事先预制好，老百姓齐心协力、共同参与到此次活动中。祭祀过程中道士身穿道袍，仗剑作法，"元始天尊"口念古老的道咒，在坛场里身形如笔走龙蛇，在祭坛上任意驰骋。

虽然做清醮是集资搞的一次迷信活动，然而在另一层面上，作为旧社会秋收以后注重消防工作的一次动员教育，其中包含的"灭火防灾"安全意识，还有其一定存在意义的。如检修太平池、整顿消防器具等等，从根源对火灾进行防范。

（张静恬）

红白喜事发利市

每遇殷富人家办红白喜事，婚丧嫁娶、营建寿庆时，稠城以前有两处民间救济组织都要"发利市"。

新中国成立前，由于连年的战争饥荒，百姓流离失所，大批的难民远离家乡和故土，漂泊异地。为了给孤苦漂泊的百姓提供一个庇护所，收容病残老弱、衣食无靠者，稠城特开辟两处民间救济组织：一处为西门养济院，另一处则为学前栖流所。前者唯收留本地人，后者则收留各地奔赴而来的流浪无定居者。两处均有田地实产，且免赋税。

据记载，这两处行善积德的民间救济组织，"发利市"较大者有两件。

一是雇喝道。旧时迎亲出丧，往往按礼前列仪仗执事，迎亲送葬队伍不下数十人。若自己雇人，来源难寻，花费大而不应手。这时人们便把求助的眼光投向养济院、栖流所，在这两院中储藏着大量的合适人员，只需掌事一招呼，里面的人心存感激，便一呼百应，顷刻可集数十人之多，棘手问题迎刃而解。若所召集人数大于执事人数要求，多余者就换穿皂隶服装，手持小青竹竿，在最前列为执事和队伍开道，口中大声吆喝如牧童，行人听之纷纷立刻规避。虽然街巷狭窄，难以承载大量人群，但轿马亦可顺利通过，准时在早择定的吉时到达。仪式完毕，主人即向掌事致送红包，约大洋十元。参加者给钱一吊，并有馒头、粽子、红馃等本地传统美食作为回赠礼，以示感谢，俗称"发利市"。

二是贴葫芦。旧时红白喜事，最忌闲言杂语和恶言相加。过往乞讨者熟知主人家的避讳心理，反而趋之若鹜，乞求一些食物和钱币。当事者为图个清静吉利，就向养济院和栖流所各买一张红纸葫芦，贴之门上。不论乞丐坐丐，见葫芦转身即离开，无有再行纠缠者，似在示自己对两处所慈悲济贫行为的敬重之意。这买红纸葫芦的钱，也称"发利市"。

雇喝道和贴葫芦是传统"发利市"中较为常见的两种，与老百姓的日常生活休戚相关，可说"发利市"是一种包含人生之悲喜的活动。随着时代的发展，红白喜事从简。大众生活水平提高后，它开始逐渐淡出人们的视野，所知者甚少。

（张静恬）

字正腔圆东岳班

民国初年，稠城北门人士楼吉泉兴办锣鼓班，以东岳宫为活动中心，故称"东岳班"。

义乌四乡，均有锣鼓班。锣鼓班是一种群众性的文艺游行队伍，每逢演出，孩子们雀跃地从家家户户门前奔过，"锣鼓班来了，锣鼓班来了……"兴奋的呼喊旋即传遍了大街小巷、院内院外，人们放下手中的活，合家一起跑到大街上，去看锣鼓班的表演。

所谓"锣鼓班"，即用丝管乐伴奏，吹拉拨弄中优美的曲调倾泄而出，声音委婉质朴、流畅多变。艺人在其中坐而演唱，虽然没有专业的舞台和服饰，但是在角色上生旦净丑俱全。锣鼓班对场地和人员要求的灵活性，使它可以走到哪演到哪，任何地方都是舞台，任何人都是忠实的听众，因此在民间厂受欢迎。

只是传统的锣鼓班属于民间演唱，没有形成专门的体系，多系乱弹徽调，或则生硬模仿苏滩时调，唱白含糊其辞，不仅艺人难以拟情入扣，听者更难以产生情感共鸣，大多停留在情绪层次。这一问题的主要原因是演唱者的文化素养不高，没有

受过专业训练,大都自学成才,难免导致乖情背理,词讹句错。

为了改变传统锣鼓班的尴尬境地。民国初年,本镇北门士人楼吉泉对原本分散的锣鼓班进行了一次大整合,融合各家所长,形成了以东岳宫为中心的活动范围,故又称"东岳班"。在东岳班的创建和发展过程中,其子楼能天、挚友张常庆、施七妹、张茂荣均与会。他们的文化素养较高,因此对唱词和唱腔特别讲究,力求达到"字正腔圆"。在其努力完善下,原本单一的唱腔开始能反映复杂的人物性格和喜怒哀乐不同的感情色彩,有时演员一开嗓,便能听出个意蕴来,层次较高。

为了进一步发展东岳班,在编写剧目底本的过程中,他们大力向元人杂剧和明清传奇取经。杂剧是一种把歌曲、宾白、舞蹈表演有机结合起来,具有独特民族风格的戏曲艺术形式,分为"北曲"和"南戏";明传奇则是以唱"南戏"为主的长篇戏曲,形式上为了师法与创新,元杂剧豪迈雄壮,明传奇婉转柔媚。

新的东岳班表演形式将两者鲜明的特点巧妙地融为一体,因此在表演形式上取得长足的进步。同时他们还苦练基本功,特地到永嘉、武义、苏州、无锡访师问道。如楼能天练"隐腔"(即"近听不刺,远听明亮"),每日三更至五更要面壁引吭与清嗓。张茂荣练"滚喉",每日凌晨即仰卧于四尺凳上,将头置凳端下垂,口含清水,吐气使滚,以"一呼抵五十息为度",练成高音盘曲、起伏婉转的净角悲壮沉雄的滚喉。张常庆唱旦角,一生戒绝烟、酒、茶,年八十余,吐声清脆如处子。施七妹能用鼻孔吹笛,沿街漫步,自谓有"伍员乞食吴市"之致,其《花报瑶台》一曲,曾有高亭公司录制唱片。在所有人员的齐心努力下,锣鼓班重焕光彩。

(张静恬)

以诗会友诗友会

各个历史时期，义乌县城类似诗友会的组织数不胜数。

清末至民国初年，稠城诗友会中以吴九成和傅川父（勤济）两人最著名，他们与丁义胜、黄雨农、黄仙如等结友。诗人或以诗词唱和，或以书画酬应，结成"山水情，笔墨缘"。吴九成的颜体行书，怀素草，功底深厚，后起的陈知庠就出自其门下。傅川父不仅诗字颇好，绘画也自成一体。他在一张斗饮题诗的画上题写一首七绝"本非酒醉亦非狂，落得人间号鬼王；漫道逢南多捷径，须知捷径即羊肠"，颇有"夫子之道"之慨。这些诗友平常也设塾开课，因德高望重，学识渊博，求学者甚多。

新中国成立后，在文化部门的引导下，义乌于五六十年代建立了相应的文学组织，零星的诗友会陆续出现，也产生一批流传甚广的民间歌谣、谚语作品。改革开放后，义乌文化馆和文联相继成立诗歌组织，包括文学工作者协会（后为作家协会）诗歌组及诗歌创作委员会。那时，义乌文协诗歌组就汇聚了稠城一大批来自各个行业的文学精英，如方竞成、吴荣建、龚应恬、徐金福、王雪虹、王文娟、骆逸群、朱学红等。"十年动乱"中被"四人帮"思想禁锢多年，欣逢文艺明媚春天的到来，义乌文学青年和诗歌作者创作、表演的激情喷发。他们走专业村，访葡萄园，参与《工人诗会》，佳作源源不断，也就有了更盛大的《青春诗会》，有了激情盎然的《我们与青春》《我们是当代青年》《希望之光》等诗歌。

合着时代的节奏，义乌市诗词楹联学会学会也于2006年3月在稠城应运而生，十年来开展了各种丰富多彩的创作活动。尤其是2015年春天来临之际，市委十三届八次全会提出打造"信义商城、书香商城、万国商城"的目标，这给义乌市诗歌作者的创作注入强大活力。百余位学会会员围绕全市"加快推进文化建设、推进文化软实力、引领义乌转型发展"这一中心工作，举办了"义乌印记"寻访创作活动，通过诗词楹联挖掘和展现义乌深厚的文化底蕴，为义乌市民的生活增添了更多的诗意。

（王曙光）

五彩"烟火"灿云霄

　　旧时在重大节庆时，义乌本地人总是欢聚在一起，用所能想到的各种方式共同庆祝节日，做戏、放鞭炮、舞狮子……共享欢乐，驱走邪辟。其中稠城义驾山王士威制作的"烟火"更是以其盛大场面、精彩的表演形式深受百姓的喜爱。

　　燃放烟火时，只听见闷雷似的声音巨响，礼花在夜幕中扶摇直上，在空中留下了一条银蛇似的痕迹。待到达顶点，"嘭"的一声，旋即炸开，像一朵盛开的花朵般艳丽迷人。有的好似仙女下凡，翩翩起舞；有的好似琴师怀抱琵琶，轻拨银弦；还有的似流水瀑布，奔腾咆哮而来。五彩缤纷的烟花给观礼的人群呈现了一场场绚烂的演出，这便是义驾山王士威的"烟火"留给世人的印象。

　　"烟火"是"焰火"的一种，每部共分三层。点燃引火线，火苗缓缓地从一端烧到另一端，到达末端时"烟火"便点燃了。豁然一闪，第一层烟火放出五彩缤纷、大大小小多串灯笼，刹那间满天挂满了各色灯笼，有红色的、有黄色的、有蓝色的……那些寄托人们愿望的灯笼像繁星一般点亮黑夜。蜡烛燃尽后，第一层烟花即自行脱落，接着层层递进，进入第二层第三层，依次自行点火张灯。第二、三层与第一层相比，图案花样也愈益错综复杂，光彩则更为炫目。每层既毕，烟花谢幕，则人声鼎沸，久而不绝。

义驾山"烟火"的制作，系由王士威从兰溪传入。清朝道光年间，兰溪王氏将制作"烟火"作为家传秘技，很少外传。后来通过王士威的苦苦求访，王氏被其执着纯粹精神感动，遂将制作手艺全数传于他。虽学自兰溪，但王士威又在传统的基础上进行了重要创新，即将原本静态的人物、花卉、鸟兽、虫鱼变成动态，配上一定的动作、故事情节，使其活灵活现、栩栩如生，仿佛地上的景象幻化到了天上，让人啧啧称奇。而每层外围又特制了一层"宝莲灯圈"，似梦似幻，光彩动人，新奇惊艳。这些创新大大丰富了义驾山"烟花"的内容和形式，使内容富有的文化意蕴，在形式的变化无穷中淋漓尽致地展现出来。

可惜的是，王氏"烟火"在历"士、朝、廷、宏、用"五世传人后，至王朱云一代，因为家国动荡、时局混乱，不幸在义乌沦陷时被日军杀害，因此义驾山烟火历五世而斩，再无传人。

（张静恬）

盆花灯彩逞巧艺

在稠城居民长期的生产实践和社会生活中，逐渐形成了许多富有民间特色的文化事项，有的约定俗成为固定的礼仪形式，有的以实体物件的形式将文化内核保存了下来，有的则以精神文化的形式在书籍或口述中代代相传。稠城的盆花灯彩作为当地老百姓欢度节庆的活动之一，颇具特色。

顾名思义，盆花灯彩由两部分构成，一为盆花，二为灯彩。关于如何制作花盆底座，有这样的记载：取2厘米厚的木板，中凿一洞，大小控制在可榫接一木柱，木柱起支撑作用；在木柱下端，需制作一个铁制的"踏脚虎"，以便插地列摆。制作"踏脚虎"工序极为考究，要来回精确打造铸模、注入滚烫铁水、大火高温锻造、精细打磨与着色，历经种种工序，一件标准的铁器才算最终完成，用以固定作用的"踏脚虎"在工艺性上更不能疏忽。

装上"踏脚虎"后，盆花灯彩的底座基本完成，接着便是装饰性物件的制作与摆放。上部安放的花盆用细篾扎成，细篾指劈成条的竹片。制作花盆对细篾的长度和宽度要求比较严格，制作过程中细篾需要相互交错、按压，有一点长度和宽度上的偏差会大大增加制作难度，使物品难以完成。花盆制作完毕，就这样难免有些单调，便在周围粘贴一层"蜡板针刺"花纹图案，"蜡板针刺"图案做工精细、手法别致、图案精美，与花盆相得益彰。最后一步便是盆箍彩边，这是一个纯手工的技术活，全靠眼神、手法、判断力和经验，具体形状确定后，便可上箍。

入夜后点燃蜡烛于盆内，凡针孔处皆透出烛光，色彩与明暗颇为端庄，有的因花纹汇聚更显明亮，有的则因花纹四散光泽，如繁星闪耀。为了使灯彩的景观设计更接近其名"盆花灯彩"，需要做一些装饰以起画龙点睛之效，因此在盆上用枯树枝构筑造型，呈现枝叶密集之貌，使整个形状如盆景一般，烛光下，"树"影婆娑。

盆花灯彩的彩灯形式多样，有华贵似牡丹凤凰，有傲然似腊梅喜鹊，有立于荷花之上的尖尖蜻蜓，有寄寓万福的白发老者，也有拜官封侯的春风得意。盆花灯彩的观赏时间分白天和夜晚，两种时段的景观各有千秋。白天观赏，生动活泼，充满生活情趣，花鸟猫蝶，栩栩如生；夜间在花鸟中点燃一特制油灯，同样的景色却大不相同，白日的天真烂漫之感褪去，取而代之的是朦胧灯光下的花灯千树，树影幢幢，光彩迷人，让人沉浸其中，难以自拔。

花盆灯彩的制作以毛达昌、毛逸峰父子最为精巧，一时之间难出其二。彩灯多在城隍庙、东岳宫及各隅社庙逢大年时迎点，灯影闪烁、人影绰绰。可惜该艺术已于抗日战争义乌沦陷后消失。

（张静恬）

美食特产

　　在物产丰饶的稠城，地方风味的美食特产数不胜数。或许你记不得旧时赫赫声名继光饼，稠而不腻孟氏羹，以及"陈汤全牛"切牛肉，赶婆桥里土馄饨，但你必须了解"家乡味道、儿时味道"，懂得享受生活，尤其是舌尖上的美食。

　　走在稠城的大街上，遍尝义乌的美食特产，或已成当下不少人的消费时尚。走遍义乌、尝遍义乌、玩遍义乌，方能从真正意义上认识了解义乌，融入提升义乌。

赫赫声名继光饼

继光饼是过去稠城的传统小吃之一。义乌一些上了年纪的老人说，它还有肚脐饼、咸光饼等称呼。其历史，可追溯到明嘉靖年间的戚继光抗倭时期。

据福州府志记载，明嘉靖四十二年，戚继光率义乌兵入闽抗倭。恰逢连日阴雨，军中不能开伙，戚继光便下令烤制一种最简单的小饼，用麻绳串起挂在将士身上充当干粮。可是一般的烧饼虽可充饥，但多食易上火，不易消化，士兵常便秘。相传戚继光的夫人对烧饼进行了改良，在饼中略加食盐提味，并且加入碱使面团在短时间发酵，使小饼更好保存和易消化。之后，这种小饼流入民间，不仅普遍食用，还成为祭祀的供品。

继光饼由面粉、碱面、盐巴制成，四周厚，中间薄，直径约两寸，旁边有六个角，寓意"扫清六合"，"扫清"有"平定清除"的意思。该饼中间有一个人圆孔，将士们通常用红色的带子将这些饼串成一串，每串重量约为0.5~1千克，寓意"红心一贯"。继光饼在当时的小吃当中，属于价格低廉且储存时间较久的食物，除了吃起来有淡淡的咸味，且有嚼劲之外并没有其他什么口感。相比如今做工精美、口味多样的点心，实属粗粮。然而继光饼在当地却极受民众和士兵的喜爱，因为它身上承载的传奇历史以及百年来的加工改良。如今继光饼的手艺在义乌已绝迹，然而继光饼成为了福建的名饼，风靡福鼎、莆田一带。

在重走义乌兵东南沿海抗倭路行程中，从台州到福建，我们总能品尝到、听到一些与义乌兵有关的小吃以及它们背后的故事，比如"继光饼"。在当时异常艰苦的环境下，义乌兵将士们发挥自己的聪明才智，在行军打仗中不仅让自己吃得饱、吃得好，还留下一段段佳话。或许是因为行军的智慧，才造就了"继光饼"的诞生。

据义乌市志编辑部工作人员介绍，继光饼的诞生，不仅表现了戚家军在行军时的生活智慧，也显示了义乌兵在东南抗倭路上的艰苦，以及他们苦中作乐的精神。

（骆红婷）

稠而不腻孟氏羹

　　原县前街是义乌城中最繁华地带，谓称孟宅里、孟宅弄，距县政府老衙门仅百步之遥，右侧有一座孟大宗祠。早晨6点，有光着小脚丫的小男孩，手里紧紧捏着东西往孟氏宗祠这边跑去，也有成人拿着公文包一路询问走去宗祠前，他们都奔向同样的目的地，就是想吃上一碗热腾腾、香喷喷的孟氏羹。几分钟过后，孟氏宗祠前排着长长的队伍，做孟氏羹的老妇人孙银凤也是忙得不可开交。

　　孙银凤年轻时就嫁入原县前街，大家都叫她"珠春嫂"，在村里也算是个贤良淑德的农村妇人，不仅家里打理得干干净净，而且还烧的一手好菜。她做的山粉饸糊非常好吃，每次街坊领居闻到其做的山粉饸糊都垂涎三尺。于是，珠春嫂就在村子前开了一家专门做山粉饸糊的店，起初只是做早餐，由于吃的人络绎不绝，后来就索性从早上5点半开到晚上8点才打烊。朱春嫂的丈夫姓孟，故将山粉饸糊取名为"孟氏羹"。

　　孟氏羹用纯真葛粉和嫩豆腐饸成，放入锅内炖，珠春嫂开始忙着准备各色各样的佐料：里脊肉糜、木耳、香葱、笋尖、青豌豆等。将这些佐料洗尽剁细后放在一旁备用，这时锅内的羹时不时地冒出小气泡，说明已经羹已经炖开，再将准备好的佐料洒在羹上。几分钟后，色泽晶莹的孟氏羹就炖好了。

　　孟氏羹稠而不腻、入口香滑、鲜味可口，咀嚼后没有韧硬碎渣，而且非常便宜，旧时每碗只要3文钱，堪称价廉物美。远方来义乌进货的客商对珠春嫂做的孟氏羹也是交口称赞，他们每次来义乌都不忘来她这吃一碗羹。90多岁的珠春嫂还在卖羹，后来珠春嫂让她儿媳妇传承她的手艺。令人遗憾的是，抗战后因为物价猛涨，珠春嫂的儿媳妇不愿意偷工减料，又因为其利润太低承担不起各类税收，最后不得不停业。

（骆红婷）

色泽蟹壳猫耳朵

　　猫耳朵以南门街遗福摊最为出名。正如它的名字，这种食物的确做得和猫耳朵的形状极为相似。或许是它的取名比较生动形象，又或许是它的味道非常之好，过去总是有很多人路途遥远地赶到南门街遗福摊买猫耳朵。

　　猫耳朵的做法较为简单，首先用细面擀成薄膜，再用刀将其切割成5厘米大小的小方块，在小方块的中间放入一点鲜肉，随手抽搐成猫耳朵形状，然后一圈圈地将其排入15厘米直径大小的大铁盘中，再放入沸腾的油中煎炸，直到色泽呈蟹壳色为止，才可将猫耳朵放到盘子中。

　　看似简单的步骤，其实每一步都需要花上好些功夫才能学会。比如怎样最快最巧地将面团做成猫耳朵形状，再比如油温达到多少摄氏度时才可将猫耳朵放到锅里煎炸，等等，这些步骤都通过点点经验积累而成。南门街遗福摊的猫耳朵之所以这么出名，大概是店老板将猫耳朵的火候把握得精准到位，尝起来的口感肯定会有所不同。

　　男女老少都爱吃猫耳朵这种食物，孩子们则喜欢猫耳朵刚出炉的那一刻。遗福摊的老板是个热心人。他知道总是会有一大波孩子站在店旁，于是每天都会准备好一大袋的猫耳朵，将其分给每个小朋友。太阳落山时，农民从田地里回家了，妻子已准备好丰盛的晚餐。在晚餐中，总是少不了一样菜——猫耳朵，因为它是农民必不可少的下酒菜。将猫耳朵蘸着醋和酱油，简直是美味至极。和一般的食物有所不同，农民们一年四季都可以吃到猫耳朵。

（骆红婷）

赶婆桥里土馄饨

寒冷的冬日里，要是能吃上一碗阿婆做的馄饨是一件特别幸福的事。记不清离现在已有多少年，一些老人回忆说，那时稠城赶婆桥"昌水嫂"做的馄饨非常出名。

义乌土馄饨和北方的水饺不同。西汉扬雄所作《方言》中提到"饼谓之饨"，馄饨是饼的一种，差别为其中夹内馅，经蒸煮后食用；若以汤水煮熟，则称"汤饼"。古代中国人认为这是一种密封的包子，没有七窍，所以称为"浑沌"，依据中国造字的规则，后来才称为"馄饨"。在这时候，馄饨与水饺并无区别。千百年来水饺并无明显改变，但馄饨却在南方发扬光大，有了独立的风格。至唐朝起，正式区分了馄饨与水饺的称呼。

义乌土馄饨是用细粉擀成的面，然后摘取一小部分面团，用木杵擀成5厘米直径大小的薄面，馅用精肉拌上一点盐卤豆腐，双手一叠就裹制成白月季花形状的馄饨了。

昌水嫂一生当中最有成就的事大概就是做馄饨了。直到古稀之年还在卖馄饨。方圆几百里的人都为了能够吃上她做的馄饨赶来。吃客亲切地喊她"阿婆"。阿婆从不吝啬馄饨里的馅儿，一大早就赶去集市，精挑细选找到一块最好的肉，时常是左手拎着一大块肉，右手拿着配料——鲜酱油、香葱、榨菜等等。而她做的馄饨和现在有所不同，因为馄饨皮儿全都是自己擀的，外皮嫩而不糊。

阿婆的土馄饨之所以味儿鲜，秘诀不仅仅在于馄饨本身，更重要的是汤料。她用鲜酱油、香葱、肉末渣、榨菜丝以及麻辣油配制而成，待到馄饨烧熟以后再将这些配料放入汤料中。吃上一只馄饨，鲜香口感回味无穷，土馄饨里的肉馅非常像鱼圆，白嫩却不粘口。

（骆红婷）

香味四溢拉锅面

旧时，稠城镇面馆均有拉锅面。它因其制作的简捷与味道的鲜美，在民间大受欢迎。

拉锅面的制作过程既繁复又简单，简单在步骤精简，繁复在对细节的精益求精。首先是炒锅上火，先放入油，待油沸后加入已切成小块状的新鲜猪肉，每锅放入0.5千克猪肉。用油炒至半熟，待到呈外黄里嫩，再加入水白菜。水白菜和大白菜类似，有些地方因其生长环境水分充足，又俗称水白菜。待与猪肉充分接触后，辅以佐料葱、姜、蒜、干辣椒等爆炒，少顷香味扑鼻。这时得在香味还未完全四散之前，往小锅中加入清水调制面汤，此步骤也可用高汤，因为当时生活条件艰苦，所以民间底锅以清水为主。

用小锅子移至武火上滚煮，趁锅底的水泡形状尚小、上升缓慢时，赶紧将面条拉出，面条随拉随放，原本的面团在师傅的手势、力度变化中活了起来，似乎在跳起各式各样的舞蹈。一曲舞毕，立刻入锅，绝不拖泥带水。食料全数入锅后，将火调小慢煮，以保证肉的鲜美、蔬菜的清香与面条的劲道三者融为一体，烧制出佳肴。

煮熟后，需要从文火上趁热下架，连锅端至桌上放好，因此需在餐桌上放一竹箍，在餐桌、锅底与人之间隔一阻热带，防止烫伤。揭盖时汤面尚沸滚，香气挟裹着热气扑面而来。

拉锅面面量实在，每锅可饱四人，着实是道寻常人家实惠的美食。用餐时，四人相向而坐，在蒸腾的热气中，"呼哧呼哧"大快朵颐，再配饮义乌特产"白字酒"，酒香与面香、肉香在口中与舌尖交织在一起，酒的醇香加上原汤原汁的纯香，在寒冬腊月，果腹暖身，绝对是一种上佳的享受。

（张静恬）

齿颊留香糖鸡子

糖鸡子油炸面食属一种汉族传统小吃，由"绍兴麻球"演变而来，传入义乌后，由新马路陈家几代人共同发扬光大，成为老百姓最喜爱的美食之一。可惜，原店铺在1958年后便停业。

糖鸡子外形滚圆饱满似鸡蛋，色泽金黄、皮薄香脆。内甜糯，呈网状糖丝芯，趁热咬时可听"咔擦"一声，齿颊留香。

它的制作过程十分神奇，通过厨师娴熟技艺的加工，成品完全看不出原来食材的面貌。首先，糯米用水浸泡数日，待其完全浸透后沥干，臼舂成粉。其次是过筛，筛子的上下摇动间，优质的糯米粉从空隙间掉落，似雪花飞舞。集而成堆后加水、加糖发酵成团。再次是做馅，江南喜甜，因此馅多以豆沙为主，将糯米面团分成一个个大小一致的小团，捏成球状，用拇指使中间凹陷，将调制好的馅内置其中，重新揉成团。然后将糯米球在芝麻碗中打个滚，使周身粘上芝麻。最后将油入锅，将油烧至三成热，下入糯米球小火炸制，随着油的沸腾，糯米球越变越大，浮在油面上。其后不断用勺挤压糖蛋(开始力气小，后来加大力气，在挤压的过程中球肚越来越空，外皮越来越薄，体积也越来越大)。最后加大火，将其炸制成金黄色后即可控油捞出。

刚出锅的糖鸡子，色泽赭黄，外表仍挂着油滴，晶莹发光。携着热度人口嚼实，只觉得外松内柔，香甜可口，浓浓的芝麻香、香甜的豆沙与糯米的嚼劲三者集为一体，口中久久仍有回味，义乌人在早饭和点心时多爱食用糖鸡子。

(张静恬)

小吃佳品油麻礧

　　油麻礧属于义乌稠城的一种传统小吃，逢年过节、亲朋来访，家家户户都会制作它来招待客人。油麻礧食用起来口感上佳，稍咬一口，白糖的甜味、黑芝麻的香味与糯米团的韧性混合在一起，甜香软嫩。

　　油麻礧的做法较为简单。首先将黑芝麻炒熟，自然降温后，装入密封袋内用擀面杖碾碎。将碾碎的芝麻倒出，加入白糖搅拌均匀后放在一旁待用。其次将糯米粉倒入温水中，将水与糯米粉充分搅拌至成团，逐渐加水揉至软硬适中，面团揉至不粘手的状态最佳，放在一旁静待。然后将揉好的面团放在早已煮热的蒸锅里蒸熟，接着用夹子取出蒸熟的面团趁热继续揉一会。所有工序完成后，随意在面团上揪一小块，约一寸见方，在拌了糖的芝麻里均匀滚上芝麻，以此类推，趁热揪完、滚完所用面团。

　　最后完工的油麻礧形状类似麻将牌，常盘于米筛沿街叫卖，家家户户总是争先恐后地购买，孩童每次食完，嘴角总是粗心地挂着黑芝麻，令人忍俊不禁，着实可爱。

　　油麻，即芝麻。礧，义乌方言里用作动词，滚、擀之意。以汉语特有的构词法产生"油麻礧"这一名称，生动形象。由于"礧"与"袋"谐韵，后人又常讹作"油麻袋"，饶有趣味。

（张静恬）

柔韧绵长乡思面

热气腾腾的拉面，在稠城老城区的街头，已香了上百年。

然而，20世纪70年代，稠城街头的手拉面一度销声匿迹。那时，无论在国营还是集体所有制的饮食店，那盛面的碗里只看得见机制的挂面。尽管如此，拉面这一传统手艺从来不曾失传。80年代，改革开放的春风吹过，仿佛一夜之间，在小商品市场周边，在客运站近旁，在街头巷尾，甚至在某些单位小吃部……冒出了无以计数的个体拉面小店。大排拉面、鸡蛋拉面、雪菜拉面……虽然都是最普通的家常拉面，却一时间风靡了全城。拉面这一传统小吃，苏醒了义乌人沉睡多年的味觉，在市场一复出就受到异乎寻常的热捧。

拉面的制作工艺大同小异。麦粉加入少量食盐，用水揉成软面，放置一定时间，再搓面成若干小段，加少量菜油抹上，金黄的菜油淋于其上色泽鲜艳诱人，再在其上覆上湿巾，不令干燥结壳，面因盐水化学作用而产生韧性。下锅前，把面团边拉边掼，拉成长条，再放沸水中，略作搅动，不使结块，煮至面条上浮，即可捞出加佐料作餐 每二两半麦粉制成面条，就能盛满一碗，可供一人食用一顿。

面的帝拉要靠过硬的功夫，而面的发酵要花缜密的心思。面粉、水、盐巴等原料要按严格的配比调制，整个过程十分讲究，温度、湿度会影响到面团发酵，所以发酵揉制时就需要密切关注当天的气温，达到所谓的"和谐"状态，面团才能揉出韧性，面条才能筋道，吃起来会有"呼哧呼哧"的效果。

当拉面店遍布老稠城镇的角角落落，拉面师傅们也与时俱进，纷纷变着法儿推出新招，力创自己的品牌。惠珍拉面和乌商拉面就在这样的情形下相继脱颖而出。

惠珍拉面的经典在于它的色香味俱全。一碗鲜汤，粘连着鲜汤的每一根筋道的面条，卤汁入味的配料加上腌制雪菜，再撒上一把香菜，一口面配一口汤再咬上一口卤肉，汤的鲜、面的劲、肉的酥一齐袭上舌尖。

惠珍拉面出自化工路一家最普通的面馆——惠珍拉面馆。据业主冯惠珍介绍，惠珍拉面馆最早开在义乌新马路（老人民医院一带），当时只有一间狭促的店面，厨房、餐桌全都设在一个立体空间内。当时的拉面店种类比较单一，只有最基本的大排、酱排面等。2003年，店址移至化工路，引入了西安美食凉皮、肉夹馍，丰富了菜单，逐步奠定了如今的格局。作为义乌最早用砂锅烧面的面馆，它依旧保持着自己的特色，装载物砂锅也越来越趋于精致，带来味觉和视觉上的双重享受。

传统的力量总是经久不衰，古典的味道也总是回味无穷。同样开在化工路上的乌商面馆，把一碗面做成了一门传承古老文化的功课。

撩开古典的门帘，青布衫服务员笑脸相迎，青瓷碗里面香扑鼻。走进乌商面馆，感受到的是一种乌伤古意。这家面馆的形成，可追溯到后宅的"龚记面食店"。龚家世代制作面食，相传已有百年，有据可查最早的店开办于上世纪20年代，店主龚奎丁，当时主要制作义乌馒头、索面、手工牵面（拉拉面）、粽子、红馃等本地点心。虽然经历过战争动乱、经济变革，但是"龚记面食店"创下的基业并未崩塌，它在一代代传人的传承下，发扬光大，并不断与时俱变。近年，它的传承人将拉面及系列产品从义乌北部的后宅带入繁华的义乌老城区，并迅速抢滩化工路、南方联、义乌之心等各商业中心，演变成如今远近闻名的"乌商面馆"。

稠城手拉面，柔韧，绵长，一碗在手，咀嚼的是家乡的味道，品咂的是绵绵无尽的乡思。

（赵晓青　张静恬）

"陈汤全牛"切牛肉

稠城切牛肉以"陈汤全牛"出名。

切牛肉之前,首先需要"卤",调制卤汤是个绝活,黄酒、八角、姜块等基本佐料缺一不可,有些还使用一些祖传的熬制之法。经过焖滚煮炖,佐料之鲜美滋味悉溶于汤汁中,熬制的时间越久,汤味越鲜美。将牛肉洗净,漂去血水,用沸水烫一次,放入锅中,用汤水将其淹没,陈汤的香味俱浓,经过小火烹煮,煮至酥烂,用筷子可以戳穿时最好,此时汤的浓鲜附着在牛肉之上,不会褪淡。

切牛肉分全牛与局部。全牛则牛身各味皆全,牛肉、牛骨、牛百叶等,从牛头烹到牛尾,牛筋的滑嫩、牛百叶的爽口,各有独属的美味,不致单调。捞出后置于晾架上冷却,汤汁从牛肉上断断续续滴落,待晾到一定程度后,取而切卖,分等论价,各部分的价格因其口感和数量价格不一,以精肉裹嫩筋之"牛腿滑"为最上品,带来肉质的细密与嫩莹的双重味觉享受。牛肉切片愈薄愈考验真功夫,口感也愈佳,切牛肉需顺着纹路切,力度、方向都得控制好,才能精肉暗红,嫩筋透明,成菊花状,俗称"菊花心"。

除此之外,牛肉必须现切现吃,配姜末酱油,即蘸即吃,切不可回炉重炒,一炒则清香尽去,浊味顿生,甚至韧如轮胎,塞齿聱牙。

(张静恬)

味绝浓厚卤猪肉

　　稠城卤味，以卤猪舌、卤猪头、卤猪爪最出名，肉色红润，酥烂香浓，鲜嫩可口。卤猪肉看似工序复杂，实则简单。将猪肉洗净，放入早已调制好的底汤内烹煮，待味道充分浸润，置本地特产红糖熬老以着色，捞起卤制的成品，糖汁顺着猪肉如雨点般淅淅沥沥滴落，剩下的红糖黏附于猪肉之上，带有甜香，泽而不油。

　　卤猪肉中不可不提的美食种类便是卤猪头，深受大众喜爱。卤猪头中又以双耳和"核桃肉"为上品。双耳嚼有脆意，爽滑可口；"核桃肉"即猪头上坑洼处的核桃状肉，以瘦肉为主，口感既有肥肉的绵软又兼具了瘦肉的紧实，确乃人间美味。

　　卤猪肉作为廉价便捷美食的代表，常常能在酒桌上看见它。肉质已焖烂至融化，用筷子夹起一块，猪肉微颤，汤汁仍冒着热气，趁热塞进口中，只觉得味绝浓厚，齿颊留香。现有的卤猪肉采用传统古法制作已较为少见，为了迎合市场化快速的要求，多用清水烹煮。

（张静恬）

酥中带韧切狗肉

狗肉，口感细嫩、肉质饱满，色香味俱全；又因其功效，有"至尊肾宝"美誉，所以在民间颇为流行，民间还有"狗肉滚三滚，神仙站不稳"的谚语。

切狗肉历史悠久，地域分布广阔，稠城剥狗杀狗于近20年间发展起来，亦以"陈汤全狗"取胜。煮狗肉多用清水，讲究个原汁原味。大火沸煮两个小时后，狗肉醇厚的香味便开始弥漫开来。狗肉各部位各有不同风味，前腿肥瘦相间，带有子排，咬起来酥软中带有韧性；后腿则以精肉为主，几无肥膘，肉质细密，食用起来对牙口要求极高。

狗肉以冬季食用居多，十一、十二月份，是食用狗肉的黄金时期。因其性热，在严寒中有驱寒保暖之效。狗肉的食用方法有多种。一可直接蘸食，新鲜的狗肉色泽鲜红、发亮且水分充足，取其切片，蘸以椒盐或精盐，只觉口感醇厚，满齿留香。二可将狗肉与狗杂碎一齐放置在大锅里，加辣椒进行乱炖，盛而喝之是狗杂汤；加入蔬菜烹煮大快朵颐便成了狗肉火锅，蒸腾的热气为寒冷的冬季送去舒心的温暖。

狗肉食用多禁忌，不能和茶、大蒜等一齐食用，因为性相冲，反而不利于消化吸收，易引起肠胃不适。配料不可蘸酱油，否则反生酸味，口感尽失。

（张静恬）

艺研厥精冷点心

每逢夏令，吃上稠城特有的点心——糖饧、泽子豆腐、活索粉，是件让人期待的事。

据记载，过去的糖饧是用白粳米和红糖制作而成，两者混合磨成浆，用鲜荷叶垫底放入蒸笼内蒸熟，最后用竹子做的刀片将蒸好的糖饧切成几小块。早晨，刚出笼的糖饧，热气腾腾，香气扑鼻。糖饧又叫"糖样""糖洋"或"糖娘"，实际上就是红糖米糕，一般是放凉了以后才吃，口感很滑。其主料由大米、红糖、水三种原料经过多道工序制作而成，有的还加了红枣、赤豆、葡萄等，根据所加蔗糖种类或添加的辅助性原料的不同，糖饧又可分为红糖糖饧、白糖糖饧、赤豆糖饧、红枣糖饧等。

立夏一过，稠城镇一带就有糖饧上市，最畅销的当属大暑过后。那时，农民天未亮就出田收割，到了八九点钟都已饥肠辘辘。这时候，挑着糖饧和索粉的商贩就会及时地出现在田头。农民因为身上大多不带钱，就用湿谷去换糖饧，因为田里没碗，就顺手摘张荷叶当碗，用手抓着吃。吃糖饧，既实惠又能充饥驱暑，所以做糖饧的生意非常好。

　　泽子豆腐则和糖饧有着共同之处，尝起来都让人感觉甜蜜蜜的，不过它们的做法和口感完全不同。每年霜降过后，农民会到山上采集野生的泽子，拿回家后要经过晒果、去壳、晒肉脱衣，将其储藏备用。等到夏令时，再将泽子肉仁放到清水中浸泡、磨浆、澄清，去除水中的残渣，反复将泽子漂洗，直到泽子的水清亮透白为止，然后再用泽子熬成稠糊状，其浓度的标准判定以筷子插入后是否歪倒为准。将泽子糊盛入容器中，等到冷却后再倒入冷开水，将泽子豆腐与空气隔绝。泽子豆腐的口感如若水晶糕，但是又比水晶糕的韧性好。炎炎夏日，如果将泽子豆腐与糖醋混合，吃上一口，不但有消渴静心的功效，而且还有缓解疼痛的效果。

　　据《义乌市志》记载：七月半，糖饧、索粉当一顿。活索粉也是夏日里必吃的美食。活索粉和索粉有所不同，它是没有晾干的粗号米粉，口感更新鲜。活索粉再配上它的好搭档——辣芥糊、生姜末、鲜酱油，将其凉拌，不失为绝佳早餐。活索粉的特点在于凉而不膈、软而不糊。要是在前面配料的基础上，再拌入熟的绿豆芽和火腿丝，则成为公认的高级三丝冷点。

（骆红婷）

后 记

　　编完《稠城华章》的那一刻，心中忽然涌起一股莫名的兴奋及感伤，为着这一年多来一班人踏踏实实走过的土地——我们心中的美好家园。

　　那湖清门、新马路、篁园路、宾王路昔日的市场交易熙攘情景仿佛还在眼前，绣湖之畔当年书院、学校中传出的弦诵之声时时萦绕耳旁，骆俊、黄中辅、朱元龙、黄溍、王祎等稠城先人名士款款走来，与我们对话，淡淡微风中拂来千百年悠悠往事……时光已逝，曾经辉煌的市场、老街还有小巷里的雕梁画栋，都已经迁移或者逐步衰败和消失，但稠城人固守家园的精神却一直得以传承下来。

　　何缘何由，让我们这群人来亲近她，来为她作书立传；何其幸运，在这片人杰地灵的大地上，有这么一群朋友和我一样，热爱着这个老镇，更为老镇的保护与振兴不遗余力地奔忙。我们不仅仅停留在一般的寻古访幽之中，而是但人量客观真实的记载之后透析老镇的文化底蕴。老镇，连同它所承载的文化理念及生活态度，构成了我们血脉中关于家园的记忆。我们开始了试图留存记忆家园中的艰苦历程，获得的却是一幅幅正在逝去的传统乡土画卷。

在本书的编辑过程中，我们幸运地得到了朱庆平、黄美燕、张金龙、金福根、贾祥龙、刘国进、王茂兴、贾胜男、吴优赛、张静恬、骆红婷——这群文友的帮助与支持。尤为骆斌、葛海有、楼森三位八旬老人埋头撰稿，赵华伟、楼立剑、陈涧龙等人多方提供资料，且不厌其烦，精神着实令人感动。文友们身临实地投身到对老镇资料的收集、整理和写作中去，为本书的编辑出版留下诸多难忘的故事。

在此感慨的是，随着义乌城市化进程的加快，城市得到有机更新，稠城有不少独具历史价值的古老建筑和街巷在逐渐消失，正慢慢成为我们心中的忆念。现代文明不可避免地"威胁"着老镇的传统文化，越来越多的钢筋水泥房让那些雕梁画栋成为尘封的历史，让人颇为遗憾，扼腕叹息。

我们需要老镇给予我们家园般的抚慰，哪怕仅仅是一两天，或仅仅是一次纸上的阅读。而我们所做的，是尽快为老镇留下较为完整的身影，使她用文字和视觉的双重鉴赏得以生动展现。

一种来自血脉的使命感，令我们记录下了《稠城华章》的每一章、每一字。因为走过，所以真实；因为深入过，所以满怀感动与祝愿。

图书在版编目(CIP)数据

稠城华章/王庆明,王曙光编著;义乌丛书编纂委
员会编. —上海:上海人民出版社,2018
(义乌丛书)
ISBN 978 - 7 - 208 - 14971 - 7

Ⅰ.①稠⋯　Ⅱ.①王⋯②王⋯③义⋯　Ⅲ.①城市道
路-介绍-义乌　Ⅳ.①K925.53

中国版本图书馆 CIP 数据核字(2017)第 322383 号

策划编辑　楼岚岚
责任编辑　马瑞瑞
封面设计　甘晓培

义乌丛书

稠城华章

义乌丛书编纂委员会 编　　王庆明　　王曙光 编著

出　　版　上海人民出版社
　　　　　(200001　上海福建中路 193 号)
发　　行　上海人民出版社发行中心
印　　刷　浙江新华数码印务有限公司
开　　本　720×1000　1/16
印　　张　22.5
插　　页　3
字　　数　372,000
版　　次　2018 年 1 月第 1 版
印　　次　2018 年 1 月第 1 次印刷
ISBN 978 - 7 - 208 - 14971 - 7/K・2711
定　　价　88.00 元